Oldenbourg Interpretation
Band 1

Oldenbourg Interpretationen
Herausgegeben von
Klaus-Michael Bogdal und Clemens Kammler

begründet von
Rupert Hirschenauer (†) und Albrecht Weber

Band 1

Alfred Andersch

Sansibar oder der letzte Grund

Interpretation von
Fred Müller

Oldenbourg

Die Seitenangaben in Klammern beziehen sich auf folgende Ausgabe des Romans:
Alfred Andersch: Sansibar oder der letzte Grund. Roman. Zürich o. J. (= 1992)
(= Diogenes Taschenbuch 20055; Werkausgabe in Einzelbänden, Band 2)

Zitate sind halbfett gekennzeichnet.

CIP-Titelaufnahme der Deutschen Bibliothek
Müller, Fred:
Alfred Andersch, Sansibar oder der letzte Grund:
Interpretation/von Fred Müller. – 2., überarb. Aufl. – München:
Oldenbourg, 1998
(Oldenbourg Interpretationen; Bd. 1)
ISBN 3-486-88611-8
NE: GT

Bei Zitaten, Literaturangaben und Materialien im Anhang ist die neue Rechtschreibung noch nicht berücksichtigt.

2., überarbeitete Auflage 1998
Unveränderter Nachdruck 06 05 04 03 02
Die letzte Ziffer bezeichnet das Jahr des Drucks.

Lektorat: Ruth Bornefeld, Marion Schweiker, München
Herstellung: Karl Heinz Pantke
Typografisches Gesamtkonzept: Gorbach GmbH, Buchendorf
Umschlagkonzeption: Mendell & Oberer, München
Satz: jürgen ullrich typosatz, Nördlingen
Gesamtherstellung: Appl, Wemding

ISBN: 3-486-**88611**-8

Inhalt

Vorwort

Alfred Anderschs Roman *Sansibar oder der letzte Grund* wird seit seinem Erscheinen im Jahr 1957 sehr häufig an Schulen gelesen. Die besondere Attraktivität und Eignung dieses Werkes gerade für den Schulunterricht hat gleich mehrere Gründe.

Zum einen sind es inhaltliche. Der Roman spielt im Jahr 1937, also zu der Zeit, als der Nationalsozialismus nach den Olympischen Spielen in Berlin und angesichts des drohenden Krieges endgültig sein wahres Gesicht zu zeigen beginnt. In relativ knapper, aber sehr anschaulicher Weise wird an Einzelschicksalen deutlich gemacht, welche Auswirkungen das für diejenigen Menschen in Deutschland hatte, die nicht bereit waren dem Nationalsozialismus blindlings zu folgen oder die sogar von seinen Machthabern als Zielscheibe ihrer Vernichtungswut ausersehen waren: für Kommunisten, Juden, moderne Künstler, bekennende Pfarrer. Die Besprechung des Romans bietet eine ausgezeichnete Gelegenheit, die Zeit des heraufkommenden faschistischen Terrors wieder lebendig werden zu lassen, zur Erinnerung ebenso wie zur Mahnung und Warnung. Bezüge zu Tendenzen unserer unmittelbaren politischen Gegenwart, den Faschismus doch wieder als Alternative zur Demokratie zu propagieren, lassen sich bei der Lektüre des Romans sehr leicht herstellen. Der Aktualitätsbezug des Stoffes ist nur allzu deutlich.

Zum anderen bietet sich der Roman *Sansibar* aufgrund seines Aufbaus und Stils in besonderer Weise an, den Schülern die Darstellungsmittel des modernen Erzählens zu verdeutlichen. Für die Untersuchung von Erscheinungen wie Kommunikationsfluss bzw. -störung, gemeinsames Gespräch bzw. innerer Monolog, erlebte Rede, Chronologie bzw. Rückblende, Erzählperspektive, unterschiedliche Sprachschichten lassen sich im Text leicht zahlreiche passende Beispiele finden.

Darüber hinaus ist der Roman mit seinem Umfang von ca. 150 Seiten überschaubar. Er ist leicht verständlich geschrieben und mündet zum Schluss sogar in eine ausgesprochen spannende Handlung.

Diese Interpretation sieht den Roman *Sansibar* einerseits als bedeutendes Werk der erzählenden Literatur des 20. Jahrhunderts und analysiert dementsprechend seine Figuren, Hauptmotive, Symbole und Chiffren sowie Sprache, Erzählperspektive und den Stil. Da *Sansibar* zugleich aber auch in hervorragender Weise Zeitgeschichte vermittelt, werden zu den vielfältigen Aspekten der politischen Situation im Jahr 1937 im Kapitel

»Hintergründe der Romanhandlung« die entsprechenden Informationen und Hinweise gegeben. Auch der philosophische Hintergrund des Romans (die existenzialistische Philosophie SARTRES, ihre Auffassung von Freiheit und Engagement) wird berücksichtigt.

1 Sekundärliteratur (in Auswahl)

Es gibt keine sehr umfangreiche Sekundärliteratur zu dem Roman *Sansibar*. In den Literaturgeschichten wird er meistens kurz abgetan. F. Martini beispielsweise widmet ihm in seiner *Deutschen Literaturgeschichte* ziemlich nichtssagende drei Zeilen.[1] Und W. Wucherpfennig in *Von den Anfängen bis zur Gegenwart* führt den Roman *Sansibar* in der Auflistung der wichtigsten literarischen Werke der Zeit von 1945 bis 1959 zwar mit an[2], bespricht ihn dann allerdings nicht.

Bei seinem Erscheinen im Jahr 1957 wurde der Roman mit viel Lob bedacht.

> Mit *Sansibar* habe Andersch ›sich zum Dichter freigeschrieben‹ *(Der Mittag)*, das Buch sei ein ›Sputnik der Erzählerei‹ *(Süddeutsche Zeitung)*; ein Anonymus schwärmt in der *Gegenwart:* ›Unversehens ist der Zauber gelungen: ein bannendes Gebilde hat sich aufgetan, und der Zauber bleibt.‹[3]

Zwei der Besprechungen aus dieser Zeit sind heute noch leicht greifbar, es sind die von H. Heißenbüttel aus den ***Frankfurter Heften*** und diejenige Arno Schmidts aus ***Die Andere Zeitung*** (beide abgedruckt in *Über Alfred Andersch*[4]). Heißenbüttel sieht in dem Romangeschehen nicht nur eine zeittypische Handlung, die die politische Lage Deutschlands im Jahr 1937 zum Hintergrund hat, sondern vielmehr die Darstellung zeitlosen, allgemeingültigen menschlichen Verhaltens.

> Indem die Hintergründe aufgedeckt werden, hebt sich die Geschichte von der Aktion Gregors aus dem begrenzten Rahmen, in dem sie spielt, heraus und wird zur Schilderung beispielhaften Verhaltens. [...] Damit wird der Roman zum Spiegel menschlichen Verhaltens nicht nur des Jahres 1937, sondern ebenso des Jahres 1957 [...].[5]

Diese Vorstellung, dass die Handlung in *Sansibar* aufgrund ihrer Allgemeingültigkeit auch auf das Erscheinungsjahr des Romans bezogen werden kann, spitzt Arno Schmidt darauf zu, dass sie sich vor allem und gerade hierauf bezieht, und zwar als Kritik an der Adenauer-Ära, in der sich, so Arno Schmidt, schon wieder die gleichen faschistischen Tendenzen offenbaren, wie Andersch sie in der Situation im Jahr 1937 aufzeigt.

> Denn – trommeln wir doch nicht auf unsere Brüste, sondern schlagen wir daran! –: auch bei uns ist wieder die KPD verboten. Auch bei uns werden schon wieder jüdische Friedhöfe geschändet. Auch bei uns geht allenthalben wieder ›Uniformiertes Fleisch‹ um. Auch ›uns‹ gilt – man sei doch ehrlich – Barlach oder Expressionismus längst wieder als ›entartete Kunst‹![6]

B. Jendricke greift in seiner Monografie *Alfred Andersch* diese Passage A. Schmidts auf und zieht daraus die Konsequenz: *Sansibar* **ist eine Parabel auf die Verhältnisse im Adenauer-Staat.**[7] Größeren Raum in Jendrickes Besprechung nimmt aber der Hinweis auf die Ambivalenz ein, in der sich die Figuren in Anderschs Roman befinden, indem sie einerseits ganz für sich, völlig isoliert und im eigenen Schicksal befangen sind und sich andererseits doch **durch eine gemeinsame altruistische Tat, die keinem Befehl und keiner Ideologie entspringt, sondern allein humanem Denken folgt,**[8] hieraus vorübergehend befreien können. Jendricke weist in diesem Zusammenhang auf die Einflüsse der Philosophie Sartres hin, die im Roman zutage treten. (Vgl. hierzu Kap. 14.5 dieser Interpretation.)

E. Schütz gibt einen kurzen Abriss der Rezeptionsgeschichte des Romans. Er bezeichnet die Rezensionen insgesamt als widersprüchlich und führt diese Erscheinung auf die Widersprüchlichkeit zurück, die sich in dem Roman selbst zeigt. Schütz resümiert: **Unumstritten bleibt in den Widersprüchen die Ansicht, Andersch habe jetzt kunstvoll Poesie und Interesse, Kunst und Politik, Zeitlosigkeit und Zeitverhältnisse vereint.**[9] Diese **Vereinigung**, die von den Rezensenten im Erscheinungsjahr 1957 größtenteils als positiv angesehen wird, empfindet Schütz aus mehreren Gründen als problematisch. Er bemängelt (wenn auch eher angedeutet als klar ausgesprochen), dass die **Poesie** bei der Darstellung der **Zeitverhältnisse** beschönigend und verharmlosend wirken könne. Er weist weiterhin auf **die Widersprüchlichkeit der Figuren mit sich selbst und zu den anderen** hin.[10] (**Am Ende hatte jeder seine endgültige Entscheidung gegen ursprüngliche Intentionen getroffen. Knudsen riskiert widerwillig die Überfahrt, Gregor** [...] **verzichtet auf die Mitnahme** [...].[11]) Als besonders gravierend sieht Schütz die Widersprüchlichkeit innerhalb des Romans an, wenn bei der Darstellung der Romanfiguren der Wille zu ihrer Individualisierung mit der Notwendigkeit zur Typisierung (jede Figur ist Repräsentant einer Gruppe, eines Volkes, einer Partei oder politischen Meinung) aneinander gerät. In der Poesie braucht der Dichter Individuen, in der programmatischen Aufarbeitung von Zeitgeschichte jedoch Repräsentanten, Typen. Dies lässt sich nicht miteinander in Einklang bringen.

> **Weil er [der Roman *Sansibar* bzw. letztlich sein Autor] die je individuelle Besonderheit und Entscheidung zu einem allgemeinen Programm erklärt, bleibt er notwendig widersprüchlich. Der Widerspruch wird sinnfällig bis ins Detail, in dem die Behauptung von Individualität und Einzigartigkeit kollidiert mit der zum Zweck der Beweisführung hergestellten Typisierung.**[12]

Sehr aufschlussreich sind Schütz' Äußerungen zur Farbsymbolik (**Grau, die Farbe des *Nichts*, nimmt Helander an Gregor wahr. – Er [der Wirt] ist,**

wie meist die negativen Figuren bei Andersch, mit allen Attributen des Konturenlosen und der Farbe weiß gezeichnet.[13]) Schütz weist auch hin auf die Farbsymbolik bei der Darstellung der Kirchtürme im Roman. (Vgl. hierzu Kap. 8.3 dieser Interpretation.)

W. Hinderer greift in seiner Besprechung des Romans *Sansibar* gleich einleitend die Problematik der **Unvereinbarkeit von Politik und Literatur**[14] auf. Er stellt die Auffassung Anderschs, der, im Gefolge Sartres, die Literatur als Mittel politischen Engagements und Wirkens betrachtet, der Meinung Enzensbergers und Adornos gegenüber, die die oben zitierte **Unvereinbarkeit** propagieren. Auch Hinderer gibt einen kurzen Abriss der Rezeptionsgeschichte (**Nicht von ungefähr reagierte die Kritik mit einer überwiegend ästhetischen und nicht politischen Rezeption.**[15]), geht dann aber recht bald zu einer eher werkimmanenten Interpretation des Romans über. Er stellt dabei die Skulptur bzw. Figur des ›Lesenden Klosterschülers‹ in das Zentrum seiner Betrachtungen. Bei der Besprechung der Figur des ›Jungen‹ heißt es: **Wie für die anderen Romanfiguren wird auch für den Jungen der ›lesende Klosterbruder‹** [sic!] **eine Art Leit- oder Projektionsfigur der eigenen Intentionen.**[16] Oder an anderer Stelle:

> **Wie schon in Alfred Anderschs Kurzgeschichte *Fräulein Christine* wird Barlachs Kunst zu einer Art moralischem Prüfstein, aber im Roman erweitert sich die Funktion der exakt beschriebenen Skulptur [...] je nach der subjektiv erfahrenen Wirklichkeit und den individuellen Bedürfnissen der Personen.**[17]

Und bei der Besprechung der Gestalt Helanders: **Ist das Kunstwerk in Gregors Augen die ästhetische Verkörperung der existentiellen Freiheit und des kritischen Denkens, so in Helanders Perspektive das Symbol des Widerstands gegen die Anderen.**[18]

Die Wiedergabe der Handlung erfolgt in nahezu paraphrasierender Weise. Interessant ist Hinderers Vergleich der Darstellung der Romanhandlung mit den Techniken des Films und des Hörspiels. Hinderer sieht hier eher eine Parallele zum Hörspiel als zum Film. ([...] **die einprägsame Fabel, geradlinige Handlung, die kurzen Szenen in schneller Abfolge, Abstraktion von Raum und Zeit [...] sind ebenso Elemente des Hörspiels wie von Anderschs Roman.**[19])

Ebenso zutreffend und für die Interpretation hilfreich sind die Ausführungen Hinderers über die Erzählperspektive (nach Hinderer insgesamt auktorial, von den Figuren her gesehen jedoch personal), den Wechsel der Perspektive sowie auch den Wechsel **von erlebter, indirekter und direkter Rede.**[20] (Vgl. hierzu Kap. 13.1 dieser Interpretation.) Auch Hinderer weist darauf hin, dass die **Romanpersonen** in *Sansibar* **bei aller individuellen Differenzierung typisiert und stilisiert**[21] sind, ohne daraufhin jedoch, wie

Schütz, eine Widersprüchlichkeit oder Brüchigkeit innerhalb des Romans aufzeigen zu wollen.

Zusätzlich zum philosophischen Einfluss SARTRES stellt Hinderer auch die Auswirkungen des Denkens von CAMUS fest, und zwar bei der Besprechung der Figur Helanders:

> **Die metaphysische Revolte Helanders ist von der ästhetischen Gregors abgesetzt. Läßt sich die metaphysische Revolte im Sinne Camus' als die Bewegung definieren, mit der ein Mensch sich gegen seine Lebensbedingung und die ganze Schöpfung auflehnt […], so die ästhetische als ein Akt der Emanzipation von jeder ideologischen Fremdbestimmung.**[22]

Als wenig hilfreich für die Interpretation des Romans *SANSIBAR* erweisen sich die Ausführungen K. Rothmanns in dem Band *DEUTSCHSPRACHIGE SCHRIFTSTELLER SEIT 1945 IN EINZELDARSTELLUNGEN*. Wenn es dort heißt, dass **Gregor […] nach Schweden muß** oder der Roman **im Herbst des Jahres 1938** spielt, so ist dies schlichtweg falsch. Die Feststellung, dass die Skulptur **eines lesenden Klosterschülers […] vernichtet werden wird, wenn es dem Pfarrer nicht gelingt, diese Symbolfigur ins Ausland zu retten,** ist ungenau. Viele Beispiele der sogenannten ›entarteten Kunst‹ sind konfisziert und ins Ausland verkauft worden.[23]

2 Der Autor und sein Werk

Der Autor Alfred Andersch wurde am 4. 2. 1914 in München geboren. Er starb am 27. 2. 1980 in Berzona (Schweiz). Seinen Roman *Sansibar oder der letzte Grund* veröffentlichte Andersch 1957. Ein halbes Jahrzehnt vorher hatte er den ›Bericht‹ *Die Kirschen der Freiheit* publiziert, in dem er – durchaus nicht nur in der sachlichen Sprache einer Berichterstattung – einen autobiografischen Abriss gibt, der wichtige Hinweise auf den *Sansibar*-Roman enthält. So stellt Alfred Andersch in den *Kirschen der Freiheit* dar, wie er als Fünfjähriger im bürgerlichen Elternhaus die Unruhen der Münchener Räterepublik miterlebt: **Menschen in langen Reihen** (9) werden zum Erschießen geführt. Später, als Vierzehn-, Fünfzehnjähriger versucht der Junge sich vorzustellen, was in jemandem vor sich geht, der andere erschießt, und das ohne inneren Zorn, nur weil es befohlen wurde. Es gelingt ihm nicht. – Abgesehen von dieser Zeit der Unruhe, so heißt es dann, **lief meine Kindheit ab wie ein Uhrwerk** (11). Das bürgerliche Zuhause, die trostlose Umgebung (**eine Landschaft verwaschener Häuserfronten, toter Exerzierplätze, aus roten Ziegelwänden zusammengesetzter Kasernen**), das Wittelsbacher Gymnasium langweilen ihn. Der kleinbürgerliche, nationalistische Vater stößt ihn ab. Der Pfarrer Johannes Kreppel dagegen – Vorbild des Pfarrers Helander im Roman – erscheint ihm als **eine verehrungswürdige und machtvolle Persönlichkeit** (13). Nach dem Tod des Vaters tritt Andersch in den Kommunistischen Jugendverband ein. Dies ist für ihn der **Übertritt von den nationalistischen Doktrinen meines Vaters zu den Gedanken der Menschenliebe, der Befreiung der Unterdrückten** […] (23). Es ist eine gegen den (verstorbenen) Vater gerichtete Entscheidung, die für den jungen Andersch das **absolut Neue und Andere** ist, etwas Faszinierendes, geradezu Abenteuerliches. Mit 18 Jahren ist er Organisationsleiter des Kommunistischen Jugendverbandes von Südbayern. Er muss dann jedoch erleben, wie die kommunistische Bewegung nur Idee, Agitation, Hoffnung bleibt und gegen den anwachsenden Einfluss des Nationalsozialismus nichts ausrichten kann. Es entsteht ein Gefühl der Resignation und Niederlage. **Fortgehen, dachte ich, während ich das Brot aus meinem Rucksack kramte, immer weiter gehen, alles zurücklassen** […] (32). Damit ist das Grundmotiv des *Sansibar*-Romans angeschlagen. Es wiederholt sich in den *Kirschen der Freiheit* dann noch einmal, und zwar viel mächtiger und dramatischer. Nach zwei (allerdings kurzen) Aufenthalten im Konzentrationslager Dachau, nach vollkommenem geistigen Rückzug (**totaler Introversion**, 46) und Lösung von der Kommunistischen Partei, nach Tätigkeiten als Angestellter in einem Münchener Verlag und einer Hamburger Fabrik wird ANDERSCH zum Militär eingezogen. An der Front in Italien desertiert er im Frühjahr 1944 und begibt sich in amerikanische Kriegsgefangenschaft. Dieser Akt der Flucht und der Befreiung, der aus Angst und Zwang erwächst, wird zum zentralen Thema des Berichts *DIE KIRSCHEN DER FREIHEIT*. ANDERSCH, der sich im Roman in der Gestalt Gregors widerspiegeln wird, reflektiert hier, in den *KIRSCHEN DER FREIHEIT*, mehrfach und beharrlich diesen Akt des ›Fortgehens‹ – wie auch Gregor dies tut. Es ist ein Urerlebnis, sich vom Zwang des Komplexes Vater-Vaterland-Nation-Nationalismus, von Pflicht, erzwungenem Eid und herrischem Befehl zu befreien. Nicht häufig bietet sich die Gelegenheit zu einer solchen Befreiungstat im Leben eines Menschen, vielleicht nur ein einziges Mal. Um so wichtiger ist es, sich hierfür innerlich bereitzuhalten. **Worauf es ankommt**, heißt es an hervorgehobener Stelle in den *KIRSCHEN DER FREIHEIT* (85), ist: **sich die Anlage zur Freiheit zu erhalten.** – Dies wird im Roman *SANSIBAR ODER DER LETZTE GRUND* zum Hauptmotiv fast aller dort agierenden Personen.

Das Grundthema Flucht bzw. Freiheit behandelt ANDERSCH nicht nur in *DIE KIRSCHEN DER FREIHEIT* und *SANSIBAR*, sondern in fast allen seinen Werken. Besonders deutlich wird dies in den Romanen *DIE ROTE*, *EFRAIM*, *WINTERSPELT* und im Hörspiel *FAHRERFLUCHT*, abgewandelt in der Erzählung *EIN LIEBHABER DES HALBSCHATTENS*. Man vergleiche zu dieser Thematik auch Martin Walsers Erzählung *EIN FLIEHENDES PFERD*.

3 Abriss des Inhalts

Der Roman *Sansibar oder der letzte Grund* spielt in Rerik, einem kleinen Hafen an der Ostseeküste. Dort treffen an einem Oktobertag des Jahres 1937 einige Menschen zusammen, denen der Wunsch nach Flucht, Aufbruch, Weggehen gemeinsam ist. Nacheinander treten fünf Hauptpersonen ins Bild. Der Junge (sein Name wird nicht genannt) lebt in Rerik und ist bei dem Fischer Knudsen in Dienst. Er möchte der Enge der Kleinstadt entfliehen und ähnlich wie Mark Twains Romanfigur Huckleberry Finn in die Wälder gehen. Gregor, ein kommunistischer Funktionär, hat vom Zentralkomitee den Auftrag bekommen, den Fischer Knudsen über die Bildung eines neuen Gruppensystems zu informieren und ihn hierfür zu gewinnen. Er will diesen Auftrag noch ausführen, sich dann aber von der Partei lösen und ins Ausland fliehen. Helander, der Pfarrer der St. Georgenkirche in Rerik, möchte, dass Knudsen eine Holzplastik aus seiner Kirche nach Schweden in Sicherheit bringt, da die Nationalsozialisten sie als ›entartete Kunst‹ beschlagnahmen wollen. Knudsen ist nicht bereit auf Gregors oder auf Helanders Anliegen einzugehen. Auch er möchte eigentlich fort aus Rerik, muss aber bleiben um seine geisteskranke Frau vor dem Zugriff der ›Anderen‹ (d. h. der Nationalsozialisten) zu schützen. Judith ist eine junge Jüdin aus reichem Hamburger Hause, die nach Rerik gekommen ist um von hier nach Schweden zu fliehen. Judiths Mutter hat Selbstmord begangen um der Tochter jede Bindung an die alte Heimat und vor allem jede Verpflichtung gegenüber der Mutter zu nehmen. Judith sollte frei sein um sich rechtzeitig vor ihrer Festnahme in Sicherheit bringen zu können. Sie findet aber keine Möglichkeit zur Flucht.

Der Roman schildert im Wesentlichen nur den Ablauf eines Tages. Im Verlauf dieses Tages erkennt Gregor, dass sowohl sein Auftrag, Knudsen vom neuen Fünfergruppensystem zu überzeugen, als auch sein Plan, ins Ausland zu fliehen, in Rerik zum Scheitern verurteilt sind. Gregor verfolgt den Auftrag nicht weiter und stellt seine Flucht zurück. Er löst sich von der Partei. Den letzten Ausschlag hierfür gibt der Anblick der Plastik ›Der lesende Klosterschüler‹. Gregor macht sich die selbstständig-kritische Haltung dieses ›Klosterschülers‹ zu Eigen. Er erkennt, dass der Mensch durchaus ohne fremden Auftrag, also frei, handeln kann und soll. Er beschließt eigene Aktionen. Durch genaue Planung und entschlossenen Einsatz gelingt es ihm, Knudsen dazu zu bringen, dass der Fischer zusammen mit dem Jungen sowohl die Plastik als auch Judith nachts nach Schweden fährt und damit rettet. – Eigentlich will der Junge in Schweden bleiben. Er sieht hier alle Voraussetzungen seines Traums von einem freien Leben erfüllt. Er kehrt dann aber doch mit Knudsen nach Rerik zurück. – Helander hat sich geweigert den ›Anderen‹ die Plastik herauszugeben. Jetzt, wo diese Plastik verschwunden ist, muss er mit seiner Festnahme rechnen. Aufgrund einer nicht mehr heilbaren Entzündung an seinem amputierten Bein steht Helander wahrscheinlich kurz vor dem Tode. Er beschließt im Kampf gegen die ›Anderen‹ unterzugehen. Er schießt auf die Männer, die ihn zum Verhör abholen wollen; diese erwidern das Feuer, Helander stirbt durch ihre Schüsse. – Gregor geht allein, wie er gekommen ist, aus Rerik wieder fort.

4 Figuren

4.1 Der Junge

Vom Aufbau des Romans und von der Erzählperspektive her gesehen soll offenbar die Gestalt des Jungen eine Art Basis oder Rahmen für die Struktur des Handlungsverlaufes abgeben. Die Kapitel, die dem Jungen zugeordnet sind, stehen am Anfang und am Schluss des Romans, treten dazwischen regelmäßig nach jedem anderen Kapitel wieder auf und sind im Übrigen kursiv gedruckt – im Unterschied zum sonstigen Romantext.

Der Junge ist fünfzehn Jahre alt. Er hat früh seinen Vater auf See verloren. Die Bewohner des Städtchens behaupten, der Vater sei ein Säufer gewesen. Der Junge ist anderer Meinung. Er hält seinen Vater für einen Abenteurer, den die Spießbürger und die Enge Reriks dann allerdings zum Trinken gebracht hätten. Der Junge hasst die Einwohner Reriks, weil sie seinen Vater derart abqualifizieren. Er hasst Rerik und ist voller Fernweh, wie sein Vater es war. Aus diesen Gründen will der Junge Rerik verlassen. Von hierher erklärt sich der etwas merkwürdige Titel des Romans. Es gibt drei Gründe, von Rerik fortzugehen, denkt der Junge: **Man mußte Rerik verlassen, erstens, weil in Rerik nichts los war, zweitens, weil Rerik seinen Vater getötet hatte, und drittens, weil es Sansibar gab, Sansibar in der Ferne, Sansibar hinter der offenen See, Sansibar oder den letzten Grund.** (82) Der dritte Grund ist also das Fernweh, symbolisiert durch eine exotische Insel.

Der Junge lebt bei seiner Mutter, er ist bei Knudsen auf dessen Fischerboot als Aushilfskraft beschäftigt. Die meiste Zeit verbringt er jedoch allein mit seinen Büchern (vor allem Mark Twains *Huckleberry Finn*) auf einem alten Speicher. Er hat offenbar keine gleichaltrigen Freunde. Gegenüber den Erwachsenen ist er misstrauisch. Er geht, jedenfalls im ersten Teil des Romans, ganz in der Welt seiner Abenteuerbücher auf. Im Verlauf des einen Tages, der im Roman dargestellt wird, kommt es jedoch im Bewusstsein des Jungen zu einem Umschwung: **Er spürte, daß der Speicher nichts mehr für ihn war** [...] **Er war bald sechzehn Jahre alt, und er hatte begriffen, daß er mit dem Speicher und mit den Büchern zu Ende war.** (82) Er erkennt, dass man mit seinen Wünschen und Träumen nicht dauernd allein bleiben kann. Als er am Schluss der Rettungsaktion merkt, dass Knudsen auf ihn wartet, obwohl dieses Warten Knudsen in Gefahr bringt, begreift der Junge, dass es menschliche Bindungen, moralische Verpflichtungen gibt, die etwas anderes und mehr sind als bloßer Zwang und alltägliche Einengung. Er fühlt sich Knudsen gegenüber verpflichtet und gibt den egoistischen Gedanken auf, sich in Schwedens Wälder zu flüchten und dort wie Huckleberry Finn zu leben. Statt dessen kehrt er zu Knudsen zurück, der mit ihm wieder in das kleine und verhasste Rerik fahren wird. – Vielleicht hat der Junge hiermit das **Ziel** (7) gefunden, das er vermisste und suchte, oder doch zumindest eine Orientierung gewonnen für sein weiteres Leben.

4.2 Gregor

Im Verlauf der Handlung wird deutlich, dass eigentlich Gregor die zentrale Gestalt des Romans ist. Er ist Motor der Handlung, er nimmt dabei Kontakt zu allen anderen Hauptpersonen auf.

Über Gregors äußere Erscheinung erfahren wir etwas aus der Perspektive Judiths, die ihn im Halbdunkel der Kirche beobachtet. Gregor ist ein unauffällig wirkender junger Mann; in seinem Gesicht liegt jedoch **etwas sehr Erfahrenes und Altes [...], zwischen Augen und Mund hatte sich ein [...] Leidenszug eingegraben, aber die Schläfen und das Kinn zeigten Schläue, verrieten Tempo, verlässige [sic] Schnelligkeit und Intelligenz** (110). Sich selbst charakterisiert Gregor als **kalt** (112), er ist ein Mensch des planenden Verstandes, nicht des Instinkts oder Gefühls. Er sträubt sich gegen das Erlebnis der Liebe, weil er darin eine Gefährdung seiner (als Kommunist) illegalen Existenz sieht. – Genau wie beim Jungen findet aber auch in Gregor während des einen Tages in Rerik eine innere Wandlung statt. Als es zu spät ist, bereut er es, Judith nicht geküsst zu haben. Zwar gelingt ihm ihre Rettung, die er exakt geplant und bravourös durchgeführt bzw. eingeleitet hat. Ihm bedeutet jetzt aber dieser Triumph seines Verstandes wenig. **Das ist zu wenig, dachte Gregor; man kann alles richtig machen und dabei das Wichtigste versäumen.** (127)

Auch in anderer Hinsicht findet an jenem Tag in Gregor eine innere Wandlung statt: In seiner Haltung gegenüber der Kommunistischen Partei kommt es zu einer entscheidenden Wende. Gregor ist in Moskau an der Lenin-Akademie zum kommunistischen Funktionär geschult worden und hat auf sowjetischer Seite am Krieg teilgenommen. Er hat aber schon während dieser ganzen Zeit Zweifel an der Richtigkeit der kommunistischen Lehre gehabt und lehnt zunehmend ihren Anspruch ab, mit dem sie gleichsam die geistige Selbstaufgabe jedes einzelnen Genossen verlangt. In Rerik löst sich Gregor ganz von seiner Bindung an die Kommunistische Partei, nicht nur innerlich, sondern auch äußerlich. Er beschließt keine Aufträge mehr für die Partei auszuführen. Er will fliehen.

Dass Gregor sich von der Partei abwendet, hat noch weitere Gründe. Er ist enttäuscht darüber, dass sie sich nicht wirksamer gegen die wachsende

Macht der Nationalsozialisten zur Wehr gesetzt hat. Und er spürt, dass ihre Ideologie einen ganzen Bereich seines Denkens und Empfindens unberücksichtigt und unbefriedigt lässt. Das Abenteuer, die **Romantik** (84) des eigenverantwortlichen Handelns wird durch sie unmöglich gemacht, auch der Bereich des Ästhetischen hat keinen Platz in ihrem System. Er spürt dies besonders deutlich nach der Trennung von seiner Freundin Franziska (113) und vor allem nach seinem ›Tarasovka-Erlebnis‹.

Seinen Entschluss, sich von der Partei zu trennen, bewertet Gregor selbst ambivalent. Er sieht hierin Verrat und Befreiung zugleich. Auslösendes Moment für diese endgültige Entscheidung ist seine Begegnung mit der Plastik ›Der lesende Klosterschüler‹. Immer war es Gregors Aufgabe gewesen, Aufträge der Partei auszuführen. Mit der inneren Distanzierung von der Partei entsteht in ihm die Ahnung: **Wie aber, wenn es eine Welt ganz ohne Aufträge geben sollte? […] konnte man ohne einen Auftrag leben?** (41) Nachdem er die Plastik gesehen hat, bejaht er diese Frage: **Ich habe einen gesehen, der ohne Auftrag lebt.** (43 f.) Dies ist der Durchbruch. Die konzentriert aufnehmende, dabei aber kritische Haltung des Klosterschülers wird zur Offenbarung für Gregor. Er sieht in dem jungen Mönch **seinen Genossen** (84), der sich, ebenso wie er selbst, **verschworen hatte, niemandem mehr zu gehören** (116). Marcel Reich-Ranicki bringt es auf den Nenner: **Ein Kunstwerk wird also für Gregor zum Leitbild und ermöglicht es ihm, sich von den vorhandenen institutionellen Verbindlichkeiten zu befreien und vor allem die deterministische Philosophie seiner Partei zu überwinden.**[24]

Indem Gregor sich von der Partei löst, wird er frei zu eigenem Tun, zur unvoreingenommenen Hinwendung zu anderen Menschen, vor allem, wenn sie in Not sind. Ihre Not wird Anlass zu seiner **Aktion** (84), der ersten Tat, die er nicht in fremdem Auftrag vollbringt.

4.3 Helander

Helander wird in dem Kapitel, in dem er vorgestellt wird, betend in seiner Kirche gezeigt. Sein Gebet ist nicht so sehr ein Gebet an Gott als vielmehr **gegen die Leere** (9). Das Wort ›Leere‹ tritt häufig auf in diesem Kapitel, es kennzeichnet die Atmosphäre, in der Helander sich bewegt: **[…] es gab nichts Leereres als den Georgen-Kirchhof im Spätherbst.** (9) Andere Beiwörter kommen hinzu um diesen Eindruck zu verstärken: **das schweigende, dunkle Rot der Ziegelwand, ein Platz so tot wie die Kirche.** Dieser Platz ist für Helander **die vollkommene Einsamkeit.** Helander erwartet auf der leeren Kirchenwand, die er **als nackte Tafel ohne Perspektive** sieht, eine Schrift, eine Botschaft Gottes; aber diese Botschaft erscheint nicht.

Helanders Vorfahren sind aus Schweden eingewandert. In dem angesprochenen Kapitel (9 ff.) wird ›Schweden‹ als ein Gefühls- oder Begriffskomplex zu Rerik in Kontrast gesetzt, wobei Rerik für Deutschland steht. Dieser Komplex ›Schweden‹ wird in Helanders Bewusstsein durch eine Reihe von Details charakterisiert, die angenehme Assoziationen erwecken: bunt gestrichene Häuser aus Holz, fröhliche Schritte, Licht, Gerechtigkeit, Frieden. Schweden ist **das freundliche Land.** Rerik bzw. Deutschland wird dagegen mit Zügen gekennzeichnet, die etwas Abstoßendes und Bedrohliches haben, es ist ein Land, **in dem die Gedanken so dunkel und maßlos** sind **wie die Steinwände der Kirchen,** dort ist **die Finsternis** [...] **stärker geblieben als das** [...] **Licht.**

Helander steht einsam in dieser dunklen, leeren, nackten und toten Welt, in der er sich nicht zu Hause fühlt und in der Gott nicht zu ihm spricht. Er empfindet Schmerzen, physisch – ein Bein ist ihm im Ersten Weltkrieg amputiert worden, er trägt eine Prothese – und psychisch, als Folge der Leere um ihn und seiner Isolation.

Seltsamerweise gilt der erste Gedanke, den Helander im Roman äußert, dem kommunistischen Fischer Knudsen. Ihm traut er Hilfsbereitschaft zu, mit ihm verbindet ihn der gemeinsame Feind, die Nationalsozialisten, die ›Anderen‹. Knudsen soll die Plastik, die in Helanders St.-Georgen-Kirche steht und die die ›Anderen‹ als unerwünschte und ›entartete Kunst‹ am liebsten vernichten, auf jeden Fall aber konfiszieren möchten, nach Schweden bringen. Helander will, dass diese Plastik unbedingt vor dem Zugriff der ›Anderen‹ gerettet wird. Er empfindet hierbei nicht als Kunstliebhaber. Die Plastik ›Der lesende Klosterschüler‹ ist für ihn Ausdruck der geistigen Selbstständigkeit, Skepsis und Kritik – Eigenschaften, die den ›Anderen‹ im höchsten Grade verdächtig und unerwünscht sind. Helander sieht in der Plastik ein Symbol der geistigen Freiheit, die er vor der anwachsenden Macht der Nationalsozialisten schützen und bewahren will. Er sieht in ihr auch die Verkörperung seines Idealbildes von der Kirche. Im Gespräch mit dem **jungen Herrn Doktor,** der die Plastik **magazinieren** will, bezeichnet Helander sie als **das innerste Heiligtum seiner Kirche,** als **das große Heiligtum** (29).

So wie Gregor sich enttäuscht von der Kommunistischen Partei abwendet, weil sie dem heraufkommenden Nationalsozialismus nicht hinreichend aktiven Widerstand entgegengebracht hat, so hadert Helander mit der Kirche und schließlich selbst mit Gott wegen dieser wachsenden Bedrohung. Und fast dieselbe innere Situation stellt Helander auch bei Knudsen fest, als dieser sich weigert die Bitte des Pfarrers zu erfüllen. **Das war es also. Helander begriff plötzlich Knudsens Weigerung. Seinen Haß gegen die Partei, weil sie versagt hatte. Sein schlechtes Gewissen, weil er nun die Partei haßte. Es ist so ähnlich wie mit mir und der Kirche, dachte er.** (31)

Helander hasst die Kirche und hasst Gott, weil er zu wissen glaubt, dass es Gott zwar gibt, dass dieser sich aber verbirgt statt in das weltliche Geschehen wirkend einzugreifen. **Gott war abwesend, er lebte in der größten überhaupt denkbaren Ferne, und die Welt war ein Reich Satans.** (97) – Diese Vorstellungen hat Helander nicht allein entwickelt. Er spricht von der **Lehre des großen Kirchenmannes aus der Schweiz** (97), der er anhängt. Er meint hiermit den Theologen Karl Barth. Nach Barth ist Gott von den Menschen nicht erkennbar und auf der Erde nicht gegenwärtig, **außer in einem einzigen Punkt, in Jesus Christus,** schreibt U. Neuenschwander[25]. **Aber dieser Punkt hat als Punkt keine Ausdehnung. Ja, in Jesus Christus berührt Gott die Welt nur so, wie eine Tangente den Kreis berührt, ohne ihn eigentlich zu berühren.** Gott hat, nach Barth, die Welt erschaffen und dann verlassen, er wirkt nicht mehr in ihr; was den Menschen bleibt, ist die Angst vor Gottes Gericht und Verdammnis. Die Vorstellung von Auferstehung und Gnade bleibt eine vage Hoffnung. Zu Recht bemerkt Neuenschwander, dass durch ein solches Gottesbild **der Weg zu einem aufbauenden christlichen Handeln in dieser Welt verbaut** und **jede konkrete christliche Ethik verunmöglicht** wird[26]. – Karl Barth hat später diese Vorstellung modifiziert und eine weiter gehende Anwesenheit und Wirksamkeit Gottes in dieser Welt angenommen.

Andersch belässt seinen Pfarrer Helander aber bei der so geschilderten Auffassung vom **Deus absconditus** (99), dem verborgenen, abwesenden Gott. Helander geht sogar noch einen Schritt weiter. Er stellt die Abwesenheit Gottes nicht nur fest, sondern kritisiert und verurteilt sie. **Gott war ein Spieler, der das Reich den Anderen überließ, wenn es ihm gefiel.** (153) Helander erkennt, dass **er sich im Aufstand gegen Gott** befindet (153), ist **auf Gott wütend** und kommt schließlich zu der Erkenntnis, **daß man einen Gott, der den Seinen nicht beistand, züchtigen mußte.** Er beschließt, dem Gebot *Du sollst nicht töten* zuwiderzuhandeln. Deswegen schießt er auf die ›Anderen‹, als sie in das Pfarrhaus kommen um ihn zu verhaften. Helander, so heißt es an dieser Stelle, ist dabei **von Mosis Zorn und altem Schamanenglauben besessen.** (153) – Das Wort ›Schamanenglauben‹ zeigt an, dass Andersch die Gottesauffassung Helanders über Karl Barths Theologie hinaus gänzlich aus christlichen Vorstellungen fort- und zurückgeführt hat in den Bereich archaischer Religiosität, wo Gott den Menschen eher als launische, manchmal Glück, manchmal Verderben bringende Naturgewalt erscheint. – **Ich werde töten, um Gott zu züchtigen** (153), beschließt Helander. Als er diesen Gedanken ausführt, erscheint die Schrift auf der Wand seiner Kirche, auf die er so lange gewartet hat. **Während er die Schrift las, spürte er kaum, wie das Feuer in ihn eindrang, er dachte nur, ich bin lebendig […].** (156)

Diese Tat, in der Helander Erfüllung findet, reizt immer wieder zu neuer Interpretation. Warum erscheint gerade bei dieser ›Züchtigung‹ Gottes die Schrift an der Wand, die doch wohl, in Anlehnung an die Bibel, eine Botschaft dieses Gottes sein soll, noch dazu eine lang erwartete und erhoffte? – Kurz bevor Helander die Schüsse abgibt, also kurz vor seinem Tode, ändert er seine Einstellung zu Gott:

> **Er hatte sich entschlossen, zu schießen, weil die Salve aus seiner Trommelpistole die Starre und Trostlosigkeit der Welt durchbrechen würde. In den Feuerstößen aus seiner Pistole würde die Welt für die Dauer von Sekundenbruchteilen lebendig werden. Wie dumm von mir, dachte der Pfarrer, zu denken, ich schösse, um Gott zu züchtigen. Gott läßt mich schießen, weil er das Leben liebt.** (155)

Was ist das für ein christlicher Gott, der seine Geschöpfe sich gegenseitig töten lässt, **weil er das Leben liebt?** Die späte Erkenntnis des Pfarrers scheint vollkommen absurd. – Vielleicht steht der Begriff Gott hier jedoch für etwas ganz anderes. In den *Kirschen der Freiheit* beschreibt Andersch das Wesen der **absoluten Freiheit,** die für ihn von zentraler Bedeutung ist, folgendermaßen: **In jenem winzigen Bruchteil einer Sekunde, welcher der Sekunde der Entscheidung vorausgeht, verwirklicht sich die Möglichkeit der absoluten Freiheit, die der Mensch besitzt […] Frei sind wir nur in Augenblicken. In Augenblicken, die kostbar sind.**[27] – In diesem einen kostbaren Augenblick zwischen Entschluss und Tat findet Helander seine Erfüllung, ›lebt‹ er, spürt er den Zustand der ›absoluten Freiheit‹. Er erlebt *seinen* **höchsten Augenblick**[28] und sieht die ersehnte Schrift auf der Wand. Es ist nicht die Botschaft des christlichen Gottes, sondern eher ein Aufleuchten der existenzialistischen Philosophie Sartres. Wie Orest in Sartres *Fliegen* hat Helander zu seiner Tat gefunden, die seiner Existenz in dieser Welt Halt, Sinn, Erfüllung gibt – und eben den kostbaren Augenblick der absoluten Freiheit.

4.4 Knudsen

Wie Gregor und Helander ist auch der Fischer Knudsen eine der aktiv handelnden Gestalten im Roman. Von ihm gehen jedoch keine entscheidenden Impulse aus, er ist eher ein ausführendes Organ. Er ist, seiner politischen Auffassung nach, Kommunist, hat Aufgaben von der KP übernommen und ist der Letzte, der in Rerik noch als Parteimitglied ansprechbar ist. Aber auch Knudsen möchte sich von der Partei lösen, da die offenkundige Zugehörigkeit zur KP, ja schon die eingestandene Sympathie für sie, im Herbst 1937 eine zu große Gefahr in sich birgt. Außerdem hat die KP zu dieser Zeit im nationalsozialistischen Deutschland praktisch zu funktionieren und zu existieren aufgehört. Darüber hinaus muss Knudsen an seine

Frau Bertha denken. Knudsen liebt Bertha und ist sich bewusst, dass er sie beschützen und ihr helfen muss. Die ›Anderen‹ haben bereits einen Versuch gemacht Bertha in eine Anstalt zu bringen.

Knudsen bekommt von der Partei den Auftrag, sich mit dem **Instrukteur** Gregor in Rerik zu treffen. Er sträubt sich anfangs dagegen, wird dann aber doch wankelmütig. Als Knudsen überlegt, ob er zum Treffen mit Gregor gehen soll, fühlt er sich wie ein **Fisch vor der Angel** (16). Er weiß selbst nicht, ob er eigentlich frei ist in der Entscheidung anzubeißen oder nicht. **Aber auf diesen Köder habe ich mein Leben lang angebissen, entsann er sich.** (16) Und er geht schließlich doch zum vereinbarten Treffpunkt.

Auch Helanders Wunsch, die Holzplastik zu retten, lehnt er zuerst ab. Er begründet dies mit klassenkämpferischen Motiven: **Ein Pfarrer für die Bürger [...] Und das ist der Grund, warum ich nicht für Sie nach Skillinge [= Schweden] fahre.** (31) Aber selbst Helander merkt, dass das nicht **der ganze Grund** ist. Knudsen will nicht mehr für die KP arbeiten. – Alle drei Männer, auch Gregor, sind im Verlauf der Handlung also dabei, sich von der ihnen übergeordneten Institution loszusagen, in die sie bisher integriert waren. Aber alle drei wollen deswegen nicht auf Aktionen verzichten. Im Gegenteil, sie fühlen sich zur Tätigkeit, zum Handeln geradezu hingezogen. So hat Gregor – während des Gesprächs der drei Männer in der Kirche – Helanders Sache zu seiner eigenen gemacht. Er versucht Knudsen einzubeziehen, indem er ihm den Befehl zur Rettung der Plastik erteilt. Zweimal tut er es als **Parteibefehl**, aber Knudsen lacht darüber nur höhnisch.

Später wird gezeigt, wie Knudsen im Hafen auf seinem Boot sitzt und grübelt. Und wieder vergleicht er sich mit einem Fisch vor der Angel. Und wiederum will er kein **stummer Fisch** bleiben. Das wäre er in seinen Augen, wenn er keine Tat, kein Wagnis, kein Abenteuer mehr auf sich nehmen würde. Dies wäre wie der Tod für ihn. Er grübelt sich zu der Entscheidung durch, doch das Bild zu retten. Er bleibt aber dabei uneins mit sich selbst, ist auf sich selbst wütend, kann aber nicht anders. Er spürt, dass es ihm gut tut, gebraucht zu werden, durch Aktivität aus dem alltäglichen Einerlei und der Einsamkeit herauszukommen. Er möchte aber dabei nicht mehr die Interessen anderer vertreten, weder die der Partei noch die Gregors.

Als ihm später, bei der Lotseninsel, Gregor auch noch Judith an den Fischkutter bringt, ist Knudsen wieder völlig abweisend. Er glaubt, Gregor habe eigennützige Motive, Judith in Sicherheit bringen zu lassen, weil sie vielleicht seine Bekannte oder seine Geliebte sei. Gregor schlägt ihn nieder, Blut fließt. Aber selbst als Besiegter gibt Knudsen nicht nach. Erst als er sich vergewissert hat, dass es eben nicht Gregors **private Sache** ist, sondern dass Gregor uneigennützig etwas auf sich nimmt, weil es sein **muß,** weil es anderen Menschen die Rettung bringt, weil es gegen das Böse, die Nationalsozialisten, gerichtet ist, gibt Knudsen nach und willigt ein auch Judith mitzunehmen. In der kalten, leeren Welt, wo das Böse die Übermacht zu gewinnen droht, wo übergeordnete Institutionen, ob Partei oder Kirche und Gott, versagt haben, wo es auch keine menschlichen Kontakte mehr zu geben scheint, sondern eher Hass (**Mein Gott, dachte Gregor, dieser Mann [Knudsen] hat mich gehaßt,** 140), entsteht plötzlich aus der Aktion heraus so etwas wie Respekt vor dem Mitmenschen und dadurch Hilfsbereitschaft, Verantwortungsgefühl – eine Moral ohne ideologische oder religiöse Basis. Indem Knudsen erkennt, dass Gregor wirklich uneigennützig handelt und Opfer bringt, tut er dies auch, zwar zähneknirschend und mürrisch, aber schließlich doch aus eigenem Willen heraus: **Dann will ich das Boot übernehmen, sagte er, das Mädchen kann mitfahren.** (140)

Es sind also zwei Gründe, die Knudsen gegen sein anfängliches Sträuben schließlich zum Handeln bringen: einmal die Lust an der Aktion – und Aktion setzt er innerlich mit Liebe, Leben, Abenteuer gleich –, vor allem aber das Gefühl einer moralischen Verpflichtung gegenüber anderen.

> **Knudsen dachte: Weil ich kein toter Fisch sein will. Weil ich die Lust an der Liebe behalten will. Weil es sonst stinklangweilig wird. Aber er sagte nichts dergleichen. Er sagte vielmehr: Wie stehe ich denn vor dem Pfarrer da, wenn ich nicht mitmache? Im gleichen Augenblick wußte er, daß er eine Art Wahrheit ausgesprochen hatte. (88)**

4.5 Judith

Judith ist die einzige weibliche Gestalt im Roman. Inmitten all der Männer – Gregor, Knudsen, Helander, dem Wirt, den schwedischen Matrosen – wirkt sie geradezu verloren. Sie ist allein und hilflos, dabei in großer Gefahr, sie hat – abgesehen von Helander – als Einzige keine Rückzugsmöglichkeit. Das Bild ihrer äußeren Erscheinung wird aus der Perspektive Gregors gezeichnet: **ein junges schwarzhaariges Mädchen [...] mit einem schönen, zarten, fremdartigen Rassegesicht** (63). Judith stammt aus einer reichen jüdischen Familie, sie ist gebildet, gut erzogen, elegant gekleidet, aber heimatlos und auf der Flucht. Sie erkennt bald die Aussichtslosigkeit ihres Versuchs, von Rerik nach Schweden zu fliehen. Ihre eigenen Aktionen führen sie nur in immer weitere Verstrickungen. Dem Wirt wird sie verdächtig, der Flirt mit dem schwedischen Steuermann endet in Peinlichkeit und im kleinen Fischerort fällt sie auf. Erst mit Gregors Hilfe gelingt ihr dann die Flucht.

Sie fällt auch Gregor auf. Zu Anfang interessiert sie ihn, weil sie so fremdartig wirkt und weil sie fliehen will wie er selbst. Aber dann erkennt er, dass ihr Schicksal sich von seinem unterscheidet. Eher als mit ihm hat

Judith etwas mit der Holzplastik in Helanders Kirche gemeinsam: **Ich will weg, aber sie müssen weg, [...] sie sind Ausgestoßene** (61). Damit steigert sich sein Interesse an Judiths Schicksal. Für Judith ist ein Einsatz ebenso erforderlich wie für die Holzplastik. Beide sind in akuter Gefahr. Und da Gregor sich innerlich von der Partei gelöst hat, ist er frei für eine Aktion ganz aus eigenem Antrieb. Aber ihre verschiedene Herkunft, der Klassenunterschied zwischen ihnen (Gregor kann sich von seiner marxistischen Einteilung der Welt in Klassen noch nicht lösen) wirkt wie eine Barriere. Er ist der **graue junge Mann** (102), der Proletarier. Sie ist dagegen die verwöhnte höhere Tochter aus reichem Hause. **Eine Art von Abneigung hatte ihn erfaßt** (102), einen Augenblick lang quält er sie in ihrer hoffnungslosen Situation; seine Art, Judith auszufragen, wird mit den Adjektiven **grausam, höhnisch** charakterisiert. Als er jedoch Judith näher kennen lernt, als er hört, dass ihr zum Mitnehmen nichts wichtiger ist als das Bild ihrer toten Mutter, interessieren ihn keine Klassenunterschiede mehr, ist sie für ihn ein Mensch in Not, und er beschließt sie zu retten. Und dennoch – Judith löst nicht nur Mitgefühl in ihm aus, sondern auch Liebe. Er sträubt sich dagegen, sich in sie zu verlieben, weil er glaubt, dass dadurch seine Kampf- und Widerstandskraft gegen die ›Anderen‹ gelähmt wird, er mobilisiert zum Schluss noch einmal seine ganze Abneigung gegen Judith als das **verwöhnte, törichte Geschöpf**, das **junge bourgeoise Ding** (114), jetzt jedoch ohne innere Überzeugung und ohne Erfolg. Als sie nebeneinander in der dunklen Kirche stehen, verhindert nur das plötzliche Eintreten Helanders, dass Gregor Judith küsst.

Aber auch ohne Gregors Bemerkungen wird sich Judith ihrer Herkunft aus dem Groß- und Bildungsbürgertum nur allzu deutlich bewusst. Sie spürt die Distanz zur Welt der praktischen Wirklichkeit, in der sie sich durch ihre Erziehung befindet. Sehr schnell, aber zu spät merkt sie, dass sie nicht erfahren, nicht lebenstüchtig genug ist um aus eigener Kraft von Rerik aus ihre Flucht nach Schweden zustande zu bringen. Schon der Ort als Fluchtort ist falsch gewählt; ihre Mutter hatte ihr aus Sentimentalität und einer gewissen **Romantik** heraus zu diesem idyllischen kleinen Hafen geraten. Judith erkennt es bald: Dieser Ort ist eine **Falle** (35). Die Welt ist nicht so, wie sie sie sich in der **Romantik** der Reichen ausgemalt hat. Das Wort ›Romantik‹ bzw. ›romantisch‹ wird im Roman zu einem Schlüsselwort für die unrealistische Betrachtungsweise der Welt durch die Gutsituierten und Gebildeten.

Judith sieht sich in ihrer ausweglosen Situation in Rerik wie eine Märchenprinzessin, die durch irgendeinen bösen Zauber in die Niederungen der einfachen Verhältnisse geraten ist. Als der Wirt andeutet, er würde darauf verzichten, sich ihren Pass zeigen zu lassen, wenn sie ihn nachts zu sich ins Zimmer ließe, findet sie es – natürlich – **abscheulich** (36). Aber nach einiger Zeit versucht sie diese plumpe Annäherung in ihrer Weise innerlich zu verarbeiten:

> **Sie ertappte sich dabei, daß sie diesen Ausweg nicht mehr ganz so abstoßend fand wie vorhin, in der Wirtsstube, oder vielmehr: sie fand ihn noch genauso abstoßend, aber nicht mehr so völlig absurd und undenkbar. Vielleicht war es immer auf Fluchten so, daß das flüchtende Mädchen sich einem Scheusal hingeben mußte, dachte sie verzweifelt und romantisch.** (65 f.)

Sie merkt sehr bald, dass diese romantische Attitüde der Wirklichkeit nicht standhält. [...] **das Klopfen des Scheusals an der Tür, nachts, die romantischen Scheusalschritte nachts auf dem Gang, nichts ist romantisch, alles ist nur garstig, alles, alles, alles.** (73) Judith muss ihr romantisches Denken ebenso ablegen wie der Junge seine Huckleberry-Finn-Träume (82), genau wie er wird sie an diesem einen Tag in Rerik erwachsen. Judith distanziert sich von ihrer Mutter, die Rerik **romantisch** fand (**aber Rerik war nicht romantisch, man wurde hier erwachsen,** 79), ebenso wie später – auf dem Weg zum Boot des Jungen – von ihrem Vater (**Goethe und Papa befanden sich irgendwo, hier waren sie undenkbar,** 122). Sie ist jetzt ganz allein, ganz auf sich gestellt. Zwar ist Gregor, der sie rettet, bei ihr. Er liebt sie und auch sie mag ihn. Aber er ist ihr dabei doch fern und fremd, beide bleiben für sich allein.

Die Welt der romantischen Kindheit zerbricht also für Judith. Mit Erstaunen stellt sie fest, dass sie zwar den Schutz der Geborgenheit verloren hat, die Welt ihres reichen Zuhauses – Villa, Garten, Alsterkanal –, aber dass sie dafür in eine andere Welt hineinwächst. Fast amüsiert bemerkt sie, dass der Wirt sie wohl als **eine hübsche verdorbene Krabbe** (73) ansieht, dass er wahrscheinlich **scharf** auf sie ist und sie sich ihm gegenüber wie ein **leichtes Mädchen** aufgeführt hat. Tatsächlich bezeichnet der Wirt sie ja auch als **Flittchen** (76). Judith wehrt sich einerseits innerlich dagegen, dass sie plötzlich wie eine **Hafendirne** (78) erscheint, aber spürt andrerseits, dass sie in diesem Spiel mitspielen muss, wenn sie durchkommen und überleben will.[29]

Es ist etwas verwirrend, dass gerade in dieser Situation, wo für Judith alle Romantik zu Ende geht, die Romantik für Gregor anfängt: **Sowie man die Partei im Stich läßt, gibt es wieder Romantik, dachte Gregor. Eiskalte Aktion gegen die Anderen, aber doch Romantik. Ein kalter Romantiker** [...] (84). Der Begriff hat hier jedoch zweierlei Bedeutung. Für Judith war ›Romantik‹ die gefühlsbetonte, idealisierende Verklärung der Wirklichkeit; für Gregor bedeutet dieser Begriff so viel wie eigenes Handeln, individuelle Freiheit, sinnliche Wahrnehmung ohne Bindung an Parteiideologie.

4.6 Der ›Lesende Klosterschüler‹

Der ›Lesende Klosterschüler‹ ist keine handelnde Person, sondern eine Skulptur. Insofern mag es verwundern, ihn unter den Figuren des Romans mit aufgereiht zu sehen. Er ist aber nicht nur bloßes Objekt wie etwa Knudsens Fischkutter, so wichtig der für den Romanverlauf auch sein mag. Der ›Lesende Klosterschüler‹ ist vielmehr eine Symbolfigur. Als solche hat er die Eigenschaft, Wertvorstellungen und -begriffe zu verkörpern, für die es sich standzuhalten und zu kämpfen lohnt. Er kann auch zur Veranschaulichung, Klärung, Bewusstmachung verhelfen und Impulse geben zur Entscheidung und Aktion. Da er auf diese Weise Einfluss nehmen kann auf menschliches Denken, Fühlen und Handeln, gewinnt er selbst menschliche Züge. Und das mag sein Erscheinen am Ende des Kapitels »Figuren« rechtfertigen.

Die Plastik ›Lesender Klosterschüler‹, die zur Schlüsselfigur für die innere Entwicklung Gregors wird und zugleich der Kristallisationspunkt für die äußere Handlung des Romans ist, wird von Andersch sehr langsam und behutsam eingeführt. Helander bittet Knudsen nach Schweden zu fahren und **etwas** (27) mitzunehmen. Durch die Wiederholung Knudsens wird die behutsame Einführung noch einmal verlangsamt: **Ich soll für Sie etwas nach Schweden bringen?** (27) – Helander präzisiert dann dieses ›etwas‹: **eine kleine Figur, eine kleine Holzfigur aus der Kirche** (28). Dann spürt er, dass er mit dieser Darstellung Knudsen nicht zur Erfüllung seiner Bitte bewegen kann, und fügt hinzu: **Ich soll sie den Anderen abliefern. Sie wollen sie mir aus der Kirche nehmen.** (28) Es ist psychologisch geschickt, dass er Knudsen auf das anspricht, was sie verbindet: die Feindschaft gegenüber den ›Anderen‹. Aber Knudsen sieht eher das Trennende: **Der Pfaffe, dachte Knudsen. Der verrückte Pfaffe. Ich soll ihm seinen Götzen retten.** (28) Knudsen hat wenig Lust diesen Auftrag zu übernehmen.

In einer Rückblende, d. h. aus Helanders Erinnerung, erfahren wir dann mehr über diese Figur. Für die ›Anderen‹ steht sie **auf der Liste der Kunstwerke, die nicht mehr in der Öffentlichkeit gezeigt werden sollen,** gehört also zu der unerwünschten, der ›entarteten‹ Kunst. Das wird bestätigt durch eine andere Erinnerung: Diese Plastik hatte Helander **vor ein paar Jahren von einem Bildhauer erworben, dem kurz darauf die Anderen verboten hatten, sein Handwerk auszuüben** (29). Gemeint mit diesem Bildhauer ist Barlach. Die Figur lässt sich damit identifizieren als der ›Lesende Klosterschüler‹ von 1930, der sich jetzt in Güstrow befindet, an dem Ort, wo Barlach bis zu seinem Tod im Jahre 1938 lebte. (Ab 1933 wurden Barlachs Skulpturen aus Kirchen und Museen entfernt, Barlach selbst in seiner künstlerischen Arbeit eingeschränkt und behindert, vgl. hierzu das Kap. 14.1 in diesem Band.)

Ein Doktor aus Rostock will den ›Klosterschüler‹ magazinieren und damit vor der Vernichtung durch die ›Anderen‹ **retten.** Aber Helander möchte nicht, dass die Skulptur **eingesperrt** wird. Für ihn ist sie kein Kunstwerk, sondern ein **Gebrauchsgegenstand. Er wird gebraucht** (29), sagt Helander. – Wie Knudsen und der Doktor aus Rostock verstehen auch Helanders Amtsbrüder die Skulptur nicht, wenn sie sie als zu modern, als eins von **diesen modernen Dingen** abqualifizieren. **Der ›Klosterschüler‹ ist nicht modern, er ist uralt** (29 f.), hält Helander ihnen entgegen. Eine Begründung für diese Aussage wird an dieser Stelle nicht gegeben.

Weitere Aufklärung bekommt der Leser, als Gregor die Skulptur erblickt und sich in ihre Betrachtung vertieft. Zuerst identifiziert er sich mit ihr. **Das sind ja wir, dachte Gregor [...] Genauso sind wir in der Lenin-Akademie gesessen und genauso haben wir gelesen, gelesen, gelesen.** (43) Im Gegensatz zu Knudsen, dem Doktor aus Rostock, den Amtsbrüdern Helanders erkennt Gregor sofort einen unmittelbaren Bezug zu der betrachteten Figur. Aber er erkennt noch nicht die wahre Aussage dieser Skulptur. Der Klosterschüler ist eben *nicht* Abbild der bildungshungrigen, wissensdurstigen marxistischen Studenten der Lenin-Akademie, die kritiklos und begierig das Wort ihrer Meister in sich aufnehmen. Das wird Gregor beim weiteren Betrachten der Figur deutlich: **Aber dann bemerkte er auf einmal, daß der junge Mann ganz anders war [...] Er las genau. Er las in höchster Konzentration. Aber er las kritisch.** (43) **Seine Arme hingen herab, aber sie schienen bereit, jeden Augenblick einen Finger auf den Text zu führen, der zeigen würde: das ist nicht wahr. Das glaube ich nicht.** (ebd.)

Hierin liegt für Gregor die entscheidende Erkenntnis. Der Klosterschüler befindet sich geistig dort, wohin Gregor erst nach Loslösung von der Partei gelangen kann: in geistiger Selbstständigkeit und Unabhängigkeit.

Als Knudsen beim Gespräch in der Kirche aufgrund seiner Ressentiments gegenüber Pfaffen und Bürgertum die Plastik immer noch als nichts anderes als einen **Götzen** (55) ansieht, erkennt Gregor, in welchem Verhältnis der ›Klosterschüler‹ zu den ›Anderen‹ steht und warum sie ihn beseitigen wollen: **Gregor konnte sehr gut verstehen, warum die Anderen den jungen Mann nicht mehr sitzen und lesen lassen wollten. Einer, der so las wie der da, war eine Gefahr.** (56)

Barlachs ›Lesender Klosterschüler‹ wird dargestellt als Inbegriff und Verkörperung der individuellen, kritischen geistigen Freiheit und damit als Symbol der einzigen wahren und wirksamen Macht, die der Tyrannei erfolgreich die Stirn bieten kann. Und in dieser Bedeutung ist die Figur **uralt**, ja eigentlich ewig. Sie ist ein Symbol geistigen Widerstands gegen jede Art von Gewaltherrschaft.

5 Grundthema, Hauptmotiv: Flucht

Es wurde schon erwähnt, dass für ANDERSCH die Flucht das zentrale Motiv seines Denkens und Schreibens darstellt (vgl. Einführungskapitel). Dies wird im Roman *SANSIBAR* besonders deutlich.

Es befinden sich drei der Hauptpersonen tatsächlich auf der Flucht: Judith ist nur deshalb nach Rerik gekommen um von hier zu fliehen. Auch Gregor will nach Ausführung seines letzten Auftrages aus Rerik fliehen. Der ›Lesende Klosterschüler‹ muss – wie ein Flüchtling – die Stadt verlassen.

Am einfachsten ist das Fluchtmotiv bei Judith und dem ›Klosterschüler‹. Judith muss fliehen um der Vernichtung zu entgehen. Ihre Mutter sieht die Gefahr sehr deutlich und auch Gregor erkennt: **Aber es ist ein Unterschied [...] zwischen mir und den beiden anderen [gemeint sind Judith und der ›Klosterschüler‹]. Ich will weg, aber sie müssen weg.** (61) Für Judith, deren jüdische Abstammung schon von ihrem Nachnamen Levin verraten wird und deren Pass **einen großen roten Stempel trägt: Jude** (74), wird in Rerik die Zeit sehr knapp. Sie muss noch in derselben Nacht fort um nicht als Flüchtige aufzufallen und verhaftet zu werden. Genauso gefährlich ist die Situation und ebenso knapp ist die Zeit für den ›Lesenden Klosterschüler‹. **Aber begreifen Sie doch,** hatte der Doktor aus Rostock am Vortag zu Helander gesagt, **wenn Sie ihn nicht uns geben, holen ihn die Anderen übermorgen früh einfach aus der Kirche heraus.** (29) Es ist im wahrsten Sinn des Wortes eine Last-Minute-Rescue, mit der Gregor Judith und den Klosterschüler vor ihrer Vernichtung in Sicherheit bringt.

Komplizierter ist Gregors Fluchtmotiv. Auch er ist, als kommunistischer Agent, in Gefahr. Aber für ihn ist die Zeit nicht so knapp wie für Judith und den Klosterschüler. Außerdem flieht Gregor nicht nur vor den ›Anderen‹, sondern auch vor seiner eigenen Partei. Damit ist seine Flucht zugleich eine **Fahnenflucht** (89). Für Judith (und den Klosterschüler) gibt es nur die Alternative Rettung oder Vernichtung. Für Gregor ist die Flucht und vor allem die endgültige Lösung von der Partei Befreiung und Verrat. Sie verschafft ihm sowohl Glücksgefühl als auch Schuldbewusstsein. Er ist sich über seine Absichten vollkommen im Klaren. **Ich spiele nicht mehr mit. Ich steige aus.** (41) Der Autor sagt hierzu ausdrücklich, im Ton der objektiven Feststellung: **Es war sein glücklichster und sein endgültiger Gedanke. Er empfand keine Gewissensbisse dabei.** Dann wechselt die Erzählperspektive wieder in Gregors Gedankengänge hinüber: **Ich habe genug für**

die Partei getan, dachte er […] Die Reise ist beendet. Ich kann gehen. (41) Gregor, der glücklich Entschlossene, muss sich allerdings eingestehen, dass er nicht nur aus innerer Überzeugung und freiem Willen, sondern auch aus Angst so handelt. Das trübt sein Glücksgefühl. Er betrachtet seinen Fluchtversuch auch aus der Perspektive der Partei: **Die Partei in Rerik würde einen Instrukteur des Zentralkomitees nicht unter ihren Augen desertieren lassen.** (42)

Aber trotzdem will er Knudsen dazu bewegen, ihn nach Schweden zu bringen.

Gregor weiß, dass er Verräter und Deserteur ist. Wie ANDERSCH sich in den *KIRSCHEN DER FREIHEIT* seitenlang mit der Problematik des Verrats und der Fahnenflucht sowie des Fahneneides auseinander setzt, versucht auch Gregor sich einzureden, dass sein Verrat kein Verrat ist, weil die Partei keine Berechtigung (mehr) hat von ihm noch Gehorsam und Treue zu verlangen. Inwieweit dieser Versuch erfolgreich ist, bleibt offen.

Auch Knudsen hat sich innerlich von der Partei gelöst. Aber eine Flucht kommt für ihn wegen Bertha nicht in Frage. (**Ich kann es Bertha nicht antun.** (51)) Allerdings wird er zum Dreh- und Angelpunkt für die Fluchtbestrebungen der anderen Personen.

Helander erkennt Knudsens Abfall von der Partei, seine Ursachen und Folgen, und er zieht eine Parallele zu seiner eigenen Einstellung gegenüber der Kirche: Knudsens **Haß gegen die Partei, weil sie versagt hatte. Sein schlechtes Gewissen, weil er nun die Partei haßte. Es ist so ähnlich wie mit mir und der Kirche, dachte er.** (31) Auch für Helander kommt eine Flucht nicht in Frage. Daran hindern ihn sein Amt und sein gesundheitlicher Zustand. Wichtiger als die eigene Flucht ist ihm außerdem die Rettung des ›Lesenden Klosterschülers‹ vor dem Zugriff der ›Anderen‹.

Der Junge träumt von einer Flucht in die Welt der Abenteuer. Er ist zwar nicht bedroht wie Gregor, Judith oder der Klosterschüler. Aber er will Rerik auf jeden Fall verlassen. Dabei weiß er ganz genau, dass der Wille zur Flucht allein noch keine Lösung darstellen kann. Er erwähnt es gleich zu Anfang, geradezu programmatisch, indem er seinen verstorbenen Vater in die Überlegungen einbezieht.

> **Man durfte es nicht so machen wie Vater, der weggewollt hatte, aber immer nur ziellos auf die offene See hinausgefahren war. Wenn man kein anderes Ziel hatte als die offene See, so mußte man immer wieder zurückkehren. Erst dann ist man weg, dachte der Junge, wenn man hinter der offenen See Land erreicht.** (7)

Dieses Land **hinter der offenen See** ist für ihn Sansibar, dies wird beim Verkünden des dritten Grundes wörtlich so wiederholt (82). Aber Sansibar, das wurde schon gezeigt, hat eigentlich keine eigenen Qualitäten, keine eigene Existenz. Vielmehr ist es nur ein Gegenbild zu Rerik, ein Anti-Rerik, es ist all das, was Rerik nicht ist, ein Wunschtraum des Jungen.

Ein wenig von diesem Wunschtraum verwirklicht sich, als der Junge schwedischen Boden betritt. Aber es zeigt sich, dass Flucht und einfacher Ortswechsel nur dem etwas bringen, der wirklich in akuter Gefahr ist, also Judith und dem Klosterschüler. Der Junge ist nicht in solcher Gefahr und sein großes Abenteuer, seine Befreiung werden darin bestehen, dass er seine Isolation aufgibt, sein selbstbezogenes Träumen und Wünschen, und sich aus der Einsamkeit der Wälder zu Knudsen aufs Schiff zurückbegibt.

6 Die einzelnen Personen in ihrer Isolation

Es ist auffällig, in welch einer isolierten Situation die Personen des Romans sich befinden. Jede ist bei ihrem Eintritt in das Romangeschehen ganz für sich allein. Es beginnt mit dem Jungen. Er sitzt in seinem **Versteck** (81), entweder unter der Weide oder auf dem Speicher, und liest oder grübelt. Er hat offenbar keinen Freund oder Spielkameraden. Er ist **seit Ostern aus der Schule,** ist **Knudsens Junge** (21), d. h., er lernt bei ihm, indem er ihm beim Dorschfang hilft. Er muss noch **zweieinhalb Jahre mit Knudsen und dann zwei zur Marine, mit der man auch nicht rauskam** (38). Auch zu Knudsen hat der Junge keine innere Beziehung, **Erwachsene interessierten ihn nicht, nicht als Einzelpersonen** (33). Sie sind **das blöde Volk** (45), langsam, engherzig, beschränkt. Mit seiner Mutter streitet er sich offenbar nur. Der Junge möchte in Hamburg auf einem Frachter anheuern um etwas von der Welt zu sehen. Die Mutter will das nicht, sie fängt bei solchen Gesprächen an zu **nölen** und der Junge setzt sich daraufhin in eine Ecke und beginnt **vor sich hinzubrüten** (38).

In dieser Situation und hinsichtlich dieser Einstellung tritt eine Änderung ein, als der Junge merkt, dass Knudsen nachts heimlich jemanden über die Ostsee bringen will. **Toll, dachte der Junge, und so was machte Knudsen.** (100)

Auch Gregors Situation ist zunächst die einer vollkommenen Vereinzelung. Er kommt allein nach Rerik, soll dort zwar Kontakt zu einem Parteigenossen suchen und einen Auftrag überbringen, aber anonym, ohne dabei irgendeine menschliche Verbindung einzugehen. Er fühlt sich einsam und beobachtet von den Turmmonstren. Er hat Angst. Er ist der typische Einzelgänger. Sein einziger Halt ist eigentlich seine Zugehörigkeit zur Partei, aber gerade die ist er im Begriff endgültig aufzulösen. Gregor akzeptiert sein Alleinsein. Er ist der unauffällige, graue junge Mann, der überall untertauchen kann. Er hat sich sogar von seiner Vergangenheit losgelöst und trägt, für die Partei, einen neuen Namen (24). – Gregor sucht eine pragmatische Verbindung zu Knudsen, der ihm bei seiner Flucht helfen soll; aber Knudsen hasst den Höhergestellten, den Mann **vom ZK** (90), und lehnt ab. Gregor verliebt sich in Judith, aber er wehrt sich gegen dieses Gefühl (**Ein einziger wirklicher Kuß würde mein Gehirn schwächen, das ich brauche, um den Anderen gewachsen zu sein,** 113). Als illegaler Kurier der KP meint er wie ein Mönch leben zu müssen. Die Parteidisziplin verbietet Liebe, bestraft sie. Das hatte er am Beispiel seiner früheren Geliebten Franziska erlebt. Außerdem stehen ja Klassenunterschiede zwischen Judith und ihm, sie ist eine **Bourgeoise**, er der Proletarier. Auch gegenüber Helander, dem bürgerlichen Akademiker, empfindet Gregor diesen Klassenunterschied, er wird ihm deutlich, als sich Helander und Judith miteinander unterhalten, er erkennt die Klassenzugehörigkeit an ihrer Sprache, ihrem **Tonfall (Ich gehöre jedenfalls nicht dazu, nicht zu diesem tadellosen Edelmann Gottes und nicht zu dieser süßen Bourgeoisen [...]**, 116).

Wenn Gregor handelt, handelt er emotionslos, er plant genau, berechnet, manipuliert: **Er wußte, daß die Medizin, die er dem Wirt gegeben hatte, eine Weile wirken würde. Es war notwendig, dem Mädchen Zeit zu verschaffen –.** (83 f.) **Bis dahin mußte die Aktion den Scheitelpunkt der Kurve erreicht haben.** (84) [...] **würde er mit seinen Figuren über [...] ein Schachbrett [...] ziehen** (84). Diese emotionslose, zurückgezogene Art entspricht seinem Wesen, sie ist auch für ihn notwendig um in seiner Funktion als illegaler Kurier überleben zu können.

Aber im Laufe der Romanhandlung bricht Gregor die Isolation, in der er sich befindet, auf. Er rettet, ohne eigenen Vorteil davon zu haben, andere aus der Not, er befreit sich von der Parteidisziplin, er verliebt sich, er hilft. Ausgelöst wird diese Selbstbefreiung – wie bereits dargestellt – durch den Anblick des ›Lesenden Klosterschülers‹.

Judith ist, bevor sich Gregor ihrer annimmt, in einer vollkommen aussichtslosen Lage. Genau wie Gregor ist sie völlig allein und auf sich gestellt, jedoch im Unterschied zu ihm befindet sie sich gegen ihren Willen und ohne jede Erfahrung in dieser Situation. Zurück kann sie nicht, ihre Eltern sind tot, das Elternhaus wird von den ›Anderen‹ requiriert werden. In Rerik bleiben kann sie auch nicht, der Wirt wird sie der Polizei melden, selbst wenn sie sich für eine Nacht eine Atempause erkauft. Und die Flucht mithilfe der Schweden gelingt ihr ebenso wenig. Sie ist eine **Ausgestoßene** (61, 63). Keiner ist bereit ihr zu helfen, nicht die alten Freunde in Hamburg, **die jungen Männer aus dem Tennisklub in Harvestehude** (110) oder Direktor Heise; auch in Rerik niemand – außer eben Gregor. Erst als Gregor sie abends am Hafen anspricht, ändert sich ihre Situation vollkommen.

Aber auch Knudsen und Helander leben in Rerik ganz für sich. Obwohl sie sich kennen, haben sie sich zuletzt **vor vier Jahren** (27) gesprochen. Für Knudsen ist Helander – wie für Gregor – **ein Bürger, ein Pfarrer für die Bürger** (31). Deswegen will er nichts mit ihm zu tun haben. Gegenüber dem Jungen, mit dem er täglich zusammen ist, ist Knudsen ebenfalls verschlossen. Er kennt ihn eigentlich gar nicht und hat auch kein Interesse daran, ihn näher kennen zu lernen. Als Gregor ihn fragt, ob der Junge zuverlässig ist, antwortet Knudsen ihm: **Keine Ahnung [...] Ich weiß nicht, was diese Jungens heutzutage denken. Aber ich bin der Schiffer und er ist**

der Junge. Er hat keine Fragen zu stellen. (86) Auch gegen den **früheren Genossen Kröger** (68) ist Knudsen ganz verschlossen. Dass Knudsen Gregor hasst und ihm misstraut, wurde schon dargestellt. Nur zu seiner Frau Bertha hat er ein gutes Verhältnis. Aber Bertha ist geistig verwirrt und kann ihm nur in sehr eingeschränktem Sinn eine wirkliche Partnerin sein.

Auch Helander lebt allein und für sich. Seine Frau ist früh gestorben, zusammen mit dem Kind. Das Verhältnis zu den Mitgliedern der Gemeinde ist distanziert, wie es sich gehört. Helander erinnert sich an die **Skat- und Rotsponabende** (148), glaubt sich damals als **Kerl** ganz gut bewährt zu haben, aber lebt im Grunde in Askese und Einsamkeit. Wie Gregor akzeptiert er bewusst sein Alleinsein, wie Gregor empfindet er es als die ihm gemäße Lebensform. **Ich habe oft unter der Askese gelitten, aber wenn ich ehrlich bin, so war es besser, allein zu sein.** (148) Sogar von seinem Gott ist Helander allein gelassen; denn Gott ist abwesend und fern.

So bewegen sich die Gestalten des Romans ohne soziale und emotionale Beziehungen zueinander im leeren Raum wie ferne Sterne. Sie sehen einander, senden Impulse aus, aber zwischen ihnen scheint eine so unendlich weite, kalte Leere zu sein, dass jede Annäherung unmöglich wird. Jeder ist in hohem Maße mit sich selbst beschäftigt, sodass sich eigentlich jede Kommunikation erübrigt. – Und doch kommt Kommunikation schließlich zustande, wenn auch nur zögernd und andeutungsweise. Der auslösende Faktor hierfür ist die einzige nicht lebendige Person im Romangeschehen: der ›Lesende Klosterschüler‹. Durch die geistige Selbstständigkeit und Skepsis und die konzentrierte Hingabe an seine Lektüre schafft er es, die anderen Personen aus ihrer Gebundenheit und Passivität hinauszuführen. Zumindest gibt er den Anstoß hierzu.

7 Kommunikationsansätze

Es ist interessant zu untersuchen, an welchen Stellen es im vorliegenden Romantext tatsächlich zu Gesprächen kommt und welcher Art diese Gespräche sind. Zuerst gibt es gar keine Gespräche. Die Kapitelanfänge machen das deutlich: […] **dachte der Junge** (7), […] **dachte Gregor** (7), […] **dachte der Junge** (9), […] **dachte Pfarrer Helander** (9). Dann werden zwar Gespräche dargestellt, aber aus der Perspektive der Erinnerung (Knudsen – Brägevoldt, 12; Judith – ihre Mutter, 18) und ohne dass es zwischen den Sprechenden zu einem gedanklichen Austausch oder gar zu einer Übereinkunft käme (Knudsen – Brägevoldt, s. o.; Knudsen – Helander, 26; Judith – der Wirt, 32; der Junge – seine Mutter, 38; vor allem aber Gregor – Knudsen in der Kirche, 45 ff.).

Erst mit dem letztgenannten Gespräch bahnt sich eine Änderung an. Gregor hat den ›Lesenden Klosterschüler‹ gesehen und ist verwirrt und zugleich neidisch auf ihn. Danach vertraut er Knudsen an, dass er sich von der Partei zu lösen und zu fliehen gedenkt, bittet Knudsen ihn nach Schweden zu bringen und fragt ihn, ob er nicht mitkommen will (51). Wenn man davon absieht, dass Helander Knudsen – ohne Erfolg – gebeten hat den ›Lesenden Klosterschüler‹ in Sicherheit zu bringen, ist es das erste Mal im Roman, dass zwischen den handelnden Personen im Gespräch eine wichtige Information mitgeteilt wird. Gregor gibt sich in diesem Gespräch eine Blöße. Bezeichnenderweise geschieht dies im Schutz der Kirche.

Als Helander hinzutritt, gewinnt das Gespräch eine neue Dimension. Gregor erfährt vom Wunsch des Pfarrers, Knudsen möge die Holzplastik nach Schweden bringen. Gregor stellt daraufhin seinen eigenen Wunsch zurück und macht sich Helanders Anliegen zu Eigen. Aus der Rettungsaktion Gregors wird die Rettungsaktion ›Lesender Klosterschüler‹. Auch hier wird noch keine Übereinkunft erzielt, aber die drei Männer wissen jetzt Wichtiges voneinander, das jedem Einzelnen von ihnen zur existenziellen Gefahr werden könnte.

Eine neue Entwicklung und gleichsam eine weitere neue Dimension zeichnen sich ab, als Gregor Judith sieht und erkennt, dass sie fliehen will – und muss (61 ff.). Ohne mit ihr gesprochen zu haben ist er entschlossen ihr zu helfen. Im folgenden Gespräch mit Knudsen, als es um die Rettungsaktion ›Lesender Klosterschüler‹ geht, mit der Knudsen jetzt einverstanden ist, ist Gregor jedoch diplomatisch genug die neue Komponente erst einmal unerwähnt zu lassen (91). Erst nachdem alles mit Knudsen verabredet ist, spricht Gregor Judith überhaupt an (101).

Hiermit beginnt eine sehr zarte, sehr spröde Liebesgeschichte, die durch Missverständnisse, Vorbehalte und äußere Zwischenfälle beeinträchtigt wird, die sich aber dennoch auf der Basis von Zuneigung und gegenseitiger Anerkennung abspielt. Gregor erkennt, dass Judith hübsch ist, er mag sie, und da sie Hilfe braucht, ist er bereit sie ihr zukommen zu lassen. Zugleich löst Judith, als Angehörige der bourgeoisen Klasse, in ihm aber ein Gefühl der Feindseligkeit aus. Sie ist ihm in Bildung, gewählter Sprache und feiner Lebensart überlegen. Das prägt die Weise, wie er ihr im Gespräch begegnet. Im Grunde ist er **ihr gegenüber** [...] **überhaupt nichts anderes als der junge Mann, der sich vor ein junges Mädchen stellte, – eine klassische Rolle** [...] (108); aber seine Aversionen gegen die **Bourgeoise** brechen im Gespräch doch immer wieder durch.

Für Judith ist Gregor der Mann, **zu dem sie manchmal Vertrauen verspürte** (109). Er ist anders als die Männer ihrer großbürgerlichen Welt, wirkt unauffällig, aber sie weiß und erfährt schließlich auch, dass er ihr helfen will. Gregor tut sich sehr schwer sich und gar noch Judith einzugestehen, dass er sie liebt. Im Gespräch flüchtet er sich immer wieder in verletzenden Spott. Statt sie einfach zu küssen redet er sich ein, dass Judith es wohl erwarte, dass er sie küsst, und zwar aus Eigennutz und Berechnung ([...] **sie hat einen todsicheren Instinkt, sie weiß, daß ein Mann erst dann schützt, wenn er liebt, und daß eine Frau ihr Leben nur zusammen mit ihrem Körper dem Schutz ausliefern darf** [...], 112).

Darauf stockt das Gespräch. Gregor ist zu bewusst, zu **kalt** (112) um ihr vorbehaltlos seine Liebe gestehen zu können, er hat wohl auch einfach Angst vor solch einem Geständnis oder gar vor wirklicher Hingabe und Liebe. Ausweichend sagt er, Judith solle nur als **Draufgabe** zum ›Lesenden Klosterschüler‹ **mitgenommen** (111) werden. Das ist falsch und verletzend. Dann wird er aber durch das **junge bourgeoise Ding** (114), wie er sie in Gedanken bezeichnet, so verwirrt, dass es schließlich doch zu dem ›unkontrollierten‹ Geständnis kommt: **O ja, sagte Gregor und vergaß alle Kontrollen, ich würde Ihnen auch helfen, wenn es diese Figur nicht gäbe.** (114) Das ist dann aber auch schon das Äußerste, zu dem er sich hinreißen lässt. Dies ist der Augenblick, wo er Judith küssen möchte. An keiner anderen Stelle des Romans sind sich zwei Menschen innerlich (und äußerlich) so nahe gekommen wie hier.

Danach, auf dem Weg zum Boot des Jungen, verflüchtigt sich die Innigkeit dieses Verhältnisses schnell wieder. Die Eile, die Gefahr und die Ungewissheit beeinträchtigen das Verhältnis; Gregor weiß außerdem, dass seine Aktion, wenn sie gelingen sollte, auch ihre Trennung bedeutet, und so wird aus der inneren Zuneigung wieder die bloße Organisation einer Rettungsaktion. Das Gespräch zwischen Gregor und Judith versiegt. Zunehmend wird jeder der beiden wieder zu einer Insel.

Es kommt dann auf der Fahrt mit Knudsen noch zu einem Gespräch zwischen Judith und dem Jungen (145 f.). Judith redet auf den Jungen ein, dass er Knudsen in Schweden nicht verlassen dürfe, weil das Knudsen nach seiner Rückkehr in Gefahr bringen würde. Aber das Gespräch kommt zunächst nicht zu dem gewünschten Ergebnis: Der Junge bleibt uneinsichtig und beharrt auf seinem Entschluss. Erst das Ende des Romans zeigt, dass Judiths Einwendungen auf den Jungen doch gewirkt haben, er lässt Knudsen **nicht im Stich** (146).

8 Landschaften als Symbole und Chiffren

8.1 Mississippi und Sansibar

Geographische Gegebenheiten wie Landschaften, Städte, Flüsse, ja selbst einzelne Gebäude spielen in ANDERSCHS Roman eine sehr bedeutende Rolle. Sie sind nicht nur der Raum, in dem das Geschehen stattfindet, sondern gewinnen oft ein Eigenleben, sind Symbole, Verkörperungen oder Ausdrucksträger von bestimmten Gefühlskomplexen oder Wunschvorstellungen, manchmal auch von Ideen. Am einfachsten ist das im Gedankenstrom des Jungen zu erkennen. Seine Vorstellungen von Sansibar geben dem Roman sogar den Titel.

Zunächst ist es eher der Mississippi, der den Jungen fasziniert. Zwar glaubt er nicht mehr an die illusionäre Welt der Abenteuerbücher, die er liest. Aber trotzdem ist für ihn Huckleberry Finn, der auf dem Mississippi verschwindet, eine wegweisende Figur. Er weiß, **daß man es auf irgendeine Weise genauso machen mußte wie Huckleberry Finn. Man mußte raus.** (9) Der Junge will fort von Rerik, weil es **Sansibar** gibt, **Sansibar in der Ferne, Sansibar hinter der offenen See** (82). Der Mississippi und Sansibar (die Begriffe sind austauschbar und stehen für dasselbe) sind Bezeichnungen für eine gedachte Gegenwelt zu Rerik. Rerik ist für den Jungen gleichbedeutend mit Enge, Eingegrenztheit, Abhängigkeit (von der Mutter und Knudsen); Sansibar steht für Weite, Freiheit, Ferne – und für Abenteuer. Schon der Vater des Jungen hatte hinter der hohen See das Abenteuer der Freiheit gesucht.

Als Knudsen, nach der Landung in Schweden, Judith den Weg nach Skillinge zeigt, macht sich der Junge davon und geht hinein in die ihm endlos vorkommenden Wälder. Hier scheint sich sein Traum zu verwirklichen. **Ich bin raus […] ein paar Tage bleibe ich hier und dann gehe ich irgendwohin […] Und dann geht es immer weiter, dann kommt vielleicht Amerika und der Mississippi oder Sansibar und der Indische Ozean.** (158) – Aber er erkennt, dass er Knudsen gegenüber verpflichtet ist zu ihm zurückzukehren – und er tut es. Erst jetzt ist für ihn die Welt der Abenteuerbücher wirklich gestorben, er erkennt, dass es eine andere Freiheit gibt als die des bloßen Davongehens.

8.2 Der ›goldene Schild‹ von Tarasovka

Auch für Gregor gibt es ein Gegenbild, eine Gegenwelt zu Rerik. Sie kommt ihm schlagartig ins Bewusstsein, als er Rerik zum ersten Mal sieht. Offenbar ist der enge, kleine Ostseehafen dazu angetan, solche Gegenbilder hervorzurufen.

Bei Gregor handelt es sich hierbei nicht nur um einen Traum, sondern um ein tatsächliches Erlebnis, genauer: um die Erinnerung an die Wahrnehmung einer anderen kleinen Stadt an einer anderen Küste, und zwar der Stadt Tarasovka auf der Krim an der Küste des Schwarzen Meeres. Gregor war als **Manövergast** einer **Tankbrigade** (23) der Roten Armee dabei gewesen, als Tarasovka erobert wurde. Für Gregor ist Tarasovka wichtig, weil dort begonnen hatte, was sich in Rerik vollenden sollte: nämlich sein **Verrat** (24), seine Lösung von der Kommunistischen Partei. Wie hatte dieser Verrat begonnen? Während alle Offiziere und Soldaten nur von der Eroberung Tarasovkas sprechen und diesen militärischen Sieg feiern, prägt sich in Gregor als viel eindrucksvolleres Ereignis der Anblick der Stadt und des Meeres ein: **Da hatte er die Stadt drunten am Fuß der Steppenhügel liegen sehen, ein Gewirr aus grauen Hütten an der Küste eines golden schmelzenden Meeres** – (23). Dieses Meer wird ihm zum **goldenen Schild von Tarasovka,** zu einem Schlüsselerlebnis, das sein Leben verändert. **Der Verrat hatte darin bestanden, daß ihm, als einzigem, der goldene Schild wichtiger gewesen war als die Einnahme der Stadt.** (24) Nach diesem Erlebnis ist Gregor nicht mehr der ungebrochene, völlig hingegebene Kämpfer für die Sache des Kommunismus. **Die Genossen im Zentralkomitee waren nicht mit ihm zufrieden. Sie fanden, er sei flau geworden.** (24)

Durch ein eigentlich nur ästhetisches Erlebnis ist für Gregor die Welt plötzlich größer geworden. Er hat nicht mehr die eingeengte Perspektive des Parteianhängers. Er hat die ideologischen Scheuklappen abgelegt und sieht jetzt, dass die Welt mehr ist als nur eine Aufgabe, die man für das Zentralkomitee zu erledigen hat.

Wichtig für die Darstellung dieses Erlebnisses, aber auch für die Gegenüberstellung Tarasovkas und Reriks, ist die Verwendung von Farben. Das zurückhaltende Grau der Häuser Tarasovkas, aber mehr noch der warme, strahlende Goldton des Meeres, das sich wie ein schützender Schild über allem wölbt, werden wiederholt in Kontrast gesetzt zu Reriks bedrohlich roten Türmen und dem kalten Blau der Ostsee. **Das Gold des Schildes von Tarasovka** korrespondiert mit dem **Gold der Fahne** über dem Denkmal des Schwedenkönigs in der Kirche zu Rerik, aber: **es war fast schwarz geworden und würde sich in Staub auflösen, wenn man es berührte** (40).

Hier tritt, neben Tarasovka und Rerik, auch das Motiv ›Schweden‹ wieder auf (10), das das Vorhandensein einer an sich guten, aber wirkungslos gewordenen Macht evozieren soll.

8.3 Rerik und seine Türme: Zur Symbolik der Farben

Gleich zu Beginn des Romans lässt der Autor seinen Helden Gregor eine seltsame Feststellung treffen: Wenn man nicht bedroht wäre, könnte der Wald (wie) ein Vorhang, die Ostsee wie ein Vogelflügel sein. –

> **Da man jedoch bedroht war, dachte Gregor, war nichts wie etwas anderes. Die Gegenstände schlossen sich in die Namen, die sie trugen, vollkommen ein. Sie wiesen nicht über sich selbst hinaus. [...] Ein Haus würde ein Haus sein, eine Woge eine Woge, nichts weiter und nichts weniger.** (8)

Diese Feststellung ist insofern seltsam, als sie erstens psychologisch überhaupt nicht zu stimmen scheint – gerade in der Bedrohung sieht man Dinge ja sehr oft und sehr intensiv **wie etwas anderes** – und zweitens auf die folgende Romanhandlung durchaus nicht zutrifft. Schon zwei Seiten weiter wird dargestellt, dass für Pastor Helander ein Haus eben nicht ein Haus, sonder dass ihm die Wand seines Gotteshauses sogar eine Tafel ist, auf der er die Handschrift Gottes erwartet. Und wiederum nur wenige Seiten weiter wird gesagt, dass Judiths Mutter die Türme Reriks als **wunderbare rote Ungeheuer, die man streicheln kann** (20), bezeichnet hat. Die Mutter war damals nicht bedroht, aber Judith ist es, und dieser Zustand des Bedrohtseins bewirkt in Judith nicht etwa, dass sie frei wäre von solchen Vorstellungen, sondern verstärkt sie nur noch: Judith kommen die Türme wie völlig gefühllose, **böse Ungeheuer** (20) vor, **rote Ungeheuer,** die eine **tote Stadt [...] unter einem kalten Himmel** (20) bewohnen. Und vor ihnen liegt die Ostsee, **blau, ultramarin und eisig** (20).

Auch Gregor ist kurz nach seiner Ankunft durch den Anblick der Türme wie erstarrt. Sie wirken fast wie das Haupt der Medusa, der Betrachter versteinert vor Schrecken. Für Gregor haben sie einen **Einfluß** (22) auf die Menschen, die unter ihnen wohnen, und auf ihr Tun. Im folgenden Text werden die Türme Reriks, die als **rote Ungeheuer** dargestellt werden, geradezu zu einem Leitmotiv, zugleich zu einem Symbol, zu einer Chiffre. Immer stehen sie im Zusammenhang mit der Symbolfarbe Rot, die Schrecken, Bedrohung, Vernichtung, Tötung, **Blut** bedeuten soll – und im Zusammenhang mit der Ostsee, deren Symbolfarbe Blau so viel wie Erstarrung, Vereisung, Leere, Tod bedeutet. Die alles überragenden Türme beherrschen und kontrollieren die Stadt und die Leute in ihr, ja sogar die See vor der Stadt, sie sind **rote Riesentürme, die Augen hatten** (24). **Sie sahen alles.** (23) Sie sind zwar **auch Seezeichen** (22) und insofern hilfreich und gut, aber wie heidnische Götzen sind sie ambivalent, zugleich gut und böse, beschützend und bedrohend, überwiegend aber – so jedenfalls nach Darstellung des Romans – böse und bedrohend.

Helander nennt die **Ziegelkirchen maßlos** (11) und vergleicht sie mit den dunklen und maßlosen Gedanken der Bewohner des Landes (Deutschland, im Gegensatz zu Schweden).

Gregor erkennt, dass diese Kirchen bzw. Türme ›leer‹ sind. Sie sind weder von den ›Anderen‹ noch von Gott, der ja abwesend ist, besetzt. Sie sind also nicht etwa als Symbole für die Macht der ›Anderen‹ anzusehen, sondern als leere Gefäße für die maßlosen und dunklen Gedanken dieser ›Anderen‹, die sich auf diese Weise in Rerik (und Deutschland) so vehement ausbreiten konnten.

In der **überspannten, erwartungsvollen Aufregung** (67), in der sich Gregor befindet, als er zum einen seine völlige Lösung von der Partei, aber auch die Planung der Rettungsaktion und die Begegnung mit der schönen Jüdin innerlich verarbeitet, bringt er die Bilder der roten Turmungeheuer und der eisblauen Ostsee mit dem Bild des **goldenen Schildes von Tarasovka** zusammen, **mit dem Gold seines ersten Verrats an einem Dogma.** Und weitere Farben mit Symbolcharakter mischen sich hinein: **die holzbraune Gelassenheit eines ungläubigen Lesers** und das **Windschwarz der Haare** Judiths (65). Gleich darauf wird aus der Perspektive der verzweifelten Judith gezeigt, wie sich diese Farbimpressionen noch steigern, zu Alpträumen, wahren Horrorvisionen: Im grellen Licht der Kailampen sind die Häuser unten **blutigrot, und die eiskalten Windstöße flatterten wie Fahnen zwischen ihnen, wie die kalten Fahnen der blutigroten Türme, die jetzt angestrahlt waren, grelle, wütend aufgerichtete geblendete und blutende Ungeheuer** (66). Auch die Farbe Schwarz nimmt in Judiths Bewusstsein eine bedrohliche Bedeutung an, es ist die Farbe der Schatten, der Schlagschatten, der schrecklichen Nacht. Als sie mutlos auf die Fahne des schwedischen Schiffes sieht, kommt es zu einer merkwürdigen Gedankenassoziation, die der Interpretation der Symbolfarben neue Impulse gibt: **Mutlos blickte sie auf die Fahne, die blaue Fahne mit dem gelben Kreuz […]; sie war das einzige hier, was nicht blutigrot war, kalkweiß oder schattenschwarz.** (66) Man kehre die Reihenfolge dieser Farben einmal um und die Beziehung zur anderen Fahne, zur schwarz-weiß-roten Fahne der ›Anderen‹ wird nur allzu deutlich.

Ein ähnliches Spiel mit den Symbolfarben nimmt der Autor vor, als er wenig später Gregor am Hafen zeigt. Gregor sieht sich hier wie ein Schachspieler; es ist ihm, **als würde er mit seinen Figuren über ein Feld aus roten Türmen und nachtblauer See ziehen, über ein Feld aus Windschwarz und Verratsgold, über ein Schachbrett aus tarasovkastaubigen und rerikroten Feldern […]** (84). Eindeutig treten hier die Farben Schwarz, Rot, Gold auf.

Judiths Vision von den Türmen als **blutenden** Ungeheuern wird von Knudsen an anderer Stelle weitergeführt. Als er nachts im Hafen wartet und als um 11 Uhr die Lampen am Kai gelöscht werden, jedoch noch nicht die Scheinwerfer, die die Kirchen anstrahlen, sieht er **die Türme wie Monstren, völlig nackt, in blendender roter Grelle, von Blut überströmte Riesen, die sich im Todeskampf noch einmal aufgerichtet hatten, um sich auf die Stadt zu stürzen** […] (92).

Was soll diese Vision besagen? Dass die Zeit der Leere, wo die Türme noch nicht von den ›Anderen‹ besetzt sind, endet? Dass es somit für den ›Lesenden Klosterschüler‹ (und für Judith) höchste Zeit für die Flucht ist? Dass sich allgemein eine Katastrophe ankündigt?

Wenn Andersch Dinge **über sich selbst hinaus** (8) weisen lässt, führt das – wie so oft in der modernen Literatur – nicht mehr zu einer traditionellen Symbolik, die eindeutig auflösbar wäre. Eher als von Symbolen ist deswegen hier von Chiffren zu sprechen, von Assoziationsketten, manchmal von Ausschnitten visionärer Vorstellungen. Sie erzeugen weitere Vorstellungen, reizen zur Deutung, bringen den Interpreten auch eine ganze Strecke weit auf seinem Weg – aber führen nicht zu einer eindeutigen Lösung.

9 Struktur des Romans

Der Ablauf der Handlung des Romans lässt sich in fünf große Abschnitte einteilen. Hierbei liegt es nahe, an die Akteinteilung der klassischen Dramen zu denken (1. Akt Exposition, 2. Akt entstehende Verwicklung, 3. Akt Höhepunkt, 4. Akt Umschwung, auch Verzögerung, 5. Akt Katastrophe oder Lösung). Ein solcher Handlungs- bzw. Spannungsbogen lässt sich jedoch im Ablauf des Romans nicht genau wieder erkennen, besonders gravierend ist vor allem der Unterschied hierzu im zweiten und vierten Teil.

Der Roman beginnt an verschiedenen Punkten gleichzeitig, d. h. mehrere Einzelhandlungen, die eigentlich gar nichts miteinander zu tun haben, beginnen zeitlich parallel und werden in den ersten Abschnitten nacheinander für sich erzählt. – Die Einführung all dieser Einzelvorhaben geschieht auf den Seiten 1–21. Die Tageszeit der erzählten Vorgänge ist 14.30 bzw. 15 Uhr. (Auf die exakten Zeitangaben im Roman wird noch näher einzugehen sein. Sie sind in ihrer Genauigkeit und Häufigkeit außerordentlich auffällig.)

Der zweite Teil bringt die einzelnen Personen und ihre Vorhaben miteinander in Berührung bzw. führt sie zusammen. Er zeigt, wie diese Pläne scheitern. Der Junge kommt nicht weg, nicht einmal zum alltäglichen Fischzug, Knudsen will weder Gregor noch Helander helfen, Judith findet keine Fluchtmöglichkeit und fühlt sich in Rerik wie in einer Falle. Einige der Einzelhandlungen verknüpfen sich, scheinen aber in einer Sackgasse zu enden. – Dieser Teil umfasst die Seiten 21–52. Die Tageszeit des erzählten Tages ist in diesem Abschnitt 15.30 bis 16.30 Uhr.

Im dritten Teil übernimmt Gregor die Aktion ›Lesender Klosterschüler‹ und stellt seine eigenen Vorhaben (Bildung der Fünfergruppe, vor allem aber die eigene Flucht) zurück. Gregor plant exakt, nimmt Knudsen in die Pflicht. Knudsen gibt allerdings noch nicht sein Einverständnis. Judith sieht immer noch keinen Ausweg. Zwar ist kein durchschlagender Erfolg in der Weiterführung der Handlung festzustellen, aber durch Gregors Planung und Verzicht ist schon ein klarer Weg vorgezeichnet. Dieser dritte Teil umfasst die Seiten 52–83. Die erzählte Zeit dieses Abschnitts reicht von ca. 16.30 Uhr bis in den späten Abend.

Der vierte Teil zeigt Gregor, den ›kalten Romantiker‹, in voller Aktion der Planung. Wie ein Schachspieler setzt er seine Figuren und bezieht dabei jetzt auch Judith mit ein. Er versichert sich der Mithilfe Knudsens, plant genau die Übergabe der Holzplastik, spricht Judith am Hafen an, löst zusammen mit ihr und Helander den ›Lesenden Klosterschüler‹ von seinem Sockel und macht sich mit der Plastik und Judith auf den Weg zur verabredeten Stelle, wo der Junge sie abholt. – An diesem Punkt der Handlung laufen alle Einzelschicksale zusammen. Helanders Herzenswunsch erfüllt sich: Die Holzplastik wird gerettet. Judith wird aus auswegloser Lage zur Flucht verholfen. Der Junge kommt zu seinem lang ersehnten Abenteuer. Knudsen in seiner Art ebenfalls. Gregor ist Gewinner und Verlierer zugleich. Ihm gelingt alles Geplante – nur eben nicht die eigene Rettung.

Dieser vierte Teil, der die Vorbereitung und das Vorspiel der Flucht bzw. Rettung schildert, wird auf den Seiten 83–119 dargestellt. Dieser Teil spielt am späten Abend und in der Nacht, etwa bis kurz nach Mitternacht.

Der fünfte und letzte Teil schildert die Flucht; die Fahrt im Boot mit dem Jungen, die Auseinandersetzung Gregors mit Knudsen, schließlich – recht kurz – auch die Überfahrt nach Schweden und den Aufenthalt dort. Die erzählte Zeit dieses Teils reicht von 0.30 Uhr bis weit hinein in den folgenden Abend, ja bis in die Nacht.

Die Struktur des Romans zeigt eine Zusammenführung von Einzelschicksalen zu einer gemeinsamen Aktion. Anfangs ist kaum äußere Handlung erkennbar. Es überwiegen Reflexion, Rückblenden, monologische Passagen. Im weiteren Verlauf kommt es zunehmend zu Kommunikation und Verständigung. Hieraus ergibt sich die Planung und schließlich die Durchführung der Rettungsaktion, die zu einer spannenden äußeren Handlung führt, vor allem bei der Fahrt zur Lotseninsel und in der Auseinandersetzung zwischen Gregor und Knudsen, als es um die Mitnahme Judiths geht. Aber trotz der dramatischen Handlung in diesem Teil treten die Elemente, die den Anfang des Romans prägten (Reflexion, Rückblende), nie ganz zurück.

10 Exkurs: »Sansibar« und die drei Einheiten des klassischen Dramas

In der Sekundärliteratur wird angesichts dieses Handlungsablaufes verschiedentlich darauf hingewiesen, dass der Roman die drei Einheiten des klassischen Dramas einhält (z. B. Zimmermann: ›**Einheit**‹ **von Zeit und Raum**; Frenzel: **Einheit von Zeit, Ort und Handlung**)[30]. Gemeint sind die drei Einheiten, die, in Anlehnung an französische Literaturtheoretiker (vor allem Boileau), im 18. Jahrhundert Gottsched auch für das deutsche Theater durchsetzen wollte, wobei er auf den Widerstand LESSINGS stieß (*HAMBURGISCHE DRAMATURGIE*). Diese drei Einheiten wurden aus der antiken Tragödie, genauer gesagt aus ARISTOTELES' *POETIK*, abgeleitet und folgendermaßen definiert: Die Handlung soll nur *ein* Grundmotiv haben und sich nicht in Episoden und Nebenhandlungen verlieren. Sie soll an *einem* Schauplatz stattfinden und nicht länger als *einen* Tag dauern. LESSING wies Gottsched und seinen französischen Vordenkern nach, dass ein solches Reglement dem gewachsenen deutschen Drama unangemessen sei und dass es außerdem so von ARISTOTELES niemals gefordert worden sei. ARISTOTELES forderte nur die Einheit der Handlung. Er stellt außerdem fest, dass die griechische Tragödie möglichst keine längere Zeitspanne als die eines Sonnenumlaufs umfasse. Die Einheit des Ortes ergab sich aus der Art der griechischen Bühne, auf der die Handlung immer vor der Front eines Herrscherpalastes spielte.

Es ist aufschlussreich, den Ablauf des Romans *SANSIBAR* mit den Forderungen bzw. Feststellungen ARISTOTELES' (Boileaus, Gottscheds) zu vergleichen. Hierbei lernen die Schüler nicht nur verschiedene dramaturgische Grundvorstellungen kennen, sondern bekommen auch ein gewisses Raster zur Untersuchung der Struktur des vorliegenden Romantextes, indem sie z. B. die erzählte Zeit und den Wechsel des Schauplatzes untersuchen.

Dabei ist zu bemerken, dass die Romanhandlung im ersten Teil tatsächlich ganz verschiedene Episoden vorzustellen scheint, die sich dann später aber zu einer Handlung vereinen. Es ist fraglich, ob man dieses Phänomen als Beispiel für die Einheit der Handlung ansehen kann.

Die Einheit des Ortes wird auch nur festzustellen sein, wenn man bereit ist die Bedingungen recht großzügig auszulegen. Bis auf den Anfang (Gregor geht auf Rerik zu) und den Schluss (Schweden) spielt sich die ganze Romanhandlung zwar an einem Ort (Rerik), aber keineswegs an einer Stelle ab (unter der Treenebrücke, im Pastorat, in Knudsens Haus und im

Haus des Jungen, im ›Wappen von Wismar‹, auf der ›Kristina‹, am Hafen, in der Kirche). Hinzu kommen Rückblenden, Erinnerungen, die an ganz andere Schauplätze führen (Judith – Hamburg, Gregor – Tarasovka, Moskau, Helander – Lille), und die Träume des Jungen (Mississippi). Allerdings kann man bei diesen Rückblenden und Träumen wohl kaum von einem Ortswechsel sprechen.

Sehr auffällig ist die Behandlung der Zeit. Es wurde schon auf die vielen genauen Zeitangaben im Roman hingewiesen. Tatsächlich spielt der wesentliche Teil der Handlung des Romans zwischen kurz vor 14.30 Uhr (**Halb drei.**, 12) und etwa 2 Uhr nachts. (**Gegen zwei Uhr legte Knudsen die ›Pauline‹ an einer Buhne auf der Seeseite der Lotseninsel fest.**, 133) Kurz nach zwei Uhr hat Gregor durchgesetzt, dass Knudsen und der Junge mit der Holzplastik und Judith nach Schweden fahren. Was jetzt noch folgt, ist Nachspiel. Es gibt noch einmal zwei zeitlich relativ weit auseinander liegende Szenen, eine am nächsten Morgen gegen 6 Uhr (Gregor signalisiert Helander, dass die Rettungsaktion gelungen ist; Helanders Kampf mit den ›Anderen‹, sein Tod), die zweite am späten Abend dieses Tages (der Junge kehrt zu Knudsen auf die ›Pauline‹ zurück). Auch hier, im Bereich des Zeitlichen, ist also im strengen Sinne die Einheit nicht eingehalten.

Man sollte aber die große Nähe des Romans zum Geist der drei Einheiten sehen und dabei bedenken, dass diese ›Einheiten‹ sich eigentlich ja auf den Bereich der dramatischen Dichtung beziehen, während *Sansibar* der erzählerischen Gattung angehört. (Zum Vergleich mit dem Drama vgl. auch die erwähnte Einteilung der Romanhandlung in fünf Teile; Hinweis auf die fünf Akte des klassischen Dramas. Zur Vermischung von dramatischen, epischen, lyrischen Elementen in der modernen Literatur vgl. Zimmermann[31].) Die lapidare Bemerkung Frenzels, in *Sansibar* fänden sich die klassischen drei Einheiten verwirklicht, sollte man hingegen kritisch betrachten und durch eine differenziertere Aussage ersetzen.

11 Textanalyse der Seiten 73–77 des Romans

Textgrundlage: Aus dem Kapitel »Judith« (70 ff.) die Passage: **Vor dem habe ich eine Weile Ruhe** [...] (73) bis [...] **blickte unwillig dem Wirt nach, ehe er sich ihr zuwandte** (77).

Die Handlung spielt in der **kleinen Gaststube** (70) des ›Wappen von Wismar‹, in dem sich Judith ein Zimmer genommen hat. In dieser Gaststube sind auf engstem Raum, wie auf einer Bühne, alle Komponenten der Handlung zusammengeführt, die für den Übergang aus dem Stadium der Isolation und Stagnation in das der Aktion wichtig sind. (Vgl. hierzu Kap. 6 und 7 dieser Interpretation.)

Die Handlung wird, wie es die Kapitelüberschrift anzeigt, aus der Perspektive Judiths dargestellt. Als Judith eintritt, befinden sich in der Gaststube der Wirt, sieben oder acht schwedische Seeleute, teils am Tisch, teils an der Theke, an der Wand hängt **ein Bild des Führers der Anderen,** an einem Längstisch sitzen **Kleinbürger aus der Stadt, Händler** (71) sowie auch Gregor. Das Radio spielt Schlager und Marschmusik. Eine Kellnerin ist neben Judith die einzige Frau in der Gaststube.

Zu Anfang des Kapitels, außerhalb der zu behandelnden Passage, findet keine Handlung statt. Es werden lediglich die einzelnen Sektionen des Szenariums beschrieben: der Wirt, ekelhaft, latent gefährlich, aber bestechlich; das Führerbild, das das **gemeine, vollkommen seelenlose Bastardgesicht** (71) zeigt, von dem für Judith alle Bedrohung ausgeht; die Schweden, Judiths trügerische Hoffnung, und Gregor, Judiths einzige, von ihr aber noch unerkannte Chance.

Judith, bisher behütete Tochter aus gutem Hause, spürt, dass sie ihre bürgerliche Wohlanständigkeit opfern muss um erstens Zeit zu gewinnen (dafür muss sie, wegen ihres Passes mit dem Vermerk: Jude, dem Wirt Zugeständnisse machen) und um sich zweitens eine Fluchtmöglichkeit zu verschaffen (hierfür muss sie wahrscheinlich den schwedischen Seeleuten Zugeständnisse machen, um auf deren Schiff zu kommen). Da es keinen anderen Ausweg zu geben scheint, ist sie zu beidem notfalls bereit.

Sie spürt, dass sie sich in einer extremen Übergangssituation befindet. Sie denkt zurück an das sichere Leben mit ihren Eltern (**Mama hatte eine wunderbare Art, mit allen Arten von Leuten umzugehen,** 71; und als der schwedische Seemann ihr Whisky anbietet, erinnert sie sich an ihren Vater: **Papa hatte immer welchen und er ließ mich manchmal daran nippen.** [...] **Sie war ein kleines Mädchen gewesen, damals.** 75 f.)

Aber diese Zeit der Kindheit ist vorbei. Judith ist ganz auf sich gestellt, und da sie sich in akuter Gefahr befindet, muss sie handeln um sich zu retten, und entscheiden, zu welchem Einsatz sie dafür bereit ist.

Es sind gemischte Gefühle, die sie bewegen, als sie sich als **hübsche verdorbene Krabbe** (73), **Flittchen** (76) und **Hafendirne** (78) sieht. Ein bisschen belustigt es sie schon, zumindest ist sie erstaunt darüber, **wie schnell man in etwas hinein gerät!** (78) Aber es überwiegen doch Scham und Ekel. **Es ist furchtbar peinlich, dachte Judith, sogar vom Tisch der Einheimischen schauen sie jetzt zu mir her. Aber ich habe keine Wahl.** (75) Es gibt keine Alternative – oder doch nur die der Verhaftung und Einlieferung in ein Konzentrationslager. Nicht nur die biederen und sicherlich dem **Führer der Anderen** ergebenen Einheimischen, sondern ausgerechnet auch der Wirt werfen sich zu Wächtern der Moral auf und verurteilen das Verhalten Judiths. Sie fühlt sich zutiefst verunsichert, zumal sie ja von Gregors späterer Rettungsaktion noch keine Ahnung haben kann, weiß er doch selbst noch nichts davon.

In dieser Situation des Selbstzweifels, des Ekels und der Scham hört Judith aus dem Radio einen Schlager. Es ist der Song »Yes, sir«, gesungen von Zarah Leander. (74) Andersch fügt mehrfach Teile des Schlagertextes in die Handlung ein, ein sehr anschauliches Beispiel für das Stilmittel der Montage im modernen Roman.

Die Sängerin stellt sich vor als amoralische *femme fatale,* und dies mit Spott, Eleganz und großem Selbstbewusstsein. Judith ist **für einen Augenblick hingerissen** (74). Hier findet sie, wenigstens vorübergehend, Rückhalt angesichts der Selbstaufgabe, die sie in ihrem eigenen Fall zum Überleben für zwingend notwendig hält. Schließlich endet der Song **triumphierend und melancholisch** (75) und auch Judiths Gefühle bleiben durchaus zwiespältig.

Es ist Judith entgangen, dass die schwedischen Seeleute das Lied der Sängerin durch Ausspucken missbilligt haben. Was empört sie so sehr? Wahrscheinlich missbilligen sie nicht die moralische Einstellung, die die schwedische (!) Sängerin in jenem Film, aus dem dieser Schlager stammt[32], und im Schlager selbst vertritt: dieses Eingeständnis eines selbstbewussten leichten Mädchens; das würde wohl auch gerade Seeleuten in einer Kneipe schlecht anstehen. Vielmehr verübeln sie es ihr, dass sie, die Schwedin, sich ihrer Meinung nach hat einspannen lassen in den Kultur- und Propagandabetrieb der Nationalsozialisten.[33]

All dies vollzieht sich, wie bereits angesprochen, ohne dass Judith es wahrnimmt, obwohl die Geschehnisse dieses Kapitels eigentlich aus ihrer Perspektive wiedergegeben werden. Die Romanhandlung wendet sich hierauf jedoch wieder ganz der Situation und Sicht Judiths zu. Judith erkennt, dass sie jetzt frei ist, sie muss und darf keine Rücksichten mehr nehmen, sondern muss in der Hölle der Welt zu eigener Entscheidung und zu ihrer eigenen Tat finden um ihre Existenz zu sichern. Sie sieht sich in ihren existenziellen Belangen genau in der Freiheitssituation, wie die existenzialistischen Denker sie entworfen haben. (Vgl. hierzu das Kap. 14.5 sowie im Kap. »Materialien« die Texte SARTRES und CAMUS'.) Judith muss jetzt bereit sein zu ihrer ganz eigenen, individuellen Tat und muss dafür auch die volle Verantwortung übernehmen. Glücklicherweise bleibt ihr das Schlimmste, die persönliche Preisgabe, erspart. Sie hat das Glück, in Gregors Aktion ›Jüdisches Mädchen‹, also in *seiner* ganz eigenen, ganz individuellen Tat, aufzugehen und durch ihn gerettet zu werden. Wenigstens in ihrem Bewusstsein aber, so könnte man zugespitzt sagen, ist Judith im Verlauf dieser Episode von einer **süßen Bourgeoisen** (116) zu einer Existenzialistin geworden.

12 Erzählperspektive

Im Roman *Sansibar* tritt kein einzelner, durchgehend anwesender Erzähler auf, sondern das Romangeschehen spiegelt sich im Bewusstsein aller fünf Hauptpersonen. Was uns der Autor als Romanhandlung vermitteln will, sehen wir immer wieder abwechselnd aus der Perspektive des Jungen, Gregors, Helanders, Judiths, Knudsens. Und selbstverständlich spiegeln diese Personen die Handlung nicht nur, sondern reflektieren, kommentieren, bewerten sie auch. Hinderer schreibt in seiner Besprechung des Romans hierzu:

> **Die durchaus konventionelle auktoriale Erzählhaltung wird insofern differenziert, als Andersch einen dauernden Perspektivenwechsel vornimmt und Realität im Text immer als eine von den jeweiligen Figuren verschieden erfahrene und segmentierte Wirklichkeit darstellt. [...] Die auktoriale Erzählhaltung steht gewissermaßen im Dienst der personalen Perspektivierung [...].**[34]

Es gibt jedoch auch Passagen, in denen der Autor Situationen und Personen direkt darstellt; allerdings geschieht das verhältnismäßig selten und hat eher die Funktion der knappen, skizzenhaften Einführung einer Szene. Es wirkt etwa wie die Regieanweisung im Drama: **Sie saß auf dem Bett eines Fremdenzimmers im ›Wappen von Wismar‹ und kramte in ihrer Handtasche. Der Koffer stand neben der Tür, so, wie der Hausknecht ihn hingestellt hatte** [...] (17)

So beginnt ein Kapitel, das dann jedoch, nachdem das Äußere der Situation skizziert ist, schon bald übergeht in die für den Roman typische Erzählweise, nämlich die Darstellung aus der Perspektive einer der Hauptpersonen: **Dann sah sie zum Fenster hinaus** [...] (17)

Um dem Leser bei der mehrfachen Spiegelung des Romangeschehens die Orientierung zu erleichtern hat Andersch die einzelnen, meist recht kurzen Kapitel seines Romans mit dem Namen desjenigen überschrieben, aus dessen Blickwinkel das Geschehen gesehen wird. Es ist eine der auffälligsten Eigenheiten dieses Romans, dass seine Kapitelüberschriften keinerlei Angaben über den Inhalt, sondern ausschließlich über die erzählerische Perspektive machen. – Bei dieser Darstellung aus mehreren Perspektiven kommt es gelegentlich dazu, dass manche Einzelszenen doppelt oder mehrfach dargestellt werden. Besonders auffällig ist z. B. Helanders Abgang nach dem Gespräch mit Knudsen, einmal aus der Perspektive Knudsens (31 f.), ein anderes Mal aus der Judiths (33). Auffällig ist auch, dass die einzelnen Personen häufig im Bewusstseinsstrom anderer Personen gezeigt werden und ihre Erscheinung dabei zugleich kommentiert und bewertet wird: **Eine Jüdin, dachte Gregor, das ist ja eine Jüdin. Was will die hier in Rerik? Er sah Judith unter den Menschen stehen, die zusahen, wie der schwedische Dampfer anlegte.** (59) **Aha, dachte Knudsen, offenbar war die Stunde gekommen, in der dem stolzen Pfarrer Helander sein Verdun-Bein nichts mehr nützte.** (27) Für diese Erscheinung ließen sich leicht noch sehr viele weitere Beispiele anführen.

In manchen Kapiteln gibt es Passagen, die für einen Augenblick auch einer anderen Perspektive Raum geben. Ein solcher Perspektivenwechsel ist in Kapiteln, deren Überschrift zwei oder drei Namen nennt, ein bewusst angewandtes und durchgängiges Prinzip. Außerdem vermischen sich bei der Darstellung von Gesprächen fortwährend Gesagtes (Dialog) und Gedachtes (Bewusstseinsstrom der Gesprächsteilnehmer).

Oft sind die Wahrnehmungen der einzelnen Hauptpersonen auch nur Auslöser von Gedankenassoziationen und Erinnerungen, die die entsprechende Person weit fortführen von der eigentlichen Romanhandlung. Dies ist besonders häufig bei Gregor, oft aber auch bei Helander der Fall. Ein Beispiel hierfür bietet sich fast gleich zu Beginn des Romans, als Gregor die Stadt Rerik vor sich liegen sieht (21 ff.). Rerik wird aus der Perspektive Gregors gezeigt. Für ihn ist Rerik nicht irgendeine Ortschaft, ihn faszinieren die Türme dieser Stadt auf besondere Weise. Er weiß – oder glaubt zu wissen –, dass solche Türme das Denken und Leben der Menschen beeinflussen, die unter ihnen wohnen. Er weiß auch, dass seine Auftraggeber im Zentralkomitee nicht so empfinden; für sie ist der Ort Rerik nur ein Punkt im Netz ihrer Strategie. Für Gregor dagegen ist Rerik bzw. sind die Türme dieser Stadt ein ästhetisches und psychologisches Erlebnis. Für ihn werden sie zu Lebewesen, zu Ungeheuern. **Sie sahen alles.** (23) Er, der desertieren will, fühlt sich von ihnen durchschaut. Und so schweifen seine Gedanken immer weiter von dem objektiven Bild der Stadt über sein subjektives Erleben dieser Stadtsilhouette zu seinem ganz persönlichen Problem des Verrats und zu parallelen Situationen in seiner Vergangenheit, wo er auch angesichts eines Stadtbildes anders empfunden hatte als die Parteigenossen und wo **sein Verrat begonnen hatte** (24): beim Anblick Tarasovkas.

Die perspektivische Darstellung, die die Welt immer wieder nur als Bild eines Individuums, als Spiegelung eines Bewusstseins zeigt, entspricht dem schon beschriebenen Eindruck von der Isoliertheit der einzelnen Personen dieses Romans. Jeder bewegt sich für sich allein im Raum, jeder sieht und hat nur seine eigene Welt und wird trotz aller Wahrnehmungen des Äußeren immer wieder zurückgeworfen auf sein eigenes Ich. Aber diese Isolation kann durchbrochen werden, vorübergehend jedenfalls, der Dialog kann dominierend werden, sich zur Kommunikation und sogar zur planvollen Aktion entwickeln. Dies geschieht, wo die Kapitelüberschriften zwei oder mehrere Personen nennen. Hier hebt sich das streng nach Einzelperspektiven trennende Darstellungsprinzip auf, hier vermischen sich die Perspektiven; dies sind die Stellen, an denen Handlung in Gang gesetzt oder vollzogen wird.

Es gibt aber auch Aktionen aus dem Zustand der Isolation und Einsamkeit heraus: Hierfür ist Helanders kurzer Kampf gegen die Übermacht der ›Anderen‹ ein Beispiel (155 f.).

13 Sprache

13.1 Monologe und Gespräche

Es wurde dargestellt, dass sprachliche Kommunikation zwischen den Romanpersonen erst recht spät, dann auch nur vorübergehend und dazu noch mit häufigen Unterbrechungen stattfindet. Die Grundsituation der einzelnen Personen ist die der Isolation. Käte Hamburger schreibt von diesen Romangestalten:

> **Aber in ihrem eigentlichen Sein [...] erleben wir sie nicht in ihren Beziehungen zueinander, ihrem Dialog also, sondern jede in ihrem Fürsichsein, jede versenkt in ihre eigene Situation und Not, letztlich also schweigende, in sich verschlossene und abgeschlossene Gestalten [...].**[35]

Auch Zimmermann spricht vom **In-sich-Gekehrt-sein** der Personen, **ihrer Vereinzelung und Vereinsamung.**[36]

Entsprechend wird viel häufiger dargestellt, was die einzelnen Personen – jede für sich – denken, als was sie im Gespräch mit anderen tatsächlich aussprechen.

Für die sprachliche Darstellung solchen Denkens haben sich in der Literatur verschiedene Techniken herausgebildet. Sie sollen hier kurz resümiert werden; ein solches Vorgehen erleichtert die Untersuchung der Sprache des Romantextes sehr.

Das Problem, dem Denken eines Menschen, der ›für sich‹ ist, sprachlich Ausdruck zu geben, wurde vom klassischen Drama dadurch gelöst, dass man diesen Menschen im Monolog oder – bei Anwesenheit anderer – ›beiseite‹ sprechen ließ. In beiden Fällen wurde dabei das eigentlich Gedachte zum Gesagten, ja zum laut Ausgesprochenen. Es liegt auf der Hand, dass diese Techniken (besonders das Beiseitesprechen) recht unrealistisch wirken. Aber der Bühne des klassischen Dramas ohne moderne technische Ausrüstung (Tonaufzeichnung und -wiedergabe, Möglichkeiten zur Verfremdung, Verstärkung der Stimme) blieb keine andere Wahl.

In der erzählenden Literatur war es einfacher. Mit dem einfachen Zusatz ›dachte er‹ oder ›fragte sie sich‹ war das Problem der Wiedergabe von Gedanken gelöst. Diese Verbindung von direkter oder indirekter Rede mit dem entsprechenden Zusatz bot die einfachste Methode Gedanken und Empfindungen darzustellen. Die Verwendung des Zusatzes ›dachte er‹ in Verbindung mit direkter Rede ist relativ häufig.

Auch in der Literatur des 20. Jahrhunderts tritt diese Darstellungsweise wieder häufiger auf, so z. B. bei Heinrich Mann (*Der Untertan*): **Er sagte**

sich: ›Es hätte ebensogut schiefgehen können.‹ Und mit Empörung: ›So eine hysterische Person!‹[37] – In Christa Wolfs Roman *Der geteilte Himmel* wird hieraus fast ein Prinzip gemacht: **Oft dachte sie: Niemals krieg ich von diesem Fenster aus noch was Neues zu sehen.**[38]

Seltener ist die Verwendung des Zusatzes ›dachte er‹ in Verbindung mit indirekter Rede. Der Grund hierfür ist wahrscheinlich, dass diese Konstruktion sprachlich recht umständlich wirkt. Beispiel: **Wenn ich jetzt zu ihm in den Brunnen stürzte, so frage ich mich, ob ich dann wohl bis in den Himmel drunten hinabsinken würde?** (Stefan Andres: *Der Knabe im Brunnen*[39].

Der Literatur des ausgehenden 19. Jahrhunderts mit ihrer raffinierten Psychologie genügte diese einfache Technik jedoch bald nicht mehr. Man hatte erkannt, dass der Mensch nicht denkt, wie er redet. Denn Rede soll verstanden werden und ist deswegen an objektive Kriterien gebunden, bestimmten Gesetzen unterworfen (z. B. Grammatik), verlangt Logik, Struktur. Das Denken und Empfinden unterliegt diesen Bedingungen nicht in demselben Maße. Es geht eher als assoziative Reihung vor sich, wie ein Strom, der durch das Bewusstsein fließt, fast in der Art des Traumes, d. h. nicht logisch konsequent und strukturiert. Strebt man eine adäquate Wiedergabe dieses Vorgangs an, so erfordert dies eine andere sprachliche Gestaltung als die der (direkten oder indirekten) Rede. Ausgehend von der (oder parallel zur) erzählenden Literatur Frankreichs (style indirect libre) und Englands (Bewusstseinsstromtechnik, stream of consciousness) haben sich dabei in der deutschsprachigen Literatur die Techniken der *erlebten Rede* und des *inneren Monologs* entwickelt.

Im *inneren Monolog* wird der Fluss des Denkens scheinbar in direkter Rede, und zwar ohne Zusatz (›dachte er‹) wiedergegeben. Tatsächlich wird jedoch keine ›Rede‹ formuliert, sondern die Sprache des inneren Monologs bemüht sich die assoziative Art des Gedankenflusses bzw. Bewusstseinsstroms nachzuvollziehen. Man erkennt, dass hier niemand spricht, deswegen ist der Zusatz ›dachte er‹ auch überflüssig. Beispiel:

> **Teufel, was gab es da? Was kommt da herauf von gestern? Das Pfaffenbuch, das Professoren-Opus gegen die *Farbenlehre*, Pfaff heißt der Tropf, schickt mir bestens seine dreisten Abstreitungen zu, hat die Unverschämtheit, die mir ins Haus zu schicken, taktlose deutsche Zudringlichkeit, hätt ich zu sagen, man wiese solche Leute aus der Gesellschaft.** (Thomas Mann: *Lotte in Weimar*[40])

Diesen inneren Monolog – von dem nur ein Auszug zitiert wurde – legt Thomas Mann dem alten Goethe in den Mund bzw. in das Bewusstsein. Ein noch deutlicher ausgeprägtes Beispiel für inneren Monolog (ohne jede Interpunktion!) bietet der Schluss des Romans *Ulysses* von J. Joyce.

Die direkte Rede mit dem Zusatz ›dachte er‹ wirkt eher distanzierend, objektiv. Der innere Monolog dagegen wirkt stark subjektiv. Man identifiziert sich als Leser leicht mit dem gelesenen Bewusstseinsstrom. – Der so genannten *erlebten Rede* wird gern eine Mittelstellung eingeräumt.[41] Ihr fehlt der Zusatz ›dachte er‹ (wie dem inneren Monolog), aber sie steht nicht in der ersten, sondern in der distanzierenden dritten Person, d. h. in der Er- bzw. Sie-Form (im Unterschied zum inneren Monolog). Beispiel:

> **Nachdem er so seine Wut fürs erste zur Not beschwichtigt hatte, dachte er nach, ob mit dem, was er nun wußte, nicht doch vielleicht was Besseres anzufangen wäre. Hatte er sie jetzt nicht in seiner Gewalt? Konnte er nun die Gunst, die sie ihm gutwillig nicht gewährt hatte, nicht durch Drohungen von ihr erzwingen?** (Arthur Schnitzler: *Casanovas Heimfahrt*[42])

Eigentliche erlebte Rede sind nur die beiden Fragen am Schluss des Beispiels.

Nachdem die Stilmittel zur Wiedergabe eines Gedankenflusses aufgezeigt worden sind, soll jetzt an einem Textausschnitt aus *Sansibar* untersucht werden, wie Andersch seine Romangestalten in entsprechender Situation darstellt. Als Textbeispiel soll eine Passage untersucht werden, in der aus Judiths Perspektive das Verhalten des schwedischen Steuermanns dargestellt wird, mit dem sie aus dem Wirtshaus auf das schwedische Schiff gegangen ist. Diese Passage beginnt auf S. 79: **Ich will den Whisky holen, sagte er. Er ist da drin** [...] Sie endet auf der folgenden Seite: [...] **es war ein zu rascher Sprung gewesen, von der Georginenvilla, von der feinen, vergifteten Selbstmordvilla in die Härte einer Mädchenherumtreiberei, einer Flittchenflucht.** (80)

Der Text zeigt zu Beginn den Abschluss eines Dialogs zwischen Judith und dem Steuermann. Es ist schon kein Dialog mehr; die beiden sprechen nicht mehr miteinander; der Schwede teilt Judith noch etwas mit, bevor beide für längere Zeit schweigen. Nach dem Versanden des Dialogs wird die äußere Handlung scheinbar direkt vom Erzähler dargestellt. (**Er zog einen Schlüsselbund heraus** [...], **Er schüttelte den Kopf.**) Diese Darstellung ist aber durchsetzt mit Hinweisen darauf, dass Judith dies alles sieht. **Sie beobachtete den jungen Mann. Sie sah ihm mit grausamer Aufmerksamkeit zu.** – Sie beginnt das Geschehene schon gedanklich zu kommentieren. **Es ist zwecklos, dachte Judith.** Dann geht der Text gänzlich in die Wiedergabe ihrer Gedanken über: **Es ist ganz klar, dachte sie, er will mich los sein.** Diese Passage (direkte Rede mit Zusatz ›dachte sie‹) ist relativ lang, sie löst sich schließlich von dem übergeordneten Satz (›dachte sie‹) und wird zum inneren Monolog: **Und die Sache mit dem Schrank ist ihm peinlich, er hat sich vor mir blamiert, er kommt nicht wieder, er wartet jetzt irgendwo, daß ich begreife und gehe.** Dieser innere Monolog wird durch den Satz

fragte sie sich, aber sie fand keine Antwort beendet. Hierauf fährt ANDERSCH in einer Art erlebter Rede fort: **aber sie war auch romantisch gewesen, sie hatte Judith nach Rerik geschickt** [...]. – Der Schluss der Passage zeigt seltsame Formulierungen, beinahe Wortspiele, die sich auf andere Textstellen beziehen, sie spielerisch aufgreifen, in merkwürdiger Weise miteinander verbinden: **feine, vergiftete Selbstmordvilla, Mädchenherumtreiberei, Flittchenflucht.**

Zusammenfassend lässt sich feststellen, dass ANDERSCHS Erzählweise nicht gekennzeichnet ist durch die kontinuierliche Benutzung ein und desselben sprachlichen Ausdrucksmittels, wie dies in Thomas Manns *LOTTE IN WEIMAR*, James Joyce' *ULYSSES* oder Arthur Schnitzlers *FRÄULEIN ELSE* etwa hinsichtlich des inneren Monologs über lange Strecken zu erkennen ist. Vielmehr ist es das Charakteristische der Darstellungsweise ANDERSCHS, dass er den Gedanken- und Bewusstseinsstrom seiner Romanfiguren immer wieder anders, mit ständig wechselnden erzählerischen Mitteln zum Ausdruck bringt. Im Prinzip entspricht diese Mischtechnik dem ständigen Wechsel, den der Autor auch hinsichtlich der Erzählperspektive vornimmt. Diese Wechsel verleihen dem Roman etwas vom Charakter eines Kaleidoskops.

Auffällig ist darüber hinaus, dass ANDERSCH nicht nur die Darstellungsart des Gedankenflusses fortwährend variiert, sondern auch – vor allem bei längeren Gesprächen – ständig hin- und herwechselt zwischen dem Denken der Einzelnen und dem Gespräch. Dies ist schon gleich nach dem ersten im Roman vorkommenden Dialog (zwischen Helander und Knudsen am Kai, 26 ff.) zu beobachten. Besonders auffällig tritt es jedoch bei der Szene in der Kirche zwischen Knudsen, Gregor und Helander hervor (52 ff.).

Erwähnt werden sollte in diesem Zusammenhang auch noch die Manier des Autors, direkte Rede grundsätzlich nicht in Anführungsstriche zu setzen. Sprechen und Denken der Personen heben sich dadurch weniger deutlich voneinander ab als bei der Benutzung der üblichen Interpunktionszeichen. Beide Bereiche verschwimmen ineinander. Nicht das Gespräch als objektives Geschehen, sondern die subjektive Wahrnehmung dieses Geschehens steht im Vordergrund. – Das Phänomen, dass die direkte Rede nicht in Anführungsstriche gesetzt wird, findet sich bei vielen modernen Autoren, so z. B. bei Wolfgang Borchert: *DIE KÜCHENUHR*, *DIE DREI DUNKLEN KÖNIGE*; bei Martin Walser: *EIN FLIEHENDES PFERD*; bei Marie-Luise Kaschnitz: *DAS DICKE KIND*; aber auch schon bei Kleist: *DER ZWEIKAMPF*, *FRANZOSEN-BILLIGKEIT*.

13.2 Unterschiedliche Sprachschichten

Geprägt ist die Sprache der einzelnen Romanfiguren (selbst in ihren Monologen) nicht nur durch die beschriebenen Darstellungstechniken, sondern auch durch ihre Herkunft, vor allem durch ihre Zugehörigkeit zu einer sozialen Schicht. Dies wird besonders deutlich in der Gestalt Judiths. Ihre Herkunft aus dem gehobenen Bürgertum zeigt sich sehr auffällig, wenn sie sich an ihr Zuhause erinnert, an die gepflegte Villa im vornehmen Hamburger Viertel an der Alster (**Leinpfadvilla**) und an ihre Eltern: **Mama hatte immer ein kleines sentimentales Faible für Rerik gehabt.** (18) [...] **in Nächten wie jener, die so himmlisch gewesen waren, daß Papa plötzlich stehengeblieben war und seinen geliebten Goethe rezitiert hatte** (122). Aber das ist Erinnerung. Die Szene im Wirtshaus (70 ff.) zeigt dann, wie Judith aus der Sprachebene ihres Elternhauses heraus in die Niederungen des proletarischen Jargons gezogen wird. Angst und Ekel befallen sie, aber sie ist entschlossen sich zu wehren. Sie wird frech, **mit einem Rückfall ins Backfischhafte** (73), ja sie sieht und bezeichnet sich selbst, indem sie sich in die Perspektive des Wirts versetzt, als **eine hübsche verdorbene Krabbe** (73). Ein wenig scheint sie sogar ihre Rolle als verdorbenes **Flittchen** (76) zu genießen, die sie – vor den Augen des Wirtes – spielt. Und schließlich bemerkt sie, dass sie – jedenfalls sprachlich – fast schon diese Rolle angenommen hat.

> **Der Wirt ist so gemein geworden, weil er scharf ist auf mich, erklärte sie. Himmel, dachte sie fast staunend, das ist eine Erklärung wie von einer Hafendirne, die mit dem Sieger in einer Schlägerei weggeht. Wie schnell man in etwas hinein gerät! Gestern noch mit Mama in unserer Hamburger Villa, das Frühstücksporzellan und die späten Georginen, und heute schon die Sprache einer Dirne.** (78)

Dass der Wirt Judith später, zu Gregor, auch noch als **Nutte** bezeichnet, hört sie glücklicherweise nicht mehr. Aber der Ausdruck **Flittchen** ist ihr noch immer im Ohr, als sie erneut, diesmal im Gespräch mit Gregor, mit einer anderen als der ihr bekannten Sprachebene konfrontiert wird. **Warum sind Sie denn getürmt? fragte Gregor. Getürmt, dachte Judith, er nennt das, was ich getan habe, türmen. Türmen, das paßte zu Flittchen. Paßt es zu mir? überlegte sie.** (104) – Es passt natürlich nicht zu Judith. Man spürt, dass sie es eigentlich als beleidigend und verletzend empfindet, in dieser Weise von Gregor gesehen zu werden; aber sie gibt diesen Gefühlen keinen Raum. Sie ist in Not und Gregor ist der Einzige, der sie hieraus retten kann. Wenige Augenblicke später jedoch, mit wachsender Zuneigung zu Judith, wiederholt Gregor dieselbe Frage dann auf anderer, und zwar auf Judiths Sprachebene: **Weshalb sind Sie eigentlich auf der Flucht? fragte er. – Auf der Flucht, sagt er, dachte Judith. Er sagt nicht mehr: getürmt. Sie empfand eine Spur von Vertrauen** [...]. (108)

Diese wachsende Zuneigung zu Judith kann jedoch nicht verhindern, dass Gregor das Mädchen dennoch immer wieder als Vertreterin der Bourgeoisie, als Klassenfeindin, angreift und verhöhnt. Besonders deutlich formuliert er seinen Widerwillen gegen **die Sprache ihrer Kreise** (116) in Gedanken, als er Helander und Judith miteinander sprechen hört:

> Junge Dame, dachte Gregor, und dann die Anrede ›Kind‹ und ihr Getue mit ›Aber ich gehe sofort, wenn Sie nicht wünschen, daß ich bleibe‹, – was für eine Sprache sie miteinander reden, die Sprache ihrer Kreise, sie haben sofort gewußt, daß sie zusammengehören, sie haben sich am Tonfall erkannt. (116)

Auch der Junge und Knudsen zeigen in der Sprache typische Kennzeichen ihrer Herkunft. Die Sprache des Jungen ist nach Art der Jugendlichen sehr salopp, dazu oft sehr einfach (**Man mußte weg sein** (7), **abzuhauen** (9), **Blödsinn** (9), **schmiß er die Fische rein** (158), **riesig gespannt** (93)). – Knudsens Sprache ist kräftig, derb, zuweilen vulgär, manchmal mit plattdeutschen Ausdrücken durchsetzt: **Püttscherkram** (13, = Kleinkram), **Verdienst, der flötenging** (13), **Der Spinner, dachte Knudsen** (30), **Pötte** (53), **Steamer** (49), **Dreck** (51), **Fisimatenten** (57), **Schit, daß ich gewartet habe** (86), **Schit, dachte Knudsen, das Ganze ist schit** (134), **ein beschissener kleiner Deserteur ..., der kneift** (141). – Zuweilen äußert sich Knudsen also ziemlich abfällig. Das zeigt sich auch in Ausdrücken wie **Gebetsschuppen** (46), **komischer Vogel** (46), **irgend so einen Götzen** (55), **die ganze Partei** ist **im Eimer** (47).

Gregor, der sich aufgrund seiner marxistischen Philosophie der Klasse der Proletarier zurechnen muss, zeigt in seiner Sprache jedoch keinerlei entsprechende Merkmale. Seine Sprache ist unauffällig, der Situation angepasst, wie es seiner persönlichen Erscheinung gemäß ist. Er kann klar und logisch denken und drückt sich entsprechend aus. Knudsen spürt Gregors Überlegenheit im Denken und Sprechen. Als er Gregor auf den Unterschied hinweisen will, den er zwischen sich, dem einfachen Genossen, und Gregor, dem **Mann vom ZK** (50), sieht, belehrt dieser ihn, dass der Vergleich nicht mehr stimmte:

> Gregor horchte ein paar Sekunden in die tiefe Stille der Kirche hinein. Er beschloß auf einmal, alles auf eine Karte zu setzen.
> Ich verstehe, daß du nicht willst, sagte er. Als Knudsen abwehrend die Hand hob, ließ er ihn nicht zu Wort kommen. Ich verstehe dich wirklich, glaub mir, sagte er. Aber ich muß hinüber.
> Knudsen bemerkte sogleich den ganz anderen Ton in Gregors Stimme.
> Als Kurier? fragte er.
> Nein, sagte Gregor.
> Du willst also kneifen?
> Du kannst es auch so nennen, antwortete Gregor. Wie nennst du das, was du tust?

Aber ich bin kein Mann vom ZK, sagte Knudsen.
Es ist kein Unterschied zwischen uns, sagte Gregor. Zwischen einem Mann vom ZK und einem einfachen Genossen ist ein Unterschied. Aber zwischen zweien, die kneifen wollen, ist keiner.
Er spürte, wie in dem anderen eine Welle von Wut hochstieg, und ließ sie gleichmütig verebben. Das war immer so, wenn man völlig kaltblütig aussprach, was man dachte, falls man richtig dachte.
Du hättest deinen Dreck für dich behalten können, sagte Knudsen. Er knurrte es. (50 f.)

Als Helander im Gespräch mit Gregor und Knudsen in der Kirche feststellt: **Die Kirche ist kein Treffpunkt für Menschen, die nicht an Gott glauben,** antwortet Gregor ihm – fast wieder in der Art einer Belehrung:

Gott oder nicht, sagte Gregor, es kommt nur darauf an, ob es Menschen sind, die sich treffen. Es wird bald keine Plätze mehr geben, an denen sich Menschen treffen können. Es gibt fast nur noch Plätze für die Anderen.
Sie argumentieren nicht schlecht, sagte der Pfarrer.
Ja, sagte Knudsen, reden – das kann er. Das ist seine Stärke. (54)

Gregors Sprache ist manchmal sehr einfach und schlicht, zum Beispiel im Gespräch mit Knudsen: **Die Kirche wird noch eine halbe Stunde auf sein, sagte Gregor. Das reicht.** (46) **Was sollen wir da machen?** (47) – Im Gespräch mit Judith bewegt sie sich streckenweise auf einem ganz anderen Niveau, weist komplizierteren Satzbau und Fremdwörter auf: **Dann wird man morgen früh anhand des Bildes feststellen, wo Sie sich heute nacht aufgehalten haben, sagte Gregor. Das heißt, man wird Sie sehr schnell identifiziert haben.** (104) – Gregor stellt sich sprachlich auf seine Gesprächspartner ein, passt sich ihnen an. Er spricht ihre Sprache, teils bewusst, weil er auf sie einwirken will, teils unbewusst, weil er es gewohnt ist, sich zurückzuhalten und möglichst unauffällig zu erscheinen.

Aber auch im Monolog, in erlebter Rede, wo er ›für sich‹ spricht bzw. denkt, zeigt seine Sprache kein einheitliches Bild. Sie kann sehr feine Nuancen haben: **Es ist möglich, dachte Gregor, vorausgesetzt, man ist nicht bedroht, die licht stehenden Kiefern als Vorhang anzusehen.** (7) Sie kann aber auch sehr einfach, manchmal fast grob sein: [...] **vielleicht ist Knudsen der einzige, der aus dieser Scheiße herauskommt, dachte Gregor.** (129)

Es lässt sich sagen, dass Gregors Sprache keine Merkmale einer Zugehörigkeit zu irgendeiner Schicht zeigt, weil er selbst keiner Schicht zugehört. Zutreffender ist es aber wohl, ihn als einen intelligenten, an Hochschulen ausgebildeten und im Umgang mit Menschen erfahrenen jungen Mann zu bezeichnen, der im sprachlichen Ausdruck über eine außerordentliche Flexibilität verfügt.

Ähnliches lässt sich auch bei Helander feststellen. Als Pfarrer ist er geradezu verpflichtet sich auf verschiedenen sprachlichen Ebenen äußern zu können: Er muss sowohl in der Lage sein, sich mit dem Text der Schrift auseinander zu setzen, ihn auszulegen, als auch selbst mit den einfachsten Menschen seiner Gemeinde zu reden. – Auch bei Helander ist die Fähigkeit zu erkennen sich sprachlich anzupassen. **Sie roter Hund, hatte er [zu Knudsen] gesagt, jetzt geht's Ihnen an den Kragen!** (26); **Für die Partei würden Sie also rüberfahren, Knudsen, fragte er.** (31) – Natürlich spricht er auch die Sprache des gehobenen Bürgertums, etwa zu Judith, wie Gregor abschätzig feststellt. **Nun, dann machen Sie sich noch nicht zu viele Hoffnungen, Kind, sagte Helander, zu Judith gewendet.** (115 f.)

Wie bei Gregor, so zeigt sich auch in Helanders Monologen sprachliche Flexibilität. Manche Formulierungen sind für einen Pfarrer seiner Zeit überraschend schlicht und direkt: **Ich ganz allein werde in der Tinte sitzen.** (96); **Vielleicht liegt er [Gott] einfach auf der faulen Haut.** (96); [...] **die Askese hat mich nicht verkorkst** [...] (148). Andere Passagen seines Denkens zeigen ihn wiederum als den sprachlich gewandten und geschulten Theologen:

> **Merkwürdig, dachte Helander, daß die Aufrechtesten unter seinen Amtsbrüdern diejenigen waren, die der trostlosen Lehre anhingen. Die den Sinn des Martyriums leugneten, gerieten am leichtesten in Verfolgung und Folter. Sie hatten sich quälen zu lassen, nicht für die Nähe Gottes, sondern für seine Ferne; sie hatten zu sterben, weil sie das Reich der Anderen ohne jeden Kompromiß zum Reich des Bösen erklärten, wie die Lehre es vorschrieb. Sie starben trostlos einen absurden Tod; es gab für sie keine Gewißheit der Gnade. (98)**

Die Mischform der erlebten Rede, die ANDERSCH über weite Strecken des Romans anwendet, macht es oft schwer zu entscheiden, ob eine bestimmte Formulierung als sprachlicher Ausdruck der betreffenden Romanfigur oder des impliziten Erzählers anzusehen ist. Hier verschwimmt oft die Grenze. So erstreckt sich beispielsweise der sprachliche Stil, in dem Knudsen sich äußert oder denkt, auch auf die Passagen, in denen der Erzähler Knudsen beschreibt:

> **Während Knudsen die Karten auflegte, konnte er nachdenken. Brägevoldt oder die Partei hatten ihn in eine schwierige Lage gebracht. Die anderen Boote waren schon vorgestern ausgelaufen. Knudsen machte sich verdächtig, wenn die ›Pauline‹ noch lange im Hafen lag. Der Junge wurde auch schon ungeduldig. Ganz abgesehen vom Verdienst, der flötenging. Der schöne Dorsch. Knudsen juckte es nach Dorschen. Die Patience ging auf, und er schmiß die Karten hin. (13)**

Entsprechend ist es im letzten Kapitel »Der Junge«: **Den ganzen Nachmittag schipperten sie unter der Küste von Schonen 'rum** [...]; **Er** [...]

machte das Boot los und trudelte vorsichtig mit ihm auf den See hinaus. [...] und als das Wasser kochte, schmiß er die ausgenommenen Fische 'rein. (alle Beispiele S. 158)

Wie bei dem häufigen Wechsel der Perspektive und der Erzähltechniken, so ist auch hier wieder eine Tendenz zur Vermischung festzustellen. Die Grenzen zwischen subjektivem Empfinden und objektivem Geschehen sind erneut undeutlich, manchmal werden sie ganz aufgehoben.

Die Sprache des Romans ist vielschichtig und vielseitig. Eine ausführlichere Analyse könnte über das schon Aufgezeigte hinaus hinweisen auf die oft überraschenden Vergleiche und Gleichsetzungen (**schnitt die Stille wie mit einem Messer ab,** 39; **Türme wie Monstren,** 92; die **Kirche war ein Mantel,** 40; **Der Wirt, ein Block,** 20). Häufig kommt es auch zu auffälligen Wortneubildungen, vor allem durch Zusammensetzungen (z. B. **olivseiden,** 18; weitere Beispiele finden sich, wo der Autor Farbimpressionen als Ausdrucksmittel benutzt, vgl. im Kap. 8 dieser Interpretation die Abschnitte »Der ›goldene Schild‹ von Tarasovka« und »Rerik und seine Türme«).

Auch die Sprache des Autors bewegt sich auf verschiedenen Sprachniveaus, zeigt verschiedene Grade der Anteilnahme. Sie kann ziemlich distanziert wirken: **Judith war sehr jung, aber sie begriff plötzlich, für welchen Preis sie es vergessen durfte, dem Wirt ihren Paß zu geben.** (36) Gerade bei der Darstellung weiblicher Gestalten aber wird oft ein emotionales Engagement deutlich, das den sprachlichen Ausdruck bis an die Grenze des trivialen Kitsches bringt. So etwa wenn von Judiths Gesicht gesagt wird, es sei **ein unsicheres Gesicht, in dem die Jugend sich wie ein im Traum gestörter Vogel regte, scheu und geisterhaft** (132), oder wenn von ihrem **schönen, zarten, fremdartigen Rassegesicht** (63) die Rede ist. Geradezu fatal wird diese Tendenz, wenn ANDERSCH Gregors Erinnerungen an seine Freundin Franziska in erlebter Rede darstellt: **Und es war wunderbar gewesen, mit ihr die Liebe zu machen, ihr schlanker Körper hatte eine befreiende, souveräne, kühne Zärtlichkeit besessen, ihr Fleisch war gesalbt gewesen vom Duft des Bewußtseins.** Marcel Reich-Ranicki spricht in diesem Zusammenhang von **Formulierungen, die Unbehagen zurücklassen**[43].

Beachtenswert ist noch, was ANDERSCH zu dem Verhältnis anmerkt, in dem die ›Anderen‹, also die Nationalsozialisten, zur Sprache stehen:

> **[...] sie kamen leise und wollten leise und wortlos verhaften, sie selbst besaßen keine Sprache und sie haßten nichts mehr als die Sprache derer, die sie verhafteten. Ihr Haß auf die Sprache war der Grund, warum sie ihre eigene Stummheit nicht anders erlösen konnten als in den Schreien der Gefolterten. Zwischen Limousinen und Folterbänken vegetierte das stumme Gesindel schwarz dahin. (154)**

Diese pauschale Feststellung lässt jedoch völlig außer Acht, mit welch virtuoser Sprachbeherrschung die Führer dieser ›Anderen‹ Tausende und Abertausende verblendeten, wie sie – mithilfe neuer technischer Mittel wie Verstärker und Radio – gerade über die Sprache ihre Macht begründeten und ausbauten. – Wahrscheinlich bezieht sich ANDERSCH (in der Perspektive Helanders) an dieser Stelle aber nicht auf die Führer der ›Anderen‹, sondern nur auf ihre Werkzeuge, hier die Männer der Gestapo. Für ihr Auftreten und Handeln können sie keinen adäquaten sprachlichen Ausdruck finden. Zu einer ähnlichen Einsicht kommt der Ich-Erzähler (wie Helander ist auch er ein Pfarrer) in Albrecht Goes' Novelle *UNRUHIGE NACHT*. Dort versucht nach einer Hinrichtung ein ›Kriegsgerichtsrat‹ sich und den Pfarrer mit saloppen Bemerkungen in bessere Stimmung zu versetzen. Der Pfarrer kommentiert dies in Gedanken: **Mir kam zum Bewußtsein, wie der Mann, der gestern abend seine Rede so sicher und kühl gehalten hatte, nun hier mit seinen Worten wie zwischen Trümmern lief. Die Sprache ist von Gott und übt ein gerechtes Gericht.**[44]

Der Roman *SANSIBAR* bietet eine Fülle von Möglichkeiten für die sprachliche Analyse. Gerade wegen dieser Fülle ist es wichtig, sich unter Berücksichtigung des Unterrichtszusammenhangs, der beabsichtigten Ziele bei der Behandlung dieses Romans und der Leistungsfähigkeit der Schüler den Rahmen genau abzustecken, in dem diese Analyse stattfinden soll. Hierauf wird das Kapitel »Didaktische Relevanz« noch kurz eingehen.

14 Hintergründe der Romanhandlung

14.1 Die Kulturpolitik der Nationalsozialisten

In einer Rückblende, in der Erinnerung Helanders während seines Gesprächs mit Knudsen, erfahren wir, was es mit der Figur des ›Klosterschülers‹ und ihrer Gefährdung auf sich hat. **Aber begreifen Sie doch, hatte der alte junge Mann [...] erklärt, wenn Sie ihn nicht herausgeben, holen ihn die Anderen übermorgen früh einfach aus der Kirche heraus. Er steht nun einmal [...] auf der Liste der Kunstwerke, die nicht mehr in der Öffentlichkeit gezeigt werden sollen [...]** (28) – Diese Textstelle eignet sich sehr, um auf die nationalsozialistische Kulturpolitik, insbesondere auf den damals geprägten Begriff der ›entarteten Kunst‹ einzugehen, der gerade in dem Jahr, in dem der Roman spielt, besondere Aktualität gewann.

Während die Nationalsozialisten in Bezug auf die Literatur schon sehr früh deutlich zeigten, was von ihnen nicht mehr toleriert wurde (Bücherverbrennung am 10. 5. 1933, dazu die *Parolen zur Verbrennung undeutschen Schrifttums*[45]), gestaltete sich das Vorgehen gegenüber unerwünschten Künstlern und Werken der bildenden Künste differenzierter. Immerhin ist es ja leichter, Meinung und politische Einstellung in einem Text zu erkennen als in einem Bild oder einer Skulptur. – Schon früh hatte Hitler, der sich in jungen Jahren selbst, und zwar recht erfolglos, als bildender Künstler versucht hatte, die modernen Ismen verworfen. Sie wurden als **Erzeugnisse einer überhaupt nicht mehr künstlerischen, sondern vielmehr geistigen Entartung bis zur Geistlosigkeit** schon in *Mein Kampf* gebrandmarkt. **Mit Schrecken** stellt der Autor dort **die krankhaften Auswüchse irrsinniger oder verkommener Menschen** fest, **die wir unter den Sammelbegriffen des Kubismus und Dadaismus seit der Jahrhundertwende kennenlernten.**[46] In dieser Hinsicht war die Haltung der Nationalsozialisten von Anfang an festgelegt und blieb konstant und einheitlich. Anders jedoch verhielt es sich z. B. mit dem Expressionismus, dem das Werk Barlachs zuzurechnen ist. Noch im Jahre 1934 und bis über die Olympischen Spiele in Berlin (Sommer 1936) hinaus gab es Kräfte im nationalsozialistischen Lager (hierzu zählte sogar Goebbels), die die Werke ›nordischer‹ Expressionisten wie etwa Barlachs als angemessenen künstlerischen Ausdruck der nationalsozialistischen ›Revolution‹ anerkannten. Erst 1937 setzten sich die Vorstellungen Rosenbergs und des ›Führers‹ selbst durch. Hierzu heißt es bei Reinhard Merker, *Die bildenden Künste im Nationalsozialismus*, im Kap. »Die Expressionismus-Debatte«: **Hit-**

lers Mißtrauen gegen einen zumindest latenten Intellektualismus norddeutscher, vor allem preußischer Malerei begünstigte einen penetranten ›süddeutschen‹ Provinzialismus[47]. Ab Ende 1936 war für die Expressionisten und somit auch für Barlach ein künstlerisches Schaffen in Freiheit nicht mehr möglich. 1937 wurde Barlach aus der Preußischen Akademie der Künste ausgeschlossen und erhielt ein Ausstellungsverbot. Einige seiner Werke erschienen allerdings doch noch in einer öffentlichen Ausstellung, aber jetzt als abschreckende Beispiele, und zwar in der *Schandausstellung Entartete Kunst*, die am 19. 7. 1937 in München eröffnet wurde. Mit dieser Ausstellung grenzte sich der nationalsozialistische Staat klar und eindeutig gegen die gesamte Avantgarde der Kunst, auch gegen die Expressionisten, ab. Hinsichtlich der künstlerischen Form wandte sich diese Ausstellung gegen **Zersetzung des Form- und Farbempfindens** und **bewußte Verachtung aller handwerklichen Grundlagen** (aus dem Ausstellungsführer, zitiert nach Merker[48]), hinsichtlich des Inhalts z. B. gegen **Hohn auf jede religiöse Vorstellung, künstlerische** sowie **politische Anarchie, Abtötung der letzten Reste jedes Rassebewußtseins,** Darstellung des Morbiden, geistig Kranken, Idiotischen, aber auch Unmoralischen. Hinsichtlich der Künstler setzte man sich natürlich gegen Juden, aber auch gegen **semitische Durchseuchung** nichtjüdischer Künstler ab. Die Werke der künstlerischen Avantgarde werden (im Ausstellungsführer) immer wieder mit Produkten Geisteskranker verglichen, wobei die bessere künstlerische Qualität Letzterer hervorgehoben wird. Tatsächlich distanzierte sich der nationalsozialistische Staat in dieser Ausstellung von allen wegweisenden Stilrichtungen der Kunst jener Zeit zugunsten von **neo-biedermeierlich-neuromantischer Landschafts-, Tier- und Genredarstellung, ›neusachlich‹-leerer Industriemalerei, allegorischen Monumentalgemälden, halbpornografischen Aktbildern, unverbindlich-idyllischer bis heroisierender Plastik**[49]. Diese neue ›vorbildliche‹ Kunst am Rande des Kitsches wurde in der gleichzeitig eröffneten *Ersten Grossen Deutschen Kunstausstellung* präsentiert. Schon kurz vor, aber in verstärktem Maße nach diesen Ausstellungen wurden Museen und Kunstausstellungen von Werken ›entarteter Kunst‹ gesäubert. Im Mai 1938 wurde dies sogar durch ein *Gesetz über Einziehung von Zeugnissen entarteter Kunst* rechtlich abgesichert. Die eingezogenen Kunstwerke wurden ins Ausland verkauft, vernichtet oder verschwanden in Magazinen.

Neben Barlachs Werken wurden auch Bilder Noldes auf der *Schandausstellung* als Beispiele ›entarteter Kunst‹ gezeigt. Wenn die Behandlung der bildenden Kunst im Nationalsozialismus vertieft werden soll, bietet sich ein Hinweis auf Siegfried Lenz' Roman *Deutschstunde* an.

14.2 Nationalsozialisten und Kommunisten in Deutschland zwischen 1932 und 1937

Von Anfang ihrer Bewegung an haben offenbar die Nationalsozialisten in den Kommunisten, als den ›Vertretern des Bolschewismus‹, eine Art ›Wunschgegner‹ gefunden. Es gab einige Gemeinsamkeiten, wie z. B. die Gegnerschaft zum bestehenden Staat, zum konservativen, politisch nicht engagierten Besitzbürgertum und damit den Willen zum Umsturz, die Bereitschaft zur Aktion, zum Streit bis hin zum Kampf, zum offenen Terror auf der Straße und im Saal. In *Mein Kampf*, Kapitel »Das Ringen mit der roten Front«, bringt Hitler das deutlich zum Ausdruck. Er äußert sich hämisch über die Versammlungen der **Propheten einer bürgerlichen Weltanschauung**[50] und stellt ihnen – im Kontrast hierzu – die Art der nationalsozialistischen Veranstaltungen gegenüber:

> **Dagegen waren die nationalsozialistischen Versammlungen allerdings keine ›friedlichen‹ Versammlungen. Da prallten ja die Wogen zweier Weltanschauungen gegeneinander, und sie schlossen nicht mit dem faden Herunterleiern irgendeines patriotischen Liedes, sondern mit dem fanatischen Ausbruch völkischer und nationaler Leidenschaft.**
> **Es war gleich von Anbeginn an wichtig, in unseren Versammlungen blinde Disziplin einzuführen und die Autorität der Versammlungsleitung unbedingt sicherzustellen. Denn was wir redeten, war nicht das kraftlose Gewäsch eines bürgerlichen ›Referenten‹, sondern war durch Inhalt und Form immer geeignet, den Gegner zur Entgegnung zu reizen. Und Gegner waren in unseren Versammlungen! Wie oft kamen sie herein in dicken Mengen, einzelne Hetzer zwischen ihnen und auf allen Gesichtern die Überzeugung widerspiegelnd: Heute machen wir Schluß mit euch!**
> **Ja, wie oft sind sie damals buchstäblich in Kolonnen hereingeführt worden, unsere Freunde von der roten Farbe, mit der vorher genau eingetrichterten Aufgabe, heute abend den ganzen Kram auseinanderzuhauen und der Geschichte ein Ende zu machen. Und wie oft stand dann alles auf Spitz und Knopf, und nur die rücksichtslose Energie unserer Versammlungsleitung und das brutale Draufgängertum unseres Saalschutzes konnte immer wieder die gegnerische Absicht vereiteln.**[51]

Man beachte, wie unverblümt ein **fanatischer Ausbruch [...] nationaler Leidenschaft** oder **blinde Disziplin** und **brutales Draufgängertum** als positive Eigenschaften gekennzeichnet werden.

Dieser Geist steigert sich zu seiner ersten höchsten Entfaltung im Wahlkampf des Jahres 1932, also kurz vor der ›Machtergreifung‹, als Goebbels' Propaganda ihre Triumphe feierte. In den Städten kam es zu Straßenschlachten.

Am 30. 1. 1933 wurde Hitler Reichskanzler. Schon wenige Tage später (1. 2. 1933) wurde der Reichstag aufgelöst. Am 6. 2. 1933 wurde die *Ver-*

Ordnung des Reichspräsidenten zum Schutze des deutschen Volkes. Vom 4. Februar 1933 herausgegeben, die die politische Freiheit radikal einschränkte: § 1, 1 und 2: **Öffentliche politische Versammlungen [...] sind spätestens achtundvierzig Stunden vorher [...] der Ortspolizeibehörde anzumelden. Sie können im Einzelfall verboten werden [...]**[52]. Derselben Zensur wurden auch alle **Druckschriften** (§ 7 ff.) unterstellt. Damit war Andersdenkenden in atemberaubender Schnelligkeit das Recht der freien Meinungsäußerung und der politischen Betätigung so gut wie ganz genommen. **Die Überraschung war perfekt. Hilflos stand die KPD der Machtübernahme Hitlers gegenüber. Weder war sie auf einen aktiven, gewaltsamen Massenwiderstand vorbereitet noch auf eine längere, konspirative Tätigkeit im Untergrund.**[53]

Eine weitere Steigerung der Maßnahmen gegen den politischen Gegner, diesmal ganz gezielt ausgerichtet gegen die Kommunisten, brachte der Reichstagsbrand am 27. 2. 1933. Bis heute ist ungeklärt, wer den Brand legte. Die Nationalsozialisten gaben jedoch sofort den Kommunisten die Schuld, die angeblich mit dieser Brandstiftung den Beginn der bolschewistischen Revolution in Deutschland vollziehen wollten.

> **Obwohl eine Durchsuchung der KP-Zentrale keinerlei Beweismaterial zutage förderte, bliesen die Nazis noch in derselben Nacht zur Kommunistenhatz. Hermann Göring, Chef der preußischen Polizei, ließ KPD-Abgeordnete und Parteifunktionäre verhaften, die Parteipresse verbieten und die Parteibüros schließen. Die Organisation der KPD wurde zerschlagen, ihre nicht inhaftierten Führer flohen ins Ausland oder gingen in den Untergrund. Die Partei selbst ließ Hitler nicht verbieten. Sein Kalkül: Jede Stimme, die bei den Reichstagswahlen am 5. März für die KPD abgegeben würde, ginge der SPD verloren!**[54]

Goebbels notiert in seinem Tagebuch:

> **Sofort verbietet Göring die gesamte kommunistische und sozialdemokratische Presse. Die kommunistischen Funktionäre werden in der Nacht dingfest gemacht. [...] Es erfolgen Verhaftungen über Verhaftungen. Nun wird die rote Pest mit Stumpf und Stiel ausgerottet. [...] Es ist wieder eine Lust zu leben.**[55]

Juristisch abzusichern versuchte man diese Verhaftungen mit der *Verordnung des Reichspräsidenten zum Schutz von Volk und Staat. Vom 28. Februar 1933* der so genannten ›Reichstagsbrandverordnung‹[56]. Mit dieser Verordnung wurden die Deutschen fast sämtlicher menschlichen Grundrechte beraubt. Für alle gegen den Staat, also die Nationalsozialisten, gerichteten Aktivitäten wurde hierin die Todesstrafe vorgesehen.

Bei der Wahl zum Reichstag am 5. 3. 1933 errangen die Kommunisten trotz aller Verfolgungen noch 81 Mandate. Die kommunistischen Abgeordneten wurden bald nach der Wahl jedoch fast ausnahmslos in ›Schutzhaft‹ genommen und später in Konzentrationslager gebracht, die zu dieser Zeit gegründet wurden. Beim Beschluss des Ermächtigungsgesetzes (23. 3. 1933) waren sie im Reichstag nicht mehr anwesend. – In dem *Gesetz gegen die Neubildung von Parteien. Vom 14. Juli 1933* heißt es in § 1, dass die NSDAP die einzige politische Partei in Deutschland sei. Damit waren alle anderen politischen Parteien abgeschafft.

Der kommunistische Widerstand organisierte sich hiernach zunächst in vielen kleinen illegalen Gruppen, die noch an einen schnellen Niedergang des Nationalsozialismus glaubten. Zu einer größeren einheitlichen Bewegung oder zum Zusammenschluss einer ›Einheitsfront‹ mit der SPD kam es nicht. Dann ging man dazu über, in den großen Organisationen der Nationalsozialisten **illegale Zellen** zu schaffen, **zum Schutz vor Überwachung strikt voneinander getrennt. Taktik des *Trojanischen Pferdes* nannte man das.**[57] Auch dieses Vorgehen war nicht erfolgreich. – Das Vorhaben, derartige ›Zellen‹ zu bilden, weist Parallelen zu dem Auftrag Gregors in *Sansibar* auf, Knudsen für das neue **Fünfergruppensystem** (42) zu gewinnen.

Der kommunistische Widerstand zerbröckelte immer mehr in Einzelaktionen. Davon gab es allerdings nicht wenige. Immerhin wurden im Jahr 1936 11 687 Personen, 1937 8068 **wegen illegaler kommunistischer Betätigung** festgenommen.[58] – Wie lebten und arbeiteten diese Personen? 1936 zirkuliert eine *Anweisung für das Verhalten der Sozialisten im Widerstand*[59]. Viele der dort gegebenen Ratschläge decken sich mit charakteristischen Zügen in Gregors Verhalten:

> **Du mußt in der politischen Arbeit weitestgehend selbständig und verschwiegen sein. […] Du mußt in Deiner ganzen Lebenshaltung indifferent sein. […] Allen Genossen gegenüber sei anonym. […] Du sollst als Revolutionär folgerichtig Deine Arbeit aufbauen und stets beachten. Es gibt keine Zufälle. Zufälle sind Denkfehler.**

Anderschs Romangestalt beherzigt all diese Anweisungen. Nur die eine, übergeordnete schließlich nicht mehr: **Die Leitung muß wissen, daß Du in jeder Situation ihre Anordnungen durchführst.**

Das Beispiel Gregors darf nicht zu der Annahme verleiten, dass 1937 in der politischen Wirklichkeit der kommunistische Widerstand durch allgemeine Resignation und Auflösung vollkommen gelähmt wurde. So heißt es noch im *Lagebericht 1937* des Geheimen Staatspolizeiamtes: **Es sind im Jahre 1937: 927 430 (1936: 1 643 200) Hetzschriften zur Verbreitung gelangt, wovon ca. 70% kommunistische Erzeugnisse gewesen sind.**[60] Dies ist eine erstaunlich hohe Zahl, allerdings – wie der Vergleich zeigt – mit stark sinkender Tendenz.

14.3 Die Situation der Juden im Deutschen Reich bis zum Jahr 1937

Die Lage der Juden in Deutschland ist im Jahre 1937 noch nicht so verzweifelt, wie dies aus der Darstellung Judiths im Roman hervorzugehen scheint. Zwar ist der Antisemitismus von Anfang an ein kennzeichnendes Merkmal nationalsozialistischen Denkens gewesen. Die verheerenden Auswirkungen einer solchen Einstellung, d. h. Verfolgung und Vernichtung der Juden, treten jedoch erst nach 1937 voll in Erscheinung.

1933 kommt es zunächst zum Boykott jüdischer Geschäftsleute und Akademiker. **In jeder Ortsgruppe und Organisationsgliederung der NSDAP sind sofort Aktionskomitees zu bilden zur praktischen, planmäßigen Durchführung des Boykotts jüdischer Geschäfte, jüdischer Waren, jüdischer Ärzte** [...] (aus der *Anordnung der Parteileitung der NSDAP vom 28. 3. 1933*).[61]

Das *Gesetz zur Wiederherstellung des Berufsbeamtentums. Vom 7. April 1933* schließt die Juden außerdem vom öffentlichen Dienst aus. § 3: **Beamte, die nicht arischer Abstammung sind, sind in den Ruhestand** [...] **zu versetzen** [...].[62]

Außerdem kommt es zu weiteren Schikanen, z. B. dem Verbot, bestimmte Badeanstalten benutzen zu dürfen, sowie zu Ausschreitungen der SA, die etwa in Berlin Juden gewaltsam aus Lokalen entfernte.[63]

Eine wesentliche Verschärfung tritt ein durch die 1935 erlassenen so genannten ›Nürnberger Gesetze‹. In ihnen findet die nationalsozialistische Rassenlehre deutlichen Ausdruck. Die Grundelemente dieser Lehre konnten Hitler und die anderen Nationalsozialisten dem recht weit verbreiteten Antisemitismus des 19. Jahrhunderts entnehmen.

Im *Gesetz zum Schutze des deutschen Blutes und der deutschen Ehre* werden **Eheschließungen** sowie **außerehelicher Verkehr zwischen Juden und Staatsangehörigen deutschen oder artverwandten Blutes** verboten (§ 1 und 2). Das *Reichsbürgergesetz* legt fest, dass ein **Reichsbürger**, der **der alleinige Träger der vollen politischen Rechte** ist, nur **der Staatsangehörige deutschen oder artverwandten Blutes** sein kann (§ 2)[64]. – Sowohl im intim-privaten als auch im politischen Bereich werden Juden durch diese Gesetze also in ihren Rechten und ihrer Freiheit empfindlich eingeschränkt und diffamiert. (Beide Gesetze traten am 15. 9. 1935 in Kraft.)

Der psychologische Druck, den das Hitler-Regime seit der Veröffentlichung dieser Gesetze auf die Juden ausübt, wird immer stärker. Trotzdem ist es für Juden noch möglich, Deutschland zu verlassen. In den Tagebuchaufzeichnungen des Dichters Jochen Klepper heißt es unter dem Datum 14. 1. 1936: [...] **Die Nürnberger [d. h. die Verwandten von Frau Klepper] raten uns immer wieder, die Kinder ins Ausland zu geben. Wir können**

und können darin kein Heil für sie erblicken, so bedroht ihre Zukunft in Deutschland auch scheint [...]. Und unter dem Datum 18. 10. 1937 (also genau zu der Zeit, in der der Roman *Sansibar* spielt) heißt es:

> **[...] Hanni [Frau Klepper] traf sich mit Felix M. aus Breslau, mit den Kindern, der aus seiner noch immer großen Praxis nach Ohio auswandert, weil der Zusammenbruch des Judentums in der Provinz so erschreckend fortschreitet. Furchtbar, quälend, empörend sind die *Reichsfluchtsteuern*, die alle jüdischen Emigranten, auch so arme wie Hannis Neffe Ernst Stein, zahlen müssen [...].**[65]

Nicht nur diese Reichsfluchtsteuern, sondern auch die Schwierigkeit, außerhalb Deutschlands Asyl zu finden, erschweren das Emigrieren. Es ist aber durchaus noch möglich, Deutschland zu verlassen. **Bereits 1933 verließen 37 000 Juden das Reich, bis 1937 waren es bereits 130 000 Juden** [...].[66]

Auch Judiths Fortgehen wird zwischen ihr und ihrer Mutter anfangs nur als eine vorsorgliche Maßnahme besprochen. **Willst du warten, bis sie dich abholen? hatte Mama gefragt** [...]. (17) Als die Mutter merkt, dass Judith aus Rücksicht auf sie den Zeitpunkt des noch möglichen Weggehens versäumen könnte, begeht sie Selbstmord. Hiernach ist, nach Anderschs Darstellung, für Judith offenbar nur noch eine geheime Flucht möglich.

Die Situation der Juden in Deutschland verschlechtert sich drastisch nach der ›Reichskristallnacht‹ vom 9. auf den 10. November 1938. **Sämtliche jüdischen Geschäfte sind sofort von SA-Männern in Uniform zu zerstören [...] Jüdische Synagogen sind sofort in Brand zu stecken.** (SA-Befehl zur ›Reichskristallnacht‹)[67] Von diesem Zeitpunkt an beginnen in verstärktem Maße die Deportationen von Juden in Konzentrationslager. Juden dürfen keinerlei kulturelle Veranstaltungen mehr besuchen. In ihre Pässe wird ein ›(J)‹ gestempelt. *Sansibar:* [...] **und ein Paß, der einen großen roten Stempel trägt: Jude** (68).

14.4 Die Situation der evangelischen Kirche in Deutschland bis zum Jahr 1937

Hinsichtlich der Bedeutung der Skulptur ›Der lesende Klosterschüler‹ ist sich Pfarrer Helander mit seinen Amtsbrüdern uneins. **Was hatte der Amtsbruder von der Nicolai-Kirche gesagt? Diese modernen Dinge gehörten sowieso nicht in die Kirche, hatte er abgewehrt.** [...] **Und zu dem von der Marienkirche war Helander gar nicht erst gegangen; der gehörte zu den Anderen.** (29 f.) Konnte man Pfarrer sein und zugleich **zu den Anderen** gehören?

Die evangelische Kirche Deutschlands hatte sich unter der Herrschaft der Nationalsozialisten, grob gesagt, in zwei große Lager gespalten: in die Kirchenbewegung und die Glaubensbewegung Deutsche Christen einerseits und die Bekennende Kirche andrerseits. – Die Kirchenbewegung Deutsche Christen wollte eine überkonfessionelle deutsche christliche Nationalkirche sein. Sie sah in Hitler einen von Gott gesandten Retter des deutschen Volkes. **Diese Erkenntnisse zwingen die Kirche zu neuen Bekenntnissen. Sie muß neben der Bibel auch die neuen Taten Gottes in der nat.-soz. Revolution in ihre Verkündigung einbeziehen.**[68] Außerdem waren die ›Entjudung‹ des Gesangbuches und die Abschaffung des Alten Testamentes vorgesehen. Aufgrund eines Gutachtens von Theologieprofessoren folgerte 1936 der Reichskirchenausschuss, dass diese Bewegung **Christenglauben und politische Aufgabe in schriftwidriger Weise aufeinander** beziehe[69], und verurteilte sie. Auch von der NSDAP wurde sie seitdem zunehmend abgelehnt.

Die Glaubensbewegung Deutsche Christen, die von einem starken volksmissionarischen Bestreben ausgegangen war, stand ebenfalls den nationalsozialistischen Gedanken sehr nahe.

> **In den Richtlinien forderte sie eine ›Reichskirche‹, die ›Ausdruck aller Glaubenskräfte unseres Volkes ist‹ und aus ihrem Bekenntnis zu einem ›bejahenden artgemäßen Christusglauben‹ an dem nat.-soz. Befreiungskampf teilnimmt. Sie wahrt Rasse, Volkstum und Nation als ›gottgeschenkte und anvertraute Lebensordnungen‹, betrachtet die Judenmission als ›schwere Gefahr für unser Volkstum‹ und wendet sich gegen Marxismus, Pazifismus und jeglichen Internationalismus.**[70]

Sie hatte zuerst starken Zulauf. Vertreter dieser Glaubensbewegung gewannen in den Landeskirchen zunehmend die Macht. Auch die Glaubensbewegung Deutsche Christen wich jedoch durch Anerkennung des nationalsozialistischen Führerprinzips und durch das Bestreben, jüdische Elemente selbst aus dem Neuen Testament auszumerzen (es wurde z. B. ein **heldischer Christus** gefordert), so weit ab vom Grundsatz christlichen Glaubens, dass sie im geistigen Leben der Kirche keine wesentliche Rolle mehr spielte. **Aber dank politischer Unterstützung konnte sie weithin ihre kirchenregimentlichen Positionen halten.**[71]

In Opposition zu solchen Bestrebungen gewann dafür die so genannte *Bekennende Kirche* zunehmend an Bedeutung. Sie ging u. a. aus von den Gedanken des Theologen Karl Barth (vgl. hierzu das Kapitel 4.3 »Helander« sowie Material 1 in dieser Interpretation) und wurde ab 1933 maßgeblicher Träger des christlichen Widerstandes gegen den Nationalsozialismus. Die innerkirchlichen Auseinandersetzungen zwischen den Vertretern der Deutschen Christen und der Bekennenden Kirche sind vielfältig und kompliziert. Erschöpfende Auskunft über Einzelheiten in dieser Hinsicht gibt das Nachschlagewerk *Die Religion in Geschichte und Gegenwart*, unter dem Stichwort Bekennende Kirche.

Wesentlich an der Haltung der Bekennenden Kirche ist die Ablehnung einer ›ungeistlichen‹ Leitung und einer Ausrichtung der Kirche an politischen, d. h. nationalsozialistischen Interessen.

> **Wir wollen die einzige, geistlich geleitete, deutsche ev. Kirche, klar und fest im Bekenntnis des Evangeliums, gehorsam dem Herrn der Kirche und darum auch treu im Dienst an Volk und Staat [...] Wir lehnen es ab, uns zu unterwerfen a) einem ungesetzlichen Machtregiment [...], b) einer ungeistlichen Führung [...], c) einer unevangelischen Bedrückung des Gewissens [...]. (aus der Kasseler Erklärung von 1934)[72]**

Wichtige Stationen in der Entwicklung der Bekennenden Kirche sind die Gründung des ›Pfarrernotbundes‹ im Herbst 1933 durch Martin Niemöller und die erste Bekenntnissynode der Deutschen Evangelischen Kirche im Mai 1934 in Barmen.

Die Pfarrer der Bekennenden Kirche widersetzten sich nicht nur in den Gremien der Kirche dem nationalsozialistischen Denken, sondern traten gegen jedes Unrecht auf, das von den ›Anderen‹ ausging, so z. B. gegen die Verfolgung der Juden, die Tötung der Geisteskranken, die Einweisung von Häftlingen in Konzentrationslager. Sie wurden bei ihrem Einsatz für die Verfolgten des Hitler-Regimes oft selbst zu Opfern dieser Terror-Herrschaft.

14.5 Die existenzialistische Philosophie Sartres

Die existenzialistische Definition des Begriffs ›Freiheit‹, wie Andersch sie im Roman weitgehend von Sartre übernimmt und wie Sartre sie in seinen philosophischen Schriften (z. B. *Das Sein und das Nichts*) oder in seinen Dramen (z. B. *Die Fliegen*) zum Ausdruck bringt, ist recht komplex. Es ist nicht ganz leicht, sie ohne Kenntnis der modernen Philosophie zu verstehen bzw. Schülern zu vermitteln. Legt man Wert auf die Vermittlung eines philosophischen Hintergrundwissens zum Existenzialismus Sartres – etwa in Zusammenarbeit mit dem Philosophie-Unterricht –, so wären als Ausgangs- oder Bezugspunkte die wesentlichen Aussagen Heideggers und selbst Hegels, vor allem aber die der Phänomenologie Husserls, außerdem vielleicht auch noch das Menschenbild Kierkegaards heranzuziehen. Für ein so weites Ausholen fehlt aber normalerweise im schulischen Alltag die Zeit.

Also soll hier versucht werden, thesenartig und direkt den Freiheitsbegriff, wie Sartre ihn sieht, vorzustellen. Dabei sollen bestimmte Passagen aus dem Drama *Die Fliegen* zur Veranschaulichung dienen.

Als Grund- und Kernaussage Sartres in Bezug auf die Freiheit gilt, dass er den Menschen für absolut frei und unabhängig hält. Der Mensch ist zwar ein Geschöpf, ist geschaffen worden, es wird also ein Schöpfer oder eine schöpferische Kraft angenommen, aber er ist ihr weder zu Dank noch zum Gehorsam verpflichtet. Der Mensch braucht sich ihr gegenüber auch nicht zu verantworten, braucht sich an keinem von ihr gegebenen Anspruch zu orientieren oder überhaupt an von außen gegebene (z. B. Moral-) Vorschriften zu halten. Er ist ganz und gar auf sich selbst gestellt. SARTRE spricht in diesem Zusammenhang von dem ›Für-sich-Sein‹ des Menschen und unterscheidet es vom ›So-Sein‹ der Dinge und Tiere.

Jeder Mensch ist als Individuum gleichsam eine Welt für sich. Er ist einmalig und absolut; er kann sich, so wie er nun einmal geschaffen ist, in seinen Grundzügen nicht ändern. Er muss mit sich und seiner Situation in der Welt fertig werden und erfährt bald, dass hinter dieser Konstellation weder göttlicher Plan noch höhere Absicht stehen, sondern dass eine solche Konstellation, nämlich gerade als *dieses* Ich unter *diesen* besonderen Umständen zu leben und sich zu bewähren, zufällig und absurd ist. Und in dieser Situation bekommt das Ich von nirgendwoher eine Orientierungshilfe. Es ist frei, aber vollkommen allein und fühlt sich entsprechend einsam. Das Erlebnis der absoluten Freiheit bringt wenig Angenehmes, es ist eher ein Alptraum. Das Ich fühlt sich verlassen und fremd in einer Natur oder Welt, die ihm nicht adäquat ist.

> **Orest: Mir selbst fremd, ich weiß es. Außernatürlich, widernatürlich, ohne Entschuldigung, ohne anderen Rückhalt als mich selbst. Aber ich werde nicht unter dein Gesetz zurückkehren: Ich bin dazu verurteilt, kein anderes Gesetz als mein eigenes zu haben. Ich werde nicht zu deiner Natur zurückkehren: Tausend vorgezeichnete Wege führen hier zu dir, aber ich kann nur meinem eigenen Weg folgen. Denn ich bin ein Mensch, Jupiter, und jeder Mensch muß seinen Weg erfinden. Der Natur graust vor dem Menschen, und du, du, Souverän der Götter, auch dir graust vor den Menschen.**[73]

Das vollkommen freie, in die Welt geworfene Ich muss sich aber nicht nur mit dem eigenen Schicksal befassen, sondern sieht sich auch bald in Beziehungen zu anderen Menschen, den Mitmenschen, verstrickt. Wenn das oberste Prinzip des Menschen seine individuelle Freiheit ist, als Segen und Fluch zugleich, so müssen alle Mitmenschen konsequenterweise durch ihre bloße Existenz zu einer Einschränkung oder sogar Bedrohung dieser Freiheit werden. Bei dem von SARTRE gezeichneten Menschenbild wäre zu erwarten, dass sich ein so beschaffener Mensch von seinen Mitmenschen zurückzieht, zum Einsiedler, zum Menschenfeind wird und sich als völlig abgeschiedenes Wesen allen zwischenmenschlichen Kontakten zu entziehen versucht.

Überraschenderweise stellt SARTRE jedoch – wenn auch erst auf einer späteren Stufe der Entwicklung seines Menschenbildes – das Ich vor andere Aufgaben. Er geht dazu über, den Menschen vor allem als einen Bestandteil des menschlichen Zusammenlebens und **die Freiheit nur als verwirklichte Freiheit möglich erscheinen zu lassen. Dies geschieht im wesentlichen im Begriff des Engagements, das für Sartres Literaturtheorie ebenso bedeutsam ist wie für sein politisches Denken.**[74] – Der Mensch soll sich einsetzen, *engagieren* und mit anderen Menschen zusammentun um Verantwortung zu übernehmen. – Wofür aber, wenn er doch nichts und niemandem verpflichtet ist? Für den Erhalt der Freiheit, der absoluten Freiheit des Individuums – obwohl er sie als Alptraum einer zufälligen Konstellation in einer fremden und absurden Welt erlebt, eingegrenzt und bedroht von den anderen. **Die Hölle,** so sagt SARTRE, **das sind die anderen.**

Es ist ziemlich offenkundig, dass in diesem Punkt der existenzialistische Philosoph und der marxistisch orientierte, politische Denker SARTRE miteinander uneins werden. Aber es gibt vonseiten SARTRES sogar Anweisungen dafür, wie sich die Gruppenbildung der absoluten und freien Individuen, wie sich also diese Quadratur des Kreises zu vollziehen habe.

Zwar ist es klar, **daß es nach Sartre keine gelingende Sozietät, keine glückende zwischenmenschliche Beziehung geben kann. Der Konflikt bleibt nach Sartre das Wesen der zwischenmenschlichen Beziehung. Der mich mit seinem Blick fixierende andere bleibt jener, der, wie Sartre pathetisch formuliert, ›mir die Welt gestohlen hat‹.**[75] Aber wenn es um das so geschätzte Engagement, gerade auch in politischer Hinsicht, geht, empfiehlt SARTRE als den einzigen Ausweg aus diesem Dilemma die ›groupe en fusion‹, die sich spontan konstituierende Gruppe.

> **Auch hier bleibt wohl die Entfremdung, nunmehr in den Strukturen von Serialität, Gruppe, Klasse und ähnlichem entscheidend. Es ist aber typisch für Sartre, daß letztlich die einzige Form gelingender Gemeinsamkeit in der sich spontan konstituierenden Gruppe zu suchen ist, die auf unvorhergesehene, kontingente, uninstitutionalisierte Weise die Freiheit der Praxis des einzelnen zugleich auch als allgemeine Freiheit ausweist.**[76]

Wir finden dies in ANDERSCHS Roman wieder, wenn Knudsen, Helander, Gregor, obwohl sie sich im Grunde gegenseitig nicht ausstehen können und sich hassen, vorübergehend ihre ›groupe en fusion‹ bilden, zur Rettung Judiths und des ›Lesenden Klosterschülers‹ sowie im Kampf gegen die ›Anderen‹, die jede Freiheit unterdrücken und nicht nur im Sinne SARTRES wahrhaftig die Hölle repräsentieren.

15 Rerik als Schauplatz der Romanhandlung

Vergleicht man die Stadt Rerik, den Schauplatz des Romans, wie Andersch ihn beschreibt, mit dem realen Ort Rerik, so fallen einem recht schnell mehrere Ungereimtheiten auf. **An einem Tag im Spätherbst 1937 kommt Gregor […] nach Rerik, einem mecklenburgischen Hafenstädtchen zwischen Wismar und Rostock,** schreibt B. Jendricke.[77]

Aber das wirkliche, das geographische Rerik ist kein **Hafenstädtchen,** sondern ein kleines Ostseebad mit heute gut 2000 Einwohnern.[78] In Rerik gibt und gab es keinen Fluss namens Treene, also auch keine **Treenebrücke** (7), unter der der Junge sitzen könnte, es gibt (und gab) auch keinen **Hafen** (z. B. 18), wie Gregor ihn sieht, keine **ausländischen Schiffe** (17), wie Judith sie herbeisehnt, nicht einmal **Fischkutter** (8), in denen Knudsen und der Junge auf die See hinausfahren könnten, und auch keine Gasthöfe wie das ›Wappen von Wismar‹, in dem Judith Quartier findet und in dessen Gaststube schwedische Seeleute einkehren könnten. Ebenso wenig gibt es in Rerik eine **kleine Werft im Osten des Hafenbeckens** (26).

Es lassen sich im realen Rerik keine Kirch-**Türme** finden, schon gar keine **riesigen** (19) und auf keinen Fall die sechs, von denen im Roman gesagt wird, dass Gregor sie mit Staunen wahrnimmt, einen **Doppelturm und vier einzelne Türme** (21 f.). In Rerik steht lediglich eine Johanniskirche, nicht aber Helanders **Georgenkirche** (10, 12 usw.) oder die von ihm erwähnte **Marienkirche** (30) oder **Nikolaikirche** (29).

Dennoch ist Anderschs ›Rerik‹ keine Fiktion, keine reine Erfindung. Fast das gesamte Szenario, das der Autor uns als das Hafenstädtchen darbietet, existiert in dieser Art, bis in die Einzelheiten hinein – aber in der Hansestadt Wismar, die nur wenige Kilometer von Rerik entfernt liegt.

Hier, in Wismar, findet man die **riesigen, maßlosen** (11) Kirchen, findet man vor allem die wirklich gewaltige Georgenkirche, und dies sogar mit sämtlichen im Roman beschriebenen Details, mit der ungegliederten Ziegelwand des südlichen Querschiffs (10), dem Pastorat, dem **Georgen-Kirchplatz** und seinen **Linden** (9). Ebenso befindet sich in Wismar auch eine Nikolaikirche und ebenfalls eine Marienkirche, von der heute nur noch der Turm steht, als Mahnmal für die Zerstörungen des Krieges. Wismar hat einen Handels- und Fischereihafen. Die Gasthöfe am alten Hafen erinnern sehr an das ›Wappen von Wismar‹ und seine im Roman beschriebene Lage.

Während das im Roman gezeigte Bild ›Reriks‹ mit dem realen Ort dieses

Namens nichts zu tun hat, lässt sich die in *Sansibar* beschriebene Umgebung ›Reriks‹ in der geographischen Wirklichkeit schon eher wieder erkennen. So entspricht das **Haff** (87, 88 usw.) dem Salzhaff südwestlich von Rerik und die **Lotseninsel,** von der es im Roman heißt, dass sie **keine richtige Insel** sei (**sie ist bloß eine lange Halbinsel,** 89), der Halbinsel Wustrow, die zu Zeiten der DDR und auch heute noch Sperrgebiet ist. Das **Leuchtfeuer** (87), das auch als **Turm** bezeichnet wird, lässt sich im Bastorfer Leuchtturm, ganz in der Nähe Reriks, wieder erkennen.

Es stellt sich die Frage, warum Andersch die geographischen Einzelheiten, besonders bei der Darstellung des Hafens von Rerik, so sehr verändert bzw. für die Darstellung des Hafens die Stadt Wismar gewählt hat. Der Grund hierfür ist wohl in der Tatsache zu sehen, dass Andersch zweierlei örtliche Gegebenheiten für die Darstellung seiner Romanhandlung brauchte: einmal einen Platz, der die Möglichkeit zu einer heimlichen Flucht bieten konnte, dies war durch die besondere Lage Reriks gegeben, dessen natürliche Begrenzung durch die Halbinsel die Sicht auf die offene See versperrte; – zum anderen einen Hafen mit Schiffsverkehr und dadurch mit einer tatsächlichen Fluchtmöglichkeit für Judith, außerdem mit den erschreckenden Türmen als Symbole für die Maßlosigkeit und Bedrohung, die sowohl von Deutschland überhaupt als auch von der Existenz der ›Anderen‹ ausging. Dies konnte besonders gut der lebhafte, offen gelegene, auch von schwedischen Schiffen angelaufene, aber für einen Fluchtversuch mit einem Fischerboot ungeeignete Hafen Wismars sein. Andersch hat die beiden Orte zu seinem fiktiven ›Rerik‹ verschmolzen. Gleich sechs mächtige Kirchtürme hat allerdings auch Wismar nicht aufzuweisen. Eine solche Turmsilhouette erinnert noch am ehesten an die Lübecks, obwohl Lübeck gleich zwei Doppeltürme neben seinen drei anderen historischen Kirchtürmen präsentieren kann. Auch den Fluss Treene kann man in und um Wismar nicht vorfinden. Ein Fluss dieses Namens fließt durch das nördliche Schleswig-Holstein und mündet bei Friedrichstadt in die Eider.

Unterrichtshilfen

1 Didaktische Relevanz

Der Roman *Sansibar* bietet für die Behandlung im Deutschunterricht eine Fülle von Möglichkeiten didaktischer Ansätze. So lassen sich ausgehend von der Besprechung seiner sprachlichen Form sehr gut die Stileigentümlichkeiten des modernen Romans aufzeigen: Perspektivenwechsel, starke Betonung der Reflexion, Techniken der Darstellung des Bewusstseinsstroms, des Denkens, Fühlens und Empfindens, unterschiedliche Sprachschichten, auffällige Symbolik und Metaphorik. Ausgehend von der Besprechung des Inhalts ist die Palette der Möglichkeiten ebenso vielfältig: Die Auswirkungen des Nationalsozialismus auf Juden, Kommunisten, Christen sowie auf Kunst und Kirche, das Spannungsverhältnis zwischen Freiheit und Gebundenheit, Isolation und Kommunikation, die Beziehung zwischen Jugendlichen und Erwachsenen bieten sich hier an. Dabei werden bei einer Behandlung des Romans in der 10. Klasse eher die inhaltlichen Aspekte im Vordergrund stehen. In der Sekundarstufe II werden zusätzlich die komplizierten Mittel und Techniken der modernen Epik zu behandeln sein.

Als günstig für die Behandlung des Romans auch schon am Ende der Sekundarstufe I erweisen sich seine relative Kürze, die einfache, leicht verständliche Sprache sowie der konsequente Aufbau der Handlung, die von der Reflexion der einzelnen Romanpersonen zu gemeinsamem Handeln fortschreitet. Dadurch wirkt die Romanhandlung leicht verständlich, sie erlaubt aber zugleich, wenn dies gewünscht wird, inhaltliche Vertiefungen in verschiedene Richtungen (z. B. Kulturpolitik der Nationalsozialisten, Situation der Juden im Jahre 1937). Eine Behandlung dieses Romans für sich wird alle oder doch viele dieser Möglichkeiten berücksichtigen. Bei Einbettung der Behandlung in eine Unterrichtssequenz werden einzelne Aspekte stärker in den Vordergrund treten.

2 Lernvoraussetzungen, Unterrichtsreihen

Eben weil der Roman so unterschiedliche didaktische Ansätze ermöglicht, ist es schwer, etwas Generelles über die Lernvoraussetzungen für seine Behandlung auszusagen. Die Kenntnis einiger Texte aus der erzählenden Literatur des 19. und 20. Jahrhunderts, auch aus der unterhaltenden, vielleicht auch trivialen Literatur dieser Zeit, wäre wünschenswert um die besonderen Merkmale der Sprache und Form des Romans vergleichend herauszustellen. Für die Besprechung des Inhalts sind Kenntnisse über die politische Lage Deutschlands im Jahre 1937 eigentlich unerlässlich. Dies sind die Minimalvoraussetzungen. Weitere Voraussetzungen wären abhängig von den Lernzielen und didaktischen Absichten, die der oder die Unterrichtende sich setzt bzw. hat.

Literatursequenzen, in die sich die Behandlung des Romans einbetten ließe, sind zu folgenden Themenkomplexen denkbar:

a) Juden unter dem nationalsozialistischen Regime:
   Tagebuch der Anne Frank
   H. P. Richter: *Damals war es Friedrich*
   L. Feuchtwanger: *Geschwister Oppermann*
   M. Frisch: *Andorra*
   A. Seghers: *Das siebte Kreuz* u. a.
b) Nationalsozialistische Kulturpolitik (Kunst):
   S. Lenz: *Deutschstunde*
   (hier ist fächerübergreifender Unterricht mit dem Fach Bildende Kunst empfehlenswert, Themen: Entartete Kunst, Barlach, Nolde)
c) Freiheit, Lösung von Gebundenheit:
   A. Andersch: Hörspiel *Fahrerflucht*
   H. Hesse: *Siddhartha, Narziss und Goldmund*
   C. Zuckmayer: *Des Teufels General*
   (eigentlich auch der Antigone-Stoff in allen seinen Bearbeitungen)
d) Stilmittel der erlebten Rede, des inneren Monologs:
   A. Schnitzler: *Leutnant Gustl, Fräulein Else*
   Th. Mann: *Lotte in Weimar*
   J. Joyce: Schluss des Romans *Ulysses*
   A. Döblin: *Berlin Alexanderplatz*

3 Unterrichtssequenzen

Verwendete Abkürzungen:

A = Alternative
GA = Gruppenarbeit
HA = Hausaufgabe
KRef = Kurzreferat
LV = Lehrervortrag
PA = Partnerarbeit
PRO = produktionsorientierte Themen- und Aufgabenstellung
Ref = Referat
Sek = Sekundarstufe
StA = Stillarbeit
SV = Schülervortrag
UG = Unterrichtsgespräch

Stunden	Thema	Didaktische Aspekte (Inhalte/Ziele)
Unterrichtsvorbereitung	SANSIBAR Sek. I: S. 7–20 Sek. II: der ganze Roman	Den Schülern der Sek. I soll der Text S. 7–20, den Schülern der Sek. II der gesamte Romantext durch Hauslektüre bekannt werden.

Methodische Realisierung/ Verlauf	Hausaufgabe
Es findet noch kein Unterricht statt. Es wird nur die vorbereitende HA gestellt. Außerdem müssen KRef'e über die Themen ›Kirche unter den Nationalsozialisten‹, ›Entartete Kunst‹, ›Situation der Juden, der Kommunisten vor und im Jahr 1937‹ verteilt werden. (Vgl. hierzu die Materialien in dieser Interpretation.) Des Weiteren ist ein Arbeitspapier vorzubereiten: Kurzdarstellung Reriks, einem aktuellen Reiseführer entnommen. (Vgl. auch hierzu die Materialien.)	Sek. I: Lesen bis S. 20, dabei achten auf – Orts- und Zeitangaben – Einführung der Personen – Kapitelüberschriften – Beziehungen der Romanfiguren zueinander Sek. II: Roman ganz durchlesen, davon besonders aufmerksam, und zwar als Vorbereitung auf die erste Unterrichtsstunde, die Seiten 7–20. Dabei beachten: a) die für Sek. I genannten Hinweise, b) den politischen Hintergrund, vor dem der Roman spielt. Außerdem sollen die Schüler Überlegungen anstellen, ob und welche Anregungen von Schülerseite zum Ablauf der Romanbesprechung eingebracht werden können. Verteilung von KRef'en zur 3./4. Stunde (Additum Sek. II), wie links in der Spalte »Methodische Realisierung« aufgeführt.

Stunden	Thema	Didaktische Aspekte (Inhalte/Ziele)
1./2.	*Sansibar* S. 7–20 Personen, Zeit und Ort der Handlung, historischer Hintergrund	Erkennen, dass die einzelnen Kapitel bestimmten Personen und nicht, wie sonst üblich, Handlungsabschnitten zugeordnet sind und dass diese Personen einzeln vorgestellt werden. Besonderheiten der eingeführten Personen feststellen. Historischen Hintergrund (Nationalsozialismus) feststellen.
3./4. Additum Sek. II	*Sansibar* S. 7–20 Politische Situation in Deutschland im Jahr 1937	Die politische Situation in Deutschland im Jahr 1937 soll erkannt werden. Dabei sollen als Schwerpunkte gesetzt werden: die Situation der Juden und Kommunisten sowie der Kirche und der Vertreter der modernen Kunst. Es soll erkannt werden, welche besonderen zeitgeschichtlichen Aspekte durch die einzelnen Personen des Romans repräsentiert werden: Gregor, Knudsen – Kommunismus; Helander – Kirche im Widerstand; Judith – Juden; Bertha – Geistesgestörte; ›Lesender Klosterschüler‹ – Kunst.

Methodische Realisierung/ Verlauf	Hausaufgabe
1. Einstieg: Verteilung des Textes über Rerik (Reiseführer, vgl. die vorhergehende Unterrichtsvorbereitung). Die Schüler werden aufgefordert den Text zu lesen. (StA) 2. UG: Frage: Welche genauen Zeit- und Ortsangaben lassen sich in der Passage S. 7–20 feststellen? (Zeit: Herbst 1937; 14.30, 15 Uhr. Ort: Rerik) 3. Weiterleitende Frage: Wie wird der Ort Rerik im Roman dargestellt? Vergleich mit der Beschreibung des Reiseführers. UG, nach kurzer StA oder PA: Es stellt sich heraus, dass die Angaben im Roman mit denen im Reiseführer in fast keinem Punkt übereinstimmen. (Vgl. hierzu Kap. 15 dieser Interpretation.) Entweder Auflösung dieser Diskrepanz (Nennung Wismars), dies auf jeden Fall in Sek. II, oder (in Sek. I) Verweis auf die weitere Romanbesprechung. 4. UG: Wiedergabe des Inhalts, dabei Feststellung, dass noch keine äußere Handlung vorliegt, sondern nur einzelne Personen für sich vorgestellt werden. Besondere Merkmale dieser Personen. Hinweis auf das Grundthema Flucht. (Wer will fliehen? Warum?) 5. UG (notfalls kombiniert mit LV): Was spielte sich 1937 in Deutschland politisch ab?	Lesen bis S. 52 unter Berücksichtigung folgender Frage: In welchen Situationen und auf welche Weise kommen die Personen miteinander ins Gespräch?
1. UG: Vorstellung oder, falls Schülerbeiträge eingehen, Diskussion des geplanten Ablaufs der Romanbesprechung. Schwerpunkte in der Handlung, notwendiges Hintergrundwissen. (Dieser Punkt gehört an den Anfang des Unterrichts, also in die 1. Stunde, noch vor den Punkt 1. des für Sek. I (und Sek. II) vorgesehenen Verlaufs.) 2. UG, eventuell kombiniert mit LV: Deutschland 1937 (nach den Olympischen Spielen, zur Zeit der Münchener Kunstausstellung, aber vor der Pogromnacht und den Judenverfolgungen) 3. UG: Die Romanfiguren als Repräsentanten der Gruppen, die von den Nationalsozialisten verfolgt wurden bzw. gegen sie Widerstand leisteten. 4. Kurzreferate: ›Kirche unter den Nationalsozialisten‹, ›Entartete Kunst‹, ›Situation der Juden, der Kommunisten vor und im Jahr 1937‹	Klären Sie die Fragen: In welchem Verhältnis stehen Gregor und Knudsen zur Kommunistischen Partei? In welchem Verhältnis steht Helander zur Institution der (protestantischen) Kirche? PRO: Entwerfen Sie einen vertraulichen Brief Gregors an einen Freund, in dem er seine Abwendung von der Kommunistischen Partei begründet.

Stunden	Thema	Didaktische Aspekte (Inhalte/Ziele)
5./6.	*Sansibar* S. 21–52 Kommunikation der Personen untereinander	Es soll erkannt werden, dass die Personen, die zuerst (S. 7–20) einzeln vorgestellt wurden, zunächst in dieser Vereinzelung bleiben und in Rückblenden ihre Vorgeschichte ›erinnern‹, dann allmählich in Kontakt zueinander treten, miteinander zu reden beginnen und durch ihre gegensätzlichen Interessen in Konflikte verwickelt werden. (Vgl. hierzu die Kap. 6 und 7 dieser Interpretation.)
7. Additum Sek. II	*Sansibar* S. 31–41 Knudsen u. Gregor lösen sich von der Partei, Helander von der Kirche. Begriff der Freiheit. ›Abenteuer‹.	Es soll erkannt werden, dass sowohl Knudsen und Gregor als auch Helander sich von den Institutionen lösen, denen sie sich bisher zugehörig und verpflichtet fühlten. Die Gründe hierfür sollen erkannt werden: Kritik an diesen Institutionen und der Wunsch nach persönlicher Freiheit und ›Abenteuer‹. Freiheit soll als ambivalenter Zustand erkannt werden: positiv als Befreiung von Abhängigkeit, negativ als Verrat und Vereinzelung. Es soll eine Verbindung gezogen werden zum Freiheitsbegriff der Philosophie Sartres. (Vgl. hierzu Kap. 14.5 dieser Interpretation.)

Methodische Realisierung/ Verlauf	Hausaufgabe
1. Zur Eröffnung dieser Unterrichtseinheit muss noch einmal daran erinnert werden, dass in den ersten Kapiteln des Romans die Personen allein (für sich) sind. 2. UG: Einleitende Fragen: Wo im Roman kommt es erstmals zu Gesprächen? Welche Personen reden miteinander? (Zu Frage 2: Helander und Knudsen (25 ff.), Judith und der Wirt (33 ff.), Gregor und Knudsen, später auch Helander (45 ff.)) 3. UG: Welchen Inhalt haben diese Gespräche? (Helander will, dass Knudsen die Plastik nach Schweden bringt. Knudsen lehnt dies ab. – Der Wirt will, dass Judith ihren Pass zeigt. Judith kann das nicht riskieren, da der Pass sie als Jüdin ausweist. – Gregor will, dass ihm Knudsen zur Flucht nach Schweden verhilft. Knudsen wehrt ab.) Was ist diesen Gesprächen gemeinsam? (Konflikte treten auf und bleiben ungelöst.) StA: Textuntersuchung zu der Frage: Erfahren wir von den Romanfiguren bzw. durch sie auch auf andere Weise etwas als nur im Gespräch? 5. UG: Auswertung der Ergebnisse. Es zeigt sich, dass die Romanfiguren den Lesern auch etwas mitteilen können ohne zu sprechen, und zwar indem sie ›denken‹ (z. B. **dachte Gregor** (7), **dachte Pfarrer Helander** (9)). Dieses dargestellte ›Denken‹ kann sich auf die Gegenwart (Reaktion auf das Geschehen) oder auf die Vergangenheit (Rückblenden) beziehen. Es muss ein Arbeitspapier »Barlach als Vertreter der ›Entarteten Kunst‹« vorbereitet werden. (Vgl. hierzu die Materialien.)	Welche Rückblenden lassen sich im Text feststellen? Welche Bedeutung haben diese Rückblenden für das Verständnis der Romanhandlung?
1. Verlesen von ein oder zwei Arbeiten der PRO und Besprechung (UG) im Zusammenhang mit der Erarbeitung der Textstelle S. 40 f., Gregor: **Ich spiele nicht mehr mit [...], ich steige aus [...], ich habe genug für die Partei getan.** Herausgearbeitet werden: Gregors Sehnsucht nach Unabhängigkeit, Freiheit, Abenteuer, Romantik, sein **Verrat;** dabei Klärung dieser Begriffe. 2. PA: Helander im Gespräch mit Knudsen (31) Herausgearbeitet werden: Knudsens Hass auf die Partei, weil sie im Kampf gegen die Nationalsozialisten versagt hat, sowie Helanders Ablehnung der Kirche, weil sie versagt, indem sie die ›Anderen‹ toleriert. 3. UG: Besprechung der PA (Zum Vorhergehenden vgl. Kap. 4 dieser Interpretation.) 4. LV: Hinweis auf den Freiheitsbegriff Sartres. Verteilung eines KRef's mit dieser Thematik. (›Der Freiheitsbegriff in der existenzialistischen Philosophie Sartres‹)	Zeigen Sie auf, welche Parallelen sich zwischen Gregors und Knudsens Lösung von der Partei und Helanders distanzierter Haltung zur Kirche erkennen lassen. Ziehen Sie S. 31 und S. 40 f. sowie evtl. weitere Passagen des Textes nach eigener Auswahl heran, die für diese Thematik von Bedeutung sind.

Stunden	Thema	Didaktische Aspekte (Inhalte/Ziele)
8.	*Sansibar* weiterhin S. 21–52 Rückblenden	Es soll erkannt werden, dass die einzelnen Romanfiguren, wenn sie sich in Rückblenden an zeitlich zurückliegende Erlebnisse erinneren, damit die nötige Vorgeschichte für den Roman ›nachholen‹. Die Funktion der Rückblende für den Aufbau des Romans soll erkannt werden.
9./10.	*Sansibar* S. 52–83 Gregors ›Aktionen‹. Die Personen treten in engeren Kontakt zueinander.	Es soll erkannt werden, dass es vor allem durch das Auftreten Gregors zu einer Milderung der Interessenkonflikte, zu wachsender Bereitschaft zu gemeinsamer Aktion und zu fruchtbaren Gesprächen zwischen den Personen kommt. Die Reflexion tritt dabei zurück. Das Gespräch nimmt größeren Raum ein. Es soll erkannt werden, dass Gregor der Motor dieser Bewegung ist, dass er erst die **Aktion Lesender Klosterschüler,** dann die **Aktion Jüdisches Mädchen** plant. (84)

Methodische Realisierung/ Verlauf	Hausaufgabe
1. UG: Besprechung der HA. Gregor erinnert sich an Moskau und Tarasovka (23 ff.), Helander an das Gespräch mit dem **jungen Herrn Doktor** (28 f.), Knudsen an ein früheres Gespräch mit Helander über seine (Knudsens) kommunistische Einstellung (26 f.), der Junge erinnert sich an das Gerede über seinen Vater (25). Schon vorher hatte sich Judith an das Gespräch mit ihrer Mutter kurz vor deren Tod erinnert (20 f.). 2. UG: Weitere Besprechung der HA: Funktion der Rückblende. 3. StA: Austeilen und Lesen des Arbeitspapiers »Barlach als Vertreter der ›Entarteten Kunst‹«. Frage: Wie wird diese Thematik im Roman dargestellt? 4. UG: Aufarbeitung der StA	Lesen S. 52–83. Dabei soll folgende Frage beachtet werden: Welche Rolle spielt Gregor in diesem Textabschnitt, welche ›Aktionen‹ bereitet er vor?
1. UG: Behandlung des gelesenen Textes. Gregor wird zur zentralen Gestalt, die die einzelnen Interessen bündelt und zu der **Aktion Lesender Klosterschüler,** dann zur **Aktion Jüdisches Mädchen** führt. (84) 2. GA: Wie kommt es zur Verbindung (Vermischung) der einzelnen Konflikte und damit zu gemeinsamen Aktionen? Es vermischen sich die Konflikte zwischen Knudsen und Gregor (Knudsen soll Gregor zur Flucht verhelfen, Knudsen soll für die Partei arbeiten) und zwischen Knudsen und Helander (Knudsen soll die Plastik retten, 56 ff.). Gregor konzentriert seine Aufmerksamkeit auf den ›Lesenden Klosterschüler‹ (55), mit dem er sich identifiziert (43). Als Ergebnis dieser Vorgänge entsteht die **Aktion Lesender Klosterschüler.** Gregor weist Knudsen an, die Plastik nach Schweden zu bringen (**Parteibefehl,** 56), aber der lehnt wiederum ab. 3. UG: Ergebnisbesprechung. Gregors Anteil an der Entwicklung muss deutlich werden. 4. UG: **Aktion Jüdisches Mädchen.** Wie kommt es dazu? (Nützlich ist ein Hinweis auf S. 67: Gregor spürte, **wie sich ein Netz von Beziehungen anspann.**) Gregor sieht Judith in ihrer verzweifelten Lage. Er beginnt sich für sie und ihr Schicksal zu interessieren. (59 ff.) Gregors **Aktion Lesender Klosterschüler** und Judiths Konflikt mit dem Wirt (Pass vorzeigen) beginnen sich zu vermischen. (ab 77) Knudsen entschließt sich doch die Plastik nach Schweden zu bringen. (Hinweis: Als Gregor schon bei der Planung der zweiten Aktion ist, hat Knudsen sich also gerade zur Durchführung der ersten Aktion durchgerungen.)	Untersuche, wie der Autor auf S. 74 f. die wörtliche Rede verwendet. Vergleiche die Häufigkeit der wörtlichen Rede in dieser Textstelle mit einer Passage aus einem Drama (z. B. dem Anfang von Zuckmayers *Hauptmann von Köpenick*). Zusätzlich für Sek. II: Untersuchen Sie die Struktur des Romans. Verfolgen Sie dabei die Entwicklung vom Nebeneinander in sich geschlossener Einzelschicksale zu gemeinsamer Aktion und stellen Sie fest, welche einzelnen Stationen dieser Entwicklung sich im Roman erkennen und im Text auch zeitlich festlegen lassen.

Stunden	Thema	Didaktische Aspekte (Inhalte/Ziele)
11./12. Additum Sek. II	*Sansibar* der Roman insgesamt Struktur des Romans, Philosophie Sartres	Die Entwicklung, die von der Darstellung des ›Für-sich-Seins‹ (Sartre) von Individuen und ihren Einzelschicksalen zur gemeinsamen Aktion führt, soll in ihren Stationen als strukturelles Prinzip des Romans deutlich gemacht werden. Dabei (oder danach) sollen Begriffe der Philosophie Sartres erläutert und ihr Bezug zum Roman herausgestellt werden.
13. (evtl. 2 Std.)	*Sansibar* S. 52–83 Sprache (erlebte Rede, innerer Monolog), sprachliche Besonderheiten	Es soll erkannt werden, wie der Autor die Gedanken der Romanfiguren darstellt. Dabei sollen Begriffe wie direkte, indirekte, erlebte Rede und innerer Monolog für die Schüler verständlich und anwendbar werden. Es soll erkannt werden, dass folgende Entwicklung vorliegt: Im 1. Textabschnitt (bis S. 21) monologische Formen. Im 2. Textabschnitt (S. 21–52) Konflikte, zunehmend Gespräch. Im 3. Textabschnitt gemeinsame Aktionen. Gespräch und damit direkte Rede bekommen hier das Übergewicht.

Methodische Realisierung/ Verlauf	Hausaufgabe
1. PA: Klärung der Frage: An welchen Stellen der Romanhandlung beginnen die einzelnen Personen miteinander zu reden? Wo bleiben sie uneins, wo einigen sie sich? Lässt sich eine Entwicklung erkennen? Die PA soll stattfinden auf der Basis der HA und auf der während der PA vollzogenen Arbeit am Text. (Vgl. hierzu Kap. 9 dieser Interpretation.) 2. UG: Vortrag und Diskussion der in der PA gewonnenen Ergebnisse. A: (zu 1. *und* 2.): Tafelbild (oder OH-Folie), UG, PA: Links auf der Tafel wird eine Leiste von Uhrzeitangaben vorgegeben, die den Ablauf des im Roman geschilderten Nachmittages zeitlich gliedern sollen. Die Angaben in dieser Leiste reichen im Halbstundentakt von 14.30 Uhr bis ca. 17.30 Uhr. Die Schüler werden aufgefordert, gemeinsam mit einem Partner oder allein aus dem Romantext Zeitangaben herauszusuchen und sie zusammen mit dem zu dieser Tageszeit geschehenen Ereignis zu nennen. Dies wird stichwortartig an der Tafel festgehalten. Auf diese Weise lassen sich sowohl der Ablauf des Nachmittags als auch die Entwicklung der Handlung nachzeichnen. – Die Auflistung sollte über den Spätnachmittag hinaus aber nicht mehr in so straffer zeitlicher Engführung fortgesetzt werden. Von diesem Tafelbild ausgehend sollte dann der Versuch unternommen werden, das Prinzip der Romanstruktur, also die Entwicklung von individuellem Nebeneinander zu gemeinsamer Tat, in ihren einzelnen Stationen aufzuzeigen. 3. KRef: ›Der Freiheitsbegriff in der existenzialistischen Philosophie Sartres‹. Definition des Freiheitsbegriffs, das ›Für-sich-Sein‹ des Menschen, Entwicklung von der starken Betonung des Ich zur Bejahung des Engagements, die ›groupe en fusion‹. (Vgl. hierzu Kap. 14.5 dieser Interpretation.) 4. UG: Besprechung des KRef's. Untersuchung, welchen Niederschlag die Ideen Sartres im Roman gefunden haben.	Die HA zur nächsten (13.) Stunde wurde schon in der 9./10. Stunde gegeben (wörtliche Rede).
1. UG: Besprechung der HA. Es muss herausgestellt werden, dass im Gegensatz zum Drama, wo der Autor die Personen nur sprechen lässt, in der untersuchten Passage des Romans die wörtliche Rede immer wieder unterbrochen wird von Darstellungen dessen, was die Personen wahrnehmen, denken, erinnern, empfinden. (Hinweis: Es gibt Unterschiede in der sprachlichen Darstellung des Gesagten und Gedachten.) 2. Frage: Welche Darstellungsmöglichkeiten des Gedachten sind vorzufinden? Beachten: Wendungen mit ›dachte er‹, ›überlegte sie‹. 3. LV: Hinweis auf Darstellungen des Gedachten ohne diese Zusätze (›dachte er‹). Einführung der Techniken der erlebten	Lesen S. 83–119. Dabei soll darauf geachtet werden, an welcher Stelle des Textes die Planung in aktive Handlung übergeht und welche Funktionen den einzelnen Personen beim Ablauf dieser Handlung zukommen.

Stunden	Thema	Didaktische Aspekte (Inhalte/Ziele)
13.		
14. Additum Sek. II	*Sansibar* Gesamttext Vertiefung der Untersuchung der Sprache, Farbsymbolik	Es soll erkannt werden, dass Andersch in seinem Roman eine ganz eigene Farbsymbolik entwickelt, die nur zum Teil eindeutig zu interpretieren ist. Die Farbsymbolik des Autors soll als stilistische Besonderheit bewusst gemacht werden.
15.	*Sansibar* S. 83–119 Eintritt des Romans in die Phase der ›Aktionen‹	Es soll erkannt werden, dass auf Initiative Gregors Knudsen und der Junge, aber auch Gregor selbst mit der Ausführung der ›Aktionen‹ beginnen, wodurch die äußere Handlung dominant wird. Es soll erkannt werden, wie die äußere Handlung aus der vorhergehenden Phase der Planung organisch hervorgeht, dass sie damit im Ablauf des Romans eine bestimmte Funktion hat und keineswegs Selbstzweck (Spannung) ist. Der Unterschied zur Bedeutung der äußeren Handlung im Trivialroman (z. B. Kriminalroman) soll deutlich gemacht werden. Dort ist sie Selbstzweck.

Methodische Realisierung/ Verlauf	Hausaufgabe
Rede und des inneren Monologs anhand von Beispielen aus dem Roman. (Hier sollten Kurzdefinitionen aus Sachwörterbüchern herangezogen werden. Vgl. auch Kap. 13.1 dieser Interpretation.) 4. UG: (Nach einleitender Frage des Lehrers: In welcher Weise hat sich die Sprache des Romans von der Darstellung der Reflexion und der Erinnerung zu Gesprächen hin entwickelt? Was ist der Grund für diese Entwicklung? – Das Austragen von Konflikten.) Besprechung der gefundenen Beispiele für erlebte Rede und inneren Monolog.	
1.: Hinweise durch den Lehrer auf Textstellen, die für eine Untersuchung der Farbsymbolik relevant sind: S. 19 f. (Türme **rote Ungeheuer, böse Ungeheuer,** Ostsee **blau, ultramarin und eisig**); S. 66 und 84 (**blutig-rote Türme**); S. 66 (schwarz-weiß-rot); S. 84 (schwarz-rot-gold). 2. UG: Bei der Besprechung der angegebenen Textstellen sollten folgende Ergebnisse erzielt werden: – *rot* symbolisiert Schrecken, Bedrohung, Blut – *blau* symbolisiert Erstarrung, Vereisung, Tod. Nicht immer lässt sich die Farbsymbolik aber so genau erkennen. Angesprochen werden sollten die Farbverbindungen, die auf die nationalen Flaggen Hitler-Deutschlands, der Bundesrepublik und auch Schwedens (blau-gelb, 62) deuten. (Vgl. hierzu Kap. 8.3 dieser Interpretation.)	
1. UG: Besprechung des gelesenen Textes, Feststellung, wo äußere Handlung beginnt, wo sie abläuft. (Knudsen weiht Gregor (86 f.) und den Jungen (91 f.) in Einzelheiten der Fahrt nach Schweden ein und macht sich tatsächlich auf den Weg. – Gregor spricht Judith auf der Straße an. (101) – Die Plastik wird abgeschraubt und abtransportiert. (117 f.)) 2. UG: Fazit: Äußere Handlung setzt ein und tritt immer stärker in den Vordergrund. Gregor ist der Planer, Koordinator, Initiator dieser Handlung und wirkt auch selbst aktiv dabei mit. Hinweis auf die Entwicklung von der Reflexion zum Gespräch, zur Planung und schließlich zum Handeln. Hinweis auf die besondere Funktion der äußeren Handlung. Feststellung der durchgehend spannenden äußeren Handlung im Trivialroman. Unterschied zu *Sansibar*. (Zur PRO vgl. Kap. 11 dieser Interpretation.)	Welche Bedeutung haben die Kapitelüberschriften (Nennung einzelner Romanfiguren) für die Darstellung des Geschehens? Außerdem: PRO: Auf den Seiten 73–77 des Romans werden die Vorgänge, die sich am Abend in der Gaststube abspielen (schwedische Seeleute) aus der Sicht Judiths dargestellt. Gib / Geben Sie diese Passage wieder aus der Sicht a) des Wirts oder b) Gregors.

Stunden	Thema	Didaktische Aspekte (Inhalte/Ziele)
16.	*Sansibar* S. 73–77 und S. 83–119 Erzählperspektive	Die Besonderheiten der perspektivischen Darstellung in *Sansibar* sollen erkannt und untersucht werden. (Ständiger Wechsel der Perspektive, angezeigt in den Kapitelüberschriften.) Dabei soll erkannt werden, dass die Kapitelüberschriften nicht nur deutlich machen, welche Personen im entsprechenden Kapitel auftreten, sondern vor allem, aus welchem Blickwinkel das Geschehen gesehen wird. Die Wirkung dieser Erzähltechnik (Auflösung des objektiven Geschehens in mehrere subjektive Sehweisen) soll deutlich werden. Die besondere Stellung der Person des Jungen soll bewusst gemacht werden.
17. Additum Sek. II	*Sansibar* Gesamttext Der Junge und sein Verhältnis zu den Erwachsenen	Es soll erkannt werden, – dass der Junge mehrere Vorbehalte gegen die Erwachsenen hat – dass sich der wichtigste dieser Punkte (in Rerik sei nichts los, Knudsen z. B. riskiere nie etwas) nicht halten lässt – dass sich in der Einstellung des Jungen gegenüber den Erwachsenen eine Wandlung vollzieht.

Methodische Realisierung/ Verlauf	Hausaufgabe
1. UG: Verlesen von ein oder zwei Arbeiten der PRO. Besprechung von Art und Wirkung des Perspektivenwechsels, wie Andersch ihn im Roman durchführt. 2. UG: Vertiefung der gewonnenen Einsichten durch Untersuchung des Kapitelanfangs »Gregor – Knudsen« (83–85). Hier muss herausgearbeitet werden, dass es nicht nur um das Auftreten dieser beiden Personen geht, sondern dass eine Darstellung des Geschehens aus ihrer jeweiligen Perspektive vorliegt. (Hierzu S. 84, Mitte, Absatzbeginn: **Knudsen sah** [...] sowie S. 85, Mitte: **Gregor sah** [...]. Durch den Vergleich dieser beiden Passagen wird der Perspektivenwechsel besonders deutlich. Auch die Darstellung Helanders (32–35), erst aus der Perspektive Knudsens, dann aus der Judiths, zeigt dieselbe Erscheinung.) 3. UG (oder LV): Zusammenhang zwischen perspektivischer Darstellung und dem Eindruck der Objektivität bzw. Subjektivität dieser Darstellung beim Leser. (Hinweis: Dass die Darstellung eines Geschehens sehr subjektiv sein kann, wenn sie aus der Perspektive einer mithandelnden oder beteiligten Person gegeben wird, wird deutlich, wenn man auf die Unterschiedlichkeit verschiedener Zeugenaussagen zu einem Vorgang (z. B. Verkehrsunfall) hinweist.) 4.: Hinweis durch den Lehrer, falls nicht durch die Schüler gegeben: Bei den Kapitelüberschriften erscheint der Junge als Einziger in starrer Regelmäßigkeit, und zwar zu Anfang und zum Schluss des Romans sowie im Wechsel zu allen anderen Kapiteln. 5. UG: Besprechung der vom Autor beabsichtigten Wirkung dieser Erscheinung. (Das Auftreten des Jungen bildet eine Art Rahmen, seine Bemerkungen zum Geschehen einen Kommentar aus der Perspektive eines Heranwachsenden.)	Lesen Sie bis zum Ende. In welcher Situation und inneren Verfassung befinden sich die Romanfiguren zum Schluss der Handlung?
1.: Hinweise durch den Lehrer auf Textstellen, in denen die Einstellung des Jungen gegenüber den Erwachsenen gezeigt wird: S. 7: Vater, **ziellos** S. 12: Knudsen, **mürrisch;** Hass auf Erwachsene wegen Verunglimpfung des Vaters S. 25: Knudsen fährt nicht auf die offene See hinaus, wagt nichts S. 33: Erwachsene **gaben ja nie Erklärungen ab,** haben **nur noch ein paar Redensarten,** aber **keine Ideen mehr.** S. 45: Erwachsene **kapieren** [...] **langsam.** Aber Umschwung ab S. 93: **Es geht etwas vor.** S. 101: **Toll** [...] **und so was machte Knudsen.** Daher wohl auch zum Schluss die Entscheidung des Jungen, mit Knudsen zurückzufahren.	

Stunden	Thema	Didaktische Aspekte (Inhalte/Ziele)
17.		
18./19.	*Sansibar* S. 120–Schluss Schlussbetrachtung	Es soll erkannt werden, dass der Roman am Schluss zu einem dramatischen Handlungshöhepunkt geführt wird und insofern konsequent die bisher beobachtete Entwicklung (von der Reflexion zur Aktion) fortsetzt. Es soll erkannt werden, in welche Situation und zu welchen Einsichten die einzelnen Personen schließlich gelangt sind. Es soll erkannt werden, – dass Gregor, Judith und der ›Lesende Klosterschüler‹ auf der Flucht sind und Helander, Knudsen und der Junge bleiben; die Gründe für ihr Bleiben sollen deutlich werden, – dass der Autor Freiheit in Einsamkeit und Isolation als die Grundsituation des Menschen ansieht, die aber durch mitmenschliches Denken und Handeln – jedenfalls zeitweilig – überwunden werden kann Hinweise auf die Theologie Barths (der unbekannte, verborgene Gott) und auf die Philosophie Sartres (›groupe en fusion‹).

Methodische Realisierung/ Verlauf	Hausaufgabe
2. UG: Hat der Junge Recht mit seinen Vorbehalten? (Mit einigen Vorbehalten hat der Junge Recht. So bestätigt Knudsen den Vorwurf, Erwachsene gäben **nie Erklärungen ab,** wenn er auf S. 86 äußert: [...] **ich bin der Fischer und er ist der Junge. Er hat keine Fragen zu stellen.** Unrecht hat der Junge mit seiner Behauptung, in Rerik sei nichts los, es gäbe dort **keine Verfolgungsjagden** (52). (Hinweis auf Judith, Klosterschüler, Helander. Zwar werden sie nicht gejagt, aber verfolgt. Bei Judiths Rettung hilft der Junge später sogar.)) Vorbereitung eines Arbeitspapiers mit einem Auszug aus K. Hamburger: *Erzählformen des modernen Romans*, vgl. Mat. 9 dieser Interpretation.	
1. UG: Rekapitulation des Gelesenen, Feststellung besonderer Höhepunkte der äußeren Handlung: – der Junge allein im Boot (120) – die Nachtwanderung Gregors und Judiths (120 ff.) – die Überraschung des Jungen, dass Judith mitgekommen ist (123) Feststellung dramatischer Handlungszuspitzung: – Polizeiboot (127 ff.) – die Schlägerei (138 ff.) – Helander schießt auf die **vier Männer** (155 f.) 2. UG: Besprechung der HA – der Junge erlebt endlich das große Abenteuer, kehrt aber zurück – Judith wird doch noch gerettet – Knudsen kann sich wiederum der geforderten Aktion nicht verschließen – Gregor führt seine ›Aktionen‹ planmäßig durch – für Helander wird **die Welt für die Dauer von Sekundenbruchteilen lebendig** (155) (Hinweis auf die Theologie Barths). Judith und Helander sind, jeder in seiner Art, an ihrem Ziel. Knudsen und Gregor haben ihre Arbeit getan und werden wieder allein und in Gefahr sein. Der Junge macht zum Schluss eine entscheidende Entwicklung durch, nämlich hin zu einem erwachsenen, verantwortungsbewussten Menschen. 3. UG: Fliehen oder bleiben? Gregor, Judith und der Klosterschüler sind in akuter Gefahr. Knudsen ist auch in Gefahr, bleibt aber um Bertha zu schützen. Der Junge bleibt aus Verantwortungsbewusstsein. Helander stirbt, für ihn hat sich das Leben erfüllt. 4.: Hinweis durch den Lehrer, dann UG: Rückgriff auf den Romananfang. Eigentlich sind die Romanfiguren nach den Aktionen wieder für sich und allein (vgl. Sartres ›groupe en fusion‹).	

Stunden	Thema	Didaktische Aspekte (Inhalte/Ziele)
20. Additum Sek. II	*Sansibar* Gesamttext Die Isoliertheit und Einsamkeit des einzelnen Menschen	Es soll die Erkenntnis vertieft werden, dass der Autor den einzelnen Menschen in seiner grundsätzlichen Situation der Isoliertheit und Einsamkeit zeigt, aus der sich das Individuum nur durch Engagement und Beteiligung an gemeinsamen Aktionen befreien kann.

4 Klausurvorschläge

Sekundarstufe I (10. Klasse)

1. Der Junge nennt drei Gründe, aus denen er Rerik verlassen will (82). Erläutere diese drei Gründe. Hat er Recht mit seinen Behauptungen? Benutze dabei als Textgrundlage folgende Textstellen:
   a) **Landein abzuhauen hatte auch keinen Zweck** bis [...] **wie sie auf der Treene langsam abschwammen.** (9)
   b) **Knudsen fuhr nie auf die offene See hinaus** [...] bis [...] **und das ist der zweite Grund, warum ich von Rerik weg muß.** (12)
   c) **Auf einmal fiel ihm der dritte Grund ein** [...] bis [...] **Sansibar oder den letzten Grund.** (82)

   Untersuche außerdem, inwieweit der Autor in diesen Textstellen Ausdrücke verwendet, die nur in der Umgangssprache, nicht aber im geschriebenen Deutsch üblich sind.
2. Zeige auf, welche Erlebnisse und Überlegungen Gregor dazu bringen, sich von der Kommunistischen Partei zu lösen. Benutze dabei als Textgrundlage folgende Textstellen:
   a) **Er ging wieder zur Vierung vor.** bis [...] **konnte man ohne einen Auftrag leben?** (40 f.)
   b) **Dann wurde er sich der Anwesenheit der Figur bewußt.** (42 ff.) bis **Er blickte mit einer Art Neid auf die Figur.** (42–44)

   Zeige außerdem die Erzählstruktur der Textstellen S. 40–44 auf. Wie, in welcher Reihenfolge, mit welchen Ergebnissen stellt der Autor Gregors Überlegungen zu seinem geplanten ›Verrat‹ dar? Welche Rolle spielt dabei die ›Figur‹ (der ›Lesende Klosterschüler‹)?
3. Auf welche Hindernisse stößt Judith bei ihrem Versuch nach Schweden zu fliehen? Wie werden diese Hindernisse überwunden?

Methodische Realisierung/ Verlauf	Hausaufgabe
1.: Verteilen des Arbeitspapiers mit einem Auszug aus K. Hamburger: *Erzählformen des modernen Romans*, vgl. 18./19. Stunde. Aufforderung an die Schüler, diesen Auszug sorgfältig durchzulesen (StA). 2. GA: Welche Teile des Romans bestätigen die Auffassung K. Hamburgers? Sprechen Teile des Romans gegen diese Auffassung? 3. UG: Aufarbeitung der Ergebnisse der GA. Fazit: Besonders der 1. und 2. Textabschnitt des Romans (7–52) und der Schluss bestätigen K. Hamburgers Darstellung. In der fortgeschrittenen Phase der Planung und bei der Durchführung der Aktionen zeigt sich jedoch ein anderes Bild: Die Personen empfinden bzw. zeigen Kommunikationsfähigkeit, Mitgefühl, tätige Hilfe, aktiven Einsatz, Uneigennützigkeit und in Ansätzen sogar Liebe.	

Sekundarstufe II

1. Welche Bedeutung haben die vielen Kapitel mit der Überschrift ›Der Junge‹ für Form (Aufbau, Perspektive) und Inhalt (Handlungsablauf) des Romans?
2. Stellen Sie heraus, welche Auffassung Helander vom Wesen und Wirken Gottes hat. Welche Konsequenzen zieht Helander für sich daraus? Nehmen Sie hierzu Stellung.
   Benutzen Sie dabei als Textgrundlage folgende Textstellen:
   a) **Die Stadt, die Kirche und das Pfarrhaus waren zu einem schalltoten, echolosen Raum geworden** [...] bis [...] **auf die rote Backsteinwand von Sankt Georgen.** (95 f.)
   b) **Wie hatte er sich bisher den Sieg der Anderen erklärt?** bis [...] **und es machte die Größe dieser Lehre aus, daß es keinen Trost gab.** (97 f.)
   c) (evtl.) **Was kümmerte es den anwesenden Gott** [...] bis [...] **und den kleinen Mönch aus Knudsens Boot zu retten.** (98 f.)
   d) **Der Pfarrer wußte, daß Gott fern war.** bis **Ich werde töten, um Gott zu züchtigen.** (153)
3. Untersuchen Sie die Erzählperspektive(n), die in diesem Roman festzustellen sind. Welches Prinzip verfolgt der Autor dabei? Welche Wirkung beabsichtigt er damit?
   Benutzen Sie dabei als Textgrundlage folgende Textstellen:
   a) **Es war nicht der ganze Grund, Helander spürte es.** bis **Herrgott, dachte Knudsen, ich komme zu spät.** (31 f.)
   b) **Sie setzte sich an einen Tisch in der zu dieser Stunde leeren Gaststube** [...] bis **Der Wirt brachte den Tee und das belegte Brot.** (33)
   c) **Kommen manchmal auch größere Schiffe nach Rerik? fragte sie.** bis **Ich habe ihn oben in meinem Koffer, sagte sie. Ich bring ihn nachher herunter.** (34 f.)
4. Was veranlasst Gregor Judith als **bourgeoises Ding** (114) zu bezeichnen? Inwieweit können Sie einer solchen Einschätzung Judiths folgen?

5 Materialien

Material 1 **Heinz Zahrnt: Die Sache mit Gott**

So sieht nach Barths Beschreibung der christliche Glaube aus: Er ist »Respekt vor dem göttlichen Inkognito, die Liebe zu Gott im Bewußtsein des qualitativen Unterschieds von Gott und Mensch«, »die Bejahung des göttlichen Nein im Christus, das erschütterte Haltmachen vor Gott«, »das bewegte Verharren in der Negation«. Nur »die vor Gott Respekt haben und den Abstand wahren, leben mit Gott«.

Damit bedeutet der Glaube [...] »das Ende aller Anschaulichkeit und Begreiflichkeit«. Der Glaube ist »kein Boden, auf den man sich stellen, keine Ordnung, die man befolgen, keine Luft, in der man atmen kann«, sondern er ist, wenn er rechter Glaube ist, immer nur »Hohlraum« und »Vakuum«, Seufzen, Warten und Entbehren, Offenheit, Zeichen und Hinweis – »ein Stand in der Luft«. Von diesem »paradoxen Charakter« darf dem Glauben nichts genommen werden. Sofern der Glaube in irgendeinem Sinne mehr sein will als Hohlraum, ist er Unglaube. Fast wie ein Triumph klingt es bei Barth: »Credo, quia absurdum!« [...][1]

Von der Menschwerdung Gottes weiß Barth eigentlich nichts. Bei ihm geht Gott nicht wirklich in die Geschichte ein; nur »wie die Tangente einen Kreis« berührt das Göttliche diese Welt, »ohne sie zu berühren«. Die Offenbarung Gottes ist »ein mathematischer Punkt« und eben darum »kein Standpunkt«, auf den man sich stellen kann. [...] Sie ist eine »submarine Insel«, die sich, sobald einer sie täppischen Fußes betreten will, sogleich aufs neue mit der alles verhüllenden Flut bedeckt. Alles in allem: die Offenbarung verhüllt mehr, als daß sie entbirgt; sie begrenzt mehr, als daß sie erschließt. »Unbekannt ist und bleibt uns Gott« – »›die direkte Kenntlichkeit ist gerade für die Götzen charakteristisch‹ (Kierkegaard).«

(aus: Heinz Zahrnt: Die Sache mit Gott. Die protestantische Theologie im 20. Jahrhundert. München 1996, S. 28 u. 31 f.)

Material 2 **Wolfgang Michalka (Hrsg.): Deutsche Geschichte 1933–1945**

Die protestantischen Landeskirchen standen der Weimarer Republik und besonders der SPD und KPD distanziert gegenüber, so daß viele ihrer Mitglieder zunächst das Hitler-Hugenberg-Kabinett begrüßten, zumal die Nationalsozialisten spätestens seit Sommer 1930, vor den Toren der Macht stehend, wohl hauptsächlich aus wahltaktischen Erwägungen die Kirchen zu respektieren vorgaben, und Hitler in seinen ersten Erklärungen als Reichskanzler stets die vermeintlich christlichen Grundlagen seiner Politik beteuerte.

Dieser betont gemäßigte und kirchenfreundliche Kurs der NSDAP in der Anfangsphase ihrer Herrschaft blieb nicht ohne Wirkung. Besonders nach der Wahl im März 1933 häuften sich die Sympathieerklärungen aus kirchlichen Kreisen.

Diese Haltung änderte sich jedoch bald, denn es wurde deutlich, daß die Nationalsozialisten die Kirchen keinesfalls von ihrer Gleichschaltungspolitik verschonen würden. Sie verfolgten vielmehr, wie in den anderen Bereichen des politischen und gesellschaftlichen Lebens, eine politische und rassische Säuberung der Kirche sowie deren Zentralisierung und Ausrichtung nach dem »Führerprinzip«. Die Favorisierung der sogenannten »Deutschen Christen« und die Einsetzung eines »Reichs-

1 Credo, quia absurdum. = Ich glaube, weil es absurd ist. Nach einem Satz Tertullians.

bischofs« […] im Sinne der »Gleichschaltung von Staat und Kirche« ließen die Unvereinbarkeit der Kirchen mit dem nationalsozialistischen Regime und dessen Führungsanspruch unübersehbar zutage treten […].

(aus: Wolfgang Michalka (Hrsg.) Deutsche Geschichte 1933–1945. Dokumente zur Innen- und Außenpolitik. Frankfurt a. M. 1996, S. 77)

Reinhard Merker: Die bildenden Künste im Nationalsozialismus **Material 3**

Es lag schon 1933 auf der Hand, daß abstrakte Bildnerei und Richtungen wie Kubismus, Dadaismus und Surrealismus im NS-Staat keine Zukunft haben würden. Der Expressionismus jedoch (auffälligerweise von Hitler in den kulturpolemischen Passagen von *Mein Kampf* und den »Kulturreden« der Reichsparteitage nirgends erwähnt) entwickelte sich zur Streitfrage innerhalb der NSDAP […]. Teilweise erklärt das die Sympathien mancher »nordischer« Expressionisten für den Nationalsozialismus sogar noch nach dem »Röhm-Putsch« – anläßlich Hindenburgs Tod im August 1934 traten Barlach, Heckel und Nolde […] als Mitunterzeichner eines Aufrufs zur »Führer«-Treue in Erscheinung. […] Für diese und andere Künstler schien es bis 1937 noch die Hoffnung zu geben, wenn nicht in Ehren, so doch unbehelligt arbeiten und leben zu können. Im Gefolge der wirtschafts- und außenpolitischen Entscheidungen des Jahres 1936 […] bahnten sich jedoch jene kulturpolitischen Festlegungen an, die im Sommer 1937 ihre Doppelgestalt annahmen: Zeigte die Ausstellung ›Entartete Kunst‹ unmißverständlich, welche Malerei und Plastik man eliminieren wollte, so faßte die ›Große Deutsche Kunstausstellung‹ eklektizistisch jenen Rest an Künstlern und Stilformen zusammen, mit dem man zu kooperieren bereit war. […] Im Gefolge der Schau ›Entartete Kunst‹ und der anschließenden reichsweiten Kunst-Beschlagnahmungsaktionen […] nahm Göring als ›Schutzpatron‹ der Preußischen Akademie der Künste dann vielen Malern und Bildhauern durch den Ausschluß ihre letzte Verankerung im deutschen Kultur-Apparat.

(aus: Reinhard Merker: Die bildenden Künste im Nationalsozialismus. Köln 1983, S. 156 f.)

Jost Nolte: Das Urteil des gesunden SA-Mannes **Material 4**

Einen Besuch bei Ernst Barlach im Sommer 1938 in Güstrow, wenige Monate vor Barlachs Tod am 25. Oktober jenes Jahres, schilderte der niederdeutsche Schriftsteller Paul Schurek so: »Ich … erschrak, als er mir entgegentrat, noch schmächtiger geworden, das Gesicht wächsern, gramdurchfurcht, tiefhängende Säcke unter den Augen. Ich merkte bald, er wurde nun auch von körperlichen Schmerzen geplagt … ›Ich muß hier fort‹, klagte er, ›die ganze Lage ist mehrfach unhaltbar geworden!‹ … Als er sich abwandte, wies er, die Augen groß auf mich gerichtet zum Gipsabdruck des Hamburger Reliefs empor, dem letzten Opfer. ›Jetzt sind die alle weg‹, flüsterte er, ›bis auf eins! Sollten sie das vergessen?‹«

Die NS-Kulturwalter hatten Barlach zugrunde gerichtet, ohne ihm selber ein Haar zu krümmen. Sie hatten ihm die Schaffenskraft und den Lebensmut geraubt, indem sie seine Werke von den Postamenten geholt hatten. Der Bann traf vor allem Barlachs Ehrenmale – den schwebenden Engel im Dom zu Güstrow von 1927, den »Geistkämpfer« in Kiel von 1928, das Magdeburger Totenmal von 1929 und das Relief am Kriegerdenkmal in Hamburg von 1931.

Die Nationalsozialisten schonten Barlach nur scheinbar. Sie trieben ihn nicht aus dem Lande und sperrten ihn nicht ein, aber sie isolierten ihn in seinem Güstrow,

und er spürte es tagtäglich. Jeder Weg durch die Stadt wurde ihm zur Qual; die Leute, klagte er, zeigten mit Fingern auf ihn. Das genügte, ihn zu lähmen. [...]
Den Kampf um Barlachs Kunst aber hatte Alfred Rosenberg, Goebbels' Rivale in der Partei, schon drei Jahre vorher entschieden. Im Sommer 1933 hatte er sie am »nationalsozialistischen Gesamtdenken« gemessen und das Verdikt festgeschrieben: »Barlach ... beherrscht sein Material virtuos und seiner Schnitzkunst wird niemand Monumentalität absprechen. Aber was er an Menschen gestaltet, das ist fremd, ganz fremd: erdversklavte Massigkeit und Freude an der Wucht der Schwere und Materie. Das sind keine ›mecklenburgischen Bauern‹, oh, nein, diese schreiten ganz anders über die Erde als jenes Barlachsche Menschentum! Schließlich, man schaue doch Barlachs ›Magdeburger Kriegerdenkmal‹ an, das er für die dortige Kirche anfertigte: kleine, halbidiotisch dreinschauende Mixovariationen undefinierbarer Menschensorten mit Sowjethelmen sollen deutsche Landsturmmänner versinnbildlichen! Ich glaube: Jeder gesunde SA-Mann wird hier das gleiche Urteil fällen wie bewußte Künstler.« – Rosenberg durfte nicht nur auf den Beifall der SA rechnen, landauf, landab konnte er sich auch auf den Applaus von Militärs und Bürgern verlassen, die ihren Begriff vom Heldentum, unbeschadet der Wirklichkeit des Ersten Weltkriegs, aus dem »Fronterlebnis« geschmiedet hatten.

(aus: Jost Nolte: Das Urteil des gesunden SA-Mannes. In: Die Zeit Nr. 52 (23. 12. 1983))

Material 5

J.-P. Sartre: Die Fliegen

Jupiter: Ich habe dir deine Freiheit gegeben, damit du mir dienst.
Orest: Das ist möglich, aber sie hat sich gegen dich gekehrt, und wir können nichts dafür, weder der eine noch der andere.
Jupiter: Allerdings! Das ist die Entschuldigung.
Orest: Ich entschuldige mich nicht.
Jupiter: Wirklich? Weißt du, daß sie sehr nach einer Entschuldigung aussieht, diese Freiheit, deren Sklave zu sein du behauptest?
Orest: Ich bin weder Herr noch Sklave, Jupiter. Ich *bin* meine Freiheit! Kaum daß du mich geschaffen hast, habe ich dir schon nicht mehr gehört.

(aus: Jean-Paul Sartre: Bariona oder Der Sohn des Donners. Die Fliegen. Reinbek b. Hamburg 1997, S. 181)

Material 6

Albert Camus: Der Mythos von Sisyphos

Wenn ich Baum unter den Bäumen wäre, Katze unter den Tieren, dann hätte dieses Leben einen Sinn oder vielmehr: dieses Problem bestünde überhaupt nicht, denn dann wäre ich ein Teil dieser Welt. Ich wäre diese Welt, zu der ich mich jetzt mit meinem ganzen Bewußtsein und mit meinem ganzen Anspruch auf Vertrautheit in Gegensatz befinde. Eben diese so höhnische Vernunft setzt mich in Widerspruch zur ganzen Schöpfung. Ich kann sie nicht mit einem Federstrich abtun. Was ich für wahr halte, daran muß ich also festhalten. Was mir so unabweisbar erscheint, darauf muß ich bestehen, auch wenn es sich gegen mich richtet. Und worauf beruht denn dieser Konflikt, dieser Bruch zwischen der Welt und meinem Geist, wenn nicht auf dem Bewußtsein, das ich von ihm habe? Wenn ich also an ihm festhalten will, dann nur durch ein beständiges, immer wieder neues, stets angespanntes Bewußtsein. Daran muß ich mich zunächst halten. Mit diesem Augenblick tritt das Absurde, das so evident und gleichzeitig so schwer fassbar ist, in das Leben eines Menschen ein und wird dort heimisch. In diesem Augenblick kann der Geist noch den unfruchtbaren, von hellsichtiger Anstrengung ausgedörrten Weg verlassen. Der mündet jetzt ins tägliche Leben ein. Der führt in die Welt des anonymen ›man‹, aber der Mensch begeht ihn von nun an mit seiner Auflehnung und mit seinem Scharfblick. Er hat es verlernt zu hoffen. Endlich ist die Hölle des Gegenwärtigen sein Reich.

(aus: Albert Camus: Der Mythos von Sisyphos. Ein Versuch über das Absurde. Reinbek b. Hamburg 1997, S. 57 f.)

Thomas Gebhardt: Aus einem Reiseführer über den Ort Rerik

Material 7

Kurz vor der schmalen Halbinsel Wustrow liegt das Ostseebad Rerik (2100 Einw.) [...]. Erst 1938 kam es zu Stadtrechten und zum heutigen Namen. Ausgrabungen hatten einige Scherben zutage gefördert, woraus man auf den 808 durch die Dänen zerstörten Handelsplatz Rerik schloß, das Dörfchen Alt Gaarz einfach umbenannte und es zur Stadt machte. Die dörfliche Atmosphäre blieb, Strand und kleine Steilküste auch, hinzu kamen ein Heimatmuseum für Ausgrabungsfunde und Lokalgeschichte [...] sowie eine neue Seebrücke. Segler, Surfer und Taucher schätzen das Revier und können vor Ort jedwede Ausrüstung leihen. Die barocke Ausmalung der gotischen Johanniskirche ist in ihrer Pracht einzigartig an der deutschen Ostseeküste. Vom nahen Bastorfer Leuchtturm hat man einen weiten Blick über das Salzhaff bis zum Doberaner Münster.

(aus: Thomas Gebhardt: Polyglott-Reiseführer Mecklenburg-Vorpommern. München 1996, S. 56)

Stephan Reinhardt: Alfred Andersch

Material 8

Mehr und mehr hatte der Roman vor seinem geistigen Auge Gestalt angenommen. Die Bilder einer Wanderung, die ihn 1938 von Hamburg aus die mecklenburgische Küste entlang führte, hatten »eine Art magische Qualität« [...] angenommen, waren wie in »graues Licht« gehüllt – weshalb er das Romanprojekt »Graues Licht« nannte. Aus einer Zeitungsnotiz wußte er, daß der Zigaretten-Fabrikant Hermann Fürchtegott Reemtsma im Dritten Reich Plastiken des von ihm geschätzten Ernst Barlach aufgekauft hatte, um sie vor dem Zugriff durch die Nazis [...] zu retten. Das Schicksal seiner [Anderschs] ersten Schwiegermutter, die im KZ Theresienstadt ermordet wurde, und die Schuldgefühle gegenüber seiner ersten Frau Angelika drängten sich nach vorn. Die Rettung der Jüdin »Judith« – Angelika hatte er ja gerade nicht gerettet, nicht retten können – verband er mit der Rettung von Barlachs Plastik »Der lesende Klosterschüler« und dem Rückgewinn menschlicher Würde in einer schier aussichtslosen Situation. [...] So wie Schmidt durch seine »Raster«-Technik auf die allgemeine Kulturkrise antwortete, so tat er es durch perspektivisches Erzählen in kleinen Abschnitten.

(aus: Stephan Reinhardt: Alfred Andersch. Eine Biographie. Zürich 1996, S. 238 f.)

Käte Hamburger: Erzählformen des modernen Romans

Material 9

Die Gestalten des Romans kommen zwar in Berührung miteinander, und die Wechselrede geht darum naturgemäß in die Erzählung ein. Aber in ihrem eigentlichen Sein [...] erleben wir sie nicht in ihren Beziehungen zueinander, ihrem Dialog also, sondern jede in ihrem Fürsichsein, jede versenkt in ihre eigene Situation und Not, letztlich also schweigende, in sich verschlossene und abgeschlossene Gestalten; und gerade auch von diesem Gesichtspunkt her erscheint die Rolle einer wirklich stummen Figur, die Plastik eines lesenden Mönchs am Kirchenpfeiler, bedeutsam.

(aus: Käte Hamburger: Erzählformen des modernen Romans. In: Der Deutschunterricht 11 (1959), S. 11)

Material 10

Ernst Barlach: Der lesende Klosterschüler

(© Foto Volster, Wismar)

(Bildlegende zu Barlach, Der lesende Klosterschüler, S. 100:
Ernst Barlach
Lesender Kosterschüler
Holz – 1930
Maße: H 1150, B 715, T 490
bez. am Sockel I.: EBarlach 1930
Gußstempel: H Noack Berlin
Werkverzeichnisnummer 367)

Anhang

Anmerkungen

[1] Fritz Martini: Deutsche Literaturgeschichte, S. 659.
[2] Wolfgang Wucherpfennig: Von den Anfängen bis zur Gegenwart, S. 274 und 291.
[3] Erhard Schütz: Alfred Andersch, S. 44.
[4] Gerd Haffmans (Hrsg.): Über Alfred Andersch, S. 83 ff. bzw. 87 ff.
[5] Über Alfred Andersch, S. 86 f.
[6] Über Alfred Andersch, S. 90.
[7] Bernhard Jendricke: Alfred Andersch, S. 85.
[8] a.a.O., S. 84.
[9] Erhard Schütz: Alfred Andersch, S. 46.
[10] a.a.O., S. 47.
[11] a.a.O., S. 49.
[12] a.a.O., S. 56.
[13] a.a.O., S. 54 und 47.
[14] Walter Hinderer: Alfred Andersch. Sansibar oder der letzte Grund, in: Romane des 20. Jahrhunderts, Band 2, S. 61.
[15] a.a.O., S. 65.
[16] a.a.O., S. 92.
[17] a.a.O., S. 71.
[18] a.a.O., S. 81.
[19] a.a.O., S. 75.
[20] a.a.O., S. 75.
[21] a.a.O., S. 75.
[22] a.a.O., S. 83.
[23] Kurt Rothmann: Deutschsprachige Schriftsteller in Einzeldarstellungen, alle Zitate S. 16.
[24] Marcel Reich-Ranicki: Deutsche Literatur in West und Ost, S. 128
[25] Ulrich Neuenschwander: Denker des Glaubens I, S. 80.
[26] a.a.O., S. 81.
[27] Alfred Andersch: Die Kirschen der Freiheit, S. 84.
[28] Johann Wolfgang von Goethe: Faust, Zeile 15586.
[29] Vgl. hierzu Kap. 11 dieser Interpretation.
[30] Werner Zimmermann: Deutsche Prosadichtungen unseres Jahrhunderts, Teil 2, S. 191; Herbert und Elisabeth Frenzel: Daten deutscher Dichtung, Band II, S. 689.
[31] a.a.O., S. 190.
[32] Dieser Schlager stammt nicht, wie Andersch schreibt, aus dem Film »Heimat«, sondern aus »Zu neuen Ufern«, vgl. Paul Seiler: Zarah Leander. Ich bin eine Stimme, S. 178.
[33] Zarah Leanders Verhältnis zum Nationalsozialismus wird unterschiedlich beurteilt. Paul Seiler nimmt in seiner Monografie: Zarah Leander. Ich bin eine Stimme die Sängerin und Schauspielerin in Schutz gegen Vorwürfe, sie habe »Durchhalte-Lieder« gesungen. Er vertritt die Meinung, dass selbst im Jahre 1939 Zarah Leander noch geglaubt haben musste, »ihre schwedischen Landsleute akzeptierten, daß sie im nationalsozialistischen Deutschland gefeiert wurde« (a.a.O., S. 44). 1943 jedoch, als ihr Vertrag mit der Ufa auslief und Zarah Leander in Schweden ihre Karriere fortsetzen wollte, begegnete man ihr dort mit Ablehnung. Seiler schreibt: »Sie wurde wie eine Feindin behandelt. Die Anklage lautete: Sie hat für die Nazis gefilmt.« (a.a.O., S. 69).
[34] Walter Hinderer, a.a.O., S. 69.
[35] Käte Hamburger: Erzählformen des modernen Romans, S. 11.
[36] Werner Zimmermann: Deutsche Prosadichtungen unseres Jahrhunderts, Teil 2, S. 188 f.
[37] a.a.O., S. 93.
[38] a.a.O., S. 16.
[39] a.a.O., S. 37.
[40] a.a.O., S. 259.
[41] Jochen Vogt: Aspekte erzählender Prosa, S. 165. Diese Bezeichnung ist dem Kapitel »Die ›Doppelstimme‹ der erlebten Rede« entnommen, das sich ausgezeichnet eignet, um sich über den neuesten Forschungsstand dieser Technik der Bewusstseinswiedergabe zu informieren.
[42] a.a.O., S. 56.
[43] a.a.O., S. 131.
[44] a.a.O., S. 59 f.
[45] Ernst Loewy: Literatur unterm Hakenkreuz, S. 16.
[46] a.a.O., S. 283.
[47] a.a.O., S. 137.
[48] a.a.O., S. 147 f. Zu dieser Thematik ist in überarbeiteter 4. Auflage 1998 neu erschienen: Klaus-Peter Schuster (Hrsg.): Nationalsozialismus und ›Entartete Kunst‹, vgl. Literaturverzeichnis.
[49] Merker, a.a.O., S. 136 f.
[50] a.a.O., S. 538.
[51] a.a.O., S. 541.
[52] Zitiert aus Focke u. Hohlbein: Stationen auf dem Weg zur Macht, S. 133.
[53] Focke u. Reimer: Alltag der Entrechteten, S. 12.
[54] Focke u. Hohlbein, a.a.O., S. 81.
[55] 27. und 28. 2. 1933, zitiert nach Lautemann u. Schlenke (Hrsg.): Geschichte in Quellen, Band V, S. 279.
[56] Abgedruckt bei Focke u. Hohlbein, a.a.O., S. 139 ff.
[57] Focke u. Reimer, a.a.O., S. 13.

[58] Lautemann u. Schlenke, a.a.O., S. 347.
[59] ebd., S. 345 f.
[60] Lautebach u. Schlenke, a.a.O., S. 347.
[61] Zitiert nach Lautebach u. Schlenke, a.a.O., S. 332.
[62] Zitiert nach Heinz Hürten: Deutsche Geschichte in Quellen und Darstellung, Band 9: Weimarer Republik und Drittes Reich 1918–1945, S. 177.
[63] Focke u. Reimer, a.a.O., S. 86.
[64] Zitiert nach R. Kühnl: Der deutsche Faschismus in Quellen und Dokumenten, S. 272.
[65] Zitiert nach Lautemann u. Schlenke, a.a.O., S. 335.
[66] Freimark u. Kopitzsch: Der 9./10. November 1938 in Deutschland, S. 11.
[67] Zitiert nach Heinz-Dieter Schmidt (Hrsg.): Fragen an die Geschichte, S. 60.
[68] Kurt Galling (Hrsg.): Die Religion in Geschichte und Gegenwart, 1. Band, Spalte 105.
[69] ebd., Spalte 105.
[70] ebd., Spalte 106.
[71] ebd., Spalte 106.
[72] Zitiert nach Kurt Galling, a.a.O., Spalte 984.
[73] Jean-Paul Sartre: Bariona oder Der Sohn des Donners / Die Fliegen, S. 183.
[74] Peter Kampits: Jean-Paul Sartre, in: Margot Fleischer (Hrsg.): Philosophen des 20. Jahrhunderts, S. 164.
[75] Peter Kampits, a.a.O., S. 163 f.
[76] Peter Kampits, a.a.O., S. 167.
[77] Bernhard Jendricke: Alfred Andersch, S. 81.
[78] Nach Thomas Gebhardt: Polyglott-Reiseführer Mecklenburg-Vorpommern, S. 56. Vgl. hierzu Material 7.

Literaturverzeichnis

Primärliteratur

Andersch, Alfred: Sansibar oder der letzte Grund. Zürich o. J., Diogenes TB 20055

– : Die Kirschen der Freiheit. Zürich o. J., Diogenes TB 20001

Andres, Stefan: Der Knabe im Brunnen. München 1994. Serie Piper, Bd. 459

Camus, Albert: Der Mythos von Sisyphos. Ein Versuch über das Absurde. Reinbek bei Hamburg 1997, 394.–401. Tausend. rororo TB 12375

Goes, Albrecht: Unruhige Nacht. Stuttgart 1993. Reclam UB 8458

Mann, Heinrich: Der Untertan. Frankfurt am Main 1997. Fischer TB 13640

Mann, Thomas: Lotte in Weimar. Frankfurt am Main 1997. Fischer TB 20300

Sartre, Jean-Paul: Bariona oder Der Sohn des Donners. Die Fliegen. Reinbek bei Hamburg 1997, 23.–25. Tausend. rororo TB 12942

Schnitzler, Arthur: Casanovas Heimfahrt. Frankfurt am Main 1992, 11.–14. Tausend. Fischer TB 11597

Wolf, Christa: Der geteilte Himmel. München 1996. dtv TB 915

Zitierte Quellen und Sekundärliteratur

Ecker, Egon: Alfred Andersch. Erläuterungen zu Sansibar oder der letzte Grund / Fahrerflucht. Hollfeldt 1994, Königs Erläuterungen und Materialien, Bd. 334, 6. erw. Aufl.

Fleischer, Margot (Hrsg.): Philosophen des 20. Jahrhunderts. Eine Einführung. Darmstadt 1995, 4. Aufl.

Focke, Harald und Hohlbein, Hartmut: Stationen auf dem Weg zur Macht. Hamburg 1982 (Veröffentlichung der Landeszentrale für politische Bildung, Hamburg)

Focke, Harald und Reimer, Uwe: Alltag der Entrechteten. Reinbek bei Hamburg 1980. rororo aktuell A 4625

Freimark, Peter und Kopitzsch, Wolfgang: Der 9./10. November 1938 in Deutschland. Hamburg 1978 (Veröffentlichung der Landeszentrale für politische Bildung, Hamburg)

Frenzel, Herbert A. und Elisabeth: Daten deutscher Dichtung, Bd. 2. München 1997, 30. Aufl., dtv TB 3004

Galling, Kurt (Hrsg.): Die Religion in Geschichte und Gegenwart, 1. Bd. Tübingen 1957, 3. Aufl.

Gebhardt, Thomas: Polyglott-Reiseführer Mecklenburg-Vorpommern. München 1996. Polyglott Bd. 643

Geißler, Rolf (Hrsg.): Möglichkeiten des modernen deutschen Romans. Frankfurt am Main 1973, 5. Aufl.

Haffmans, Gerd (Hrsg.): Über Alfred Andersch. Zürich 1987, dritte, vermehrte Neuausgabe. Diogenes TB 20819

Hamburger, Käte: Erzählformen des modernen Romans. In: Der Deutschunterricht 11 (1959), 4

Heißenbüttel, Helmut: Vom letzten Grund der Politik. In: Haffmans, Gerd (Hrsg.): Über Alfred Andersch

Hinderer, Walter: Alfred Andersch. Sansibar oder der letzte Grund. In: Interpretationen. Romane des 20. Jahrhunderts, Bd. 2. Stuttgart 1993. Reclam UB 8809

Hitler, Adolf: Mein Kampf, 1. u. 2. Bd., München 1939

Hürten, Heinz (Hrsg.): Deutsche Geschichte in Quellen und Darstellung, Bd 9.: Weimarer Republik und Drittes Reich 1918–1945. Stuttgart 1995. Reclam UB 17009

Jendricke, Bernhard: Alfred Andersch. Reinbek bei Hamburg 1994, 3. Aufl. rororo bildmonographien 395

Kampits, Peter: Kapitel: Jean-Paul Sartre. Zwischen Absurdität und Freiheit. In: Fleischer, Margot (Hrsg.): Philosophen des 20. Jahrhunderts

Krahmer, Catherine: Barlach. Reinbek bei Hamburg 1997, 6. Aufl. rororo bildmonographien 335

Kühnl, Reinhard: Der deutsche Faschismus in Quellen und Dokumenten. Köln 1975

Lautemann, Wolfgang und Schlenke, Manfred: Geschichte in Quellen, Bd. V, München 1970, 2. Aufl.

Loewy, Ernst: Literatur unterm Hakenkreuz. Frankfurt am Main 1983. Fischer TB 4303

Macho, Thomas: Sartre. München 1998. dtv Reihe: Philosophie jetzt

Martini, Fritz: Deutsche Literaturgeschichte. Stuttgart 1991, 19. Aufl. Kröners Taschenausgabe Bd. 196

Merker, Reinhard: Die bildenden Künste im Nationalsozialismus. Köln 1983. Dumont TB 132

Michalka, Wolfgang (Hrsg.): Deutsche Geschichte 1933–1945. Dokumente zur Innen- und Außenpolitik. Frankfurt am Main 1996. Fischer TB 11251

Neuenschwander, Ulrich: Denker des Glaubens I. Gütersloh 1974

Nolte, Jost: Das Urteil des gesunden SA-Mannes. Daraus: Besprechung der Buchveröffentlichung »Piper, Ernst: Ernst Barlach und die nationalsozialistische Kulturpolitik.« Die Zeit (Nr. 52), Hamburg 23. 12. 1983

Piper, Ernst: Ernst Barlach und die nationalsozialistische Kulturpolitik. Eine dokumentarische Darstellung zur »entarteten Kunst«. München 1983

Reich-Ranicki, Marcel: Deutsche Literatur in West und Ost. München 1993, 2. Aufl. dtv TB 10414

Reinhardt, Stephan: Alfred Andersch. Eine Biographie. Zürich 1996. Diogenes TB 22874

Rothmann, Kurt: Deutschsprachige Schriftsteller seit 1945 in Einzeldarstellungen. Stuttgart 1985. Reclam UB 8252

Schiller, Dieter: Stundenblätter. Alfred Andersch *Sansibar*. Stuttgart 1983, 4. Aufl.

Schmidt, Arno: Das Land, aus dem man flüchtet. In: Haffmans, Gerd (Hrsg.): Über Alfred Andersch

Schmidt, Heinz-Dieter (Hrsg.): Fragen an die Geschichte. Geschichtliches Arbeitsbuch für die Sekundarstufe I, Bd 4. Frankfurt am Main o. J.

Schütz, Erhard: Alfred Andersch. München 1980. Autorenbücher 23

Schuster, Klaus-Peter (Hrsg.): Nationalsozialismus und ›Entartete Kunst‹. Die ›Kunststadt‹ München 1937. München 1998, 4., völlig neu bearb. Aufl.

Seiler, Paul: Zarah Leander. Ich bin eine Stimme. Berlin 1997. Ullstein TB 35711

Vogt, Jochen: Aspekte erzählender Prosa. Eine Einführung in Erzähltechnik und Romantheorie. Opladen 1990, 7., neubearbeitete und erw. Aufl.

Wucherpfennig, Wolfgang: Von den Anfängen bis zur Gegenwart. Stuttgart 1996, 3. Aufl.

Zahrnt, Heinz: Die Sache mit Gott. Die protestantische Theologie im 20. Jahrhundert. München 1996, 3. Aufl. Piper TB 890

Zimmermann, Werner: Deutsche Prosadichtungen unseres Jahrhunderts, Teil 2. Düsseldorf 1976

Verfilmungen

Der Roman *Sansibar* ist zweimal verfilmt worden:

1. Fernsehfilm des Süddeutschen Rundfunks Stuttgart. Drehbuch von Leopold Ahlsen. 1961
2. Verfilmung von Bernhard Wicki. 1985/86

Beide Verfilmungen sind nicht als Videos im Handel erhältlich und wurden deswegen in dieser Interpretation nicht berücksichtigt.

Bibliografien

Ausführliche Bibliografien zur Literatur über Alred Andersch befinden sich im Anhang zu Bernhard Jendrickes Monografie: Alfred Andersch sowie zu Gerd Haffmans (Hrsg.): Über Alfred Andersch (vgl. die näheren Angaben im Literaturverzeichnis dieser Interpretation).

Zeittafel zu Leben und Werk

1914 geboren am 4. Februar in München als Sohn eines Kaufmanns und Versicherungsagenten
1920–1928 Besuch der Volksschule und des Wittelsbacher Gymnasiums in München
1928 verlässt er nach der Untertertia die Schule; Lehre als Buchhändler
1931–1933 beginnende politische Arbeit im Kommunistischen Jugendverband; seit 1932 dessen Organisationsleiter für Südbayern
1933 Verhaftungen; Aufenthalt im KZ Dachau; danach unter Gestapo-Aufsicht gestellt, gibt er seine politische Tätigkeit auf
1933–1940 arbeitet er als kaufmännischer Angestellter im Verlag und in der Industrie
1941 Soldat
1944 desertiert er am 6. 6. zu den Amerikanern an der italienischen Front
1944/45 Kriegsgefangenschaft in den USA
1945 Mitarbeiter der »Neuen Zeitung« in München
1946 gibt er zusammen mit Hans Werner Richter die Zeitschrift »*Der Ruf*« heraus bis zum Verbot durch die Amerikaner 1947
1947 Mitglied in der »Gruppe 47«
1948–1950 Gründer und Leiter des Abendstudios im Sender Frankfurt am Main
1951–1953 Leiter der gemeinsamen Feature-Redaktion der Sender Hamburg und Frankfurt
1955–1957 Herausgeber der literarischen Zeitschrift »*Texte und Zeichen*«
1955–1958 Gründer und Leiter der Redaktion »Radio-Essay« des Süddeutschen Rundfunks
1957 Immermann-Förderpreis
1958 lässt er sich als freier Schriftsteller in Berzona (Schweiz) nieder
1958 Deutscher Kritikerpreis; Schleußner-Schueller-Preis des Hessischen Rundfunks
1968 Nelly-Sachs-Preis der Stadt Dortmund; Charles-Veillon-Preis für deutsche Sprache; Mitglied der Bayerischen Akademie der Schönen Künste
1972 erhält er die Schweizer Staatsbürgerschaft
1975 Besuch u. a. der Sowjetunion; Literaturpreis der Bayerischen Akademie der Schönen Künste
1980 stirbt er am 21. 2. in Berzona an Nierenversagen nach dreijähriger Krankheit

Romane und Erzählungen (Auswahl)

1952 *Die Kirschen der Freiheit. Ein Bericht*
1957 *Sansibar oder der letzte Grund*. Roman
1960 *Die Rote*. Roman (Neufassung 1972)
1963 *Ein Liebhaber des Halbschattens*. Erzählungen
1967 *Efraim*. Roman
1974 *Winterspelt*. Roman
1980 *Der Vater eines Mörders. Eine Schulgeschichte*. Autobiografische Erzählung

Essays

1948 *DEUTSCHE LITERATUR IN DER ENTSCHEIDUNG. EIN BEITRAG ZUR ANALYSE DER LITERARISCHEN SITUATION.* Essays

1977 *ÖFFENTLICHER BRIEF AN EINEN SOWJETISCHEN SCHRIFTSTELLER, DAS ÜBERHOLTE BETREFFEND.* Reportagen und Aufsätze

Reisebilder

1962 *WANDERUNGEN IM NORDEN.* Reisebericht

1966 *AUS EINEM RÖMISCHEN WINTER. Reisebilder*

Hörspiele

1965 *FAHRERFLUCHT. VIER HÖRSPIELE* (Enthält: *FAHRERFLUCHT* (1958), *RUSSISCHES ROULETTE, DER TOD DES JAMES DEAN* (1960), *IN DER NACHT DER GIRAFFE*)

1979 *NEUE HÖRSPIELE* (Enthält: *DIE BRANDUNG VON HOSSEGOR, TAPETENWECHSEL, RADFAHRER SUCHT WOHNUNG*)

(Werkauswahl)

Arbeitsbedingte Belastungen
in der Zahnheilkunde

F. Hofmann • T. Walker

Mit freundlicher Empfehlung

F. Hofmann · T. Walker

Arbeitsbedingte Belastungen in der Zahnheilkunde

10 Fortschritte in der Präventiv- und Arbeitsmedizin
Herausgegeben von F. Hofmann

ecomed

Hinweis:
Die Wiedergabe von Gebrauchsnamen, Handelsnamen, Warenbezeichnungen usw. in diesem Werk berechtigt auch ohne besondere Kennzeichnung nicht zu der Annahme, daß solche Namen im Sinne der Warenzeichen- und Markenschutzgesetzgebung als frei zu betrachten wären und daher von jedermann benutzt werden dürften.
Medizin als Wissenschaft ist ständig im Fluß, Forschung und klinische Erfahrung erweitern unsere Kenntnisse, insbesondere was die Behandlung und die medikamentöse Therapie anbelangt. Soweit in diesem Werk eine Dosierung oder eine Applikation erwähnt wird, darf der Leser zwar darauf vertrauen, daß Autor und Verlag größte Mühe darauf verwandt haben, diese Angaben genau dem Wissensstand bei Fertigstellung des Werks anzupassen. Dennoch ist jeder Benutzer aufgefordert, die Beipackzettel der verwendeten Präparate zu prüfen, um in eigener Verantwortung festzustellen, ob die dort angegebenen Dosierungsempfehlungen oder die Kontraindikationen von der Angabe in diesem Buch abweichen. Eine solche Prüfung ist besonders wichtig bei selten verwendeten Präparaten oder solchen, die neu auf den Markt gebracht worden sind.
Für etwaige inhaltliche Unrichtigkeiten des Buches übernehmen Herausgeber und Verlag keinerlei Verantwortung oder Haftung.

ecomed Umweltinformation

Dieses Buch wurde auf chlor- und säurefrei gebleichtem Papier gedruckt. Unsere Verlagsprodukte bestehen aus umweltfreundlichen und ressourcenschonenden Materialien.
Wir sind bemüht, die Umweltfreundlichkeit unserer Werke im Sinne wenig belastender Herstellverfahren der Ausgangsmaterialien sowie Verwendung ressourcenschonender Rohstoffe und einer umweltverträglichen Entsorgung ständig zu optimieren. Dabei sind wir bestrebt, die Qualität beizuhalten bzw. zu verbessern. Schreiben Sie uns, wenn Sie hierzu Anregungen oder Fragen haben.

Die Deutsche Bibliothek – CIP-Einheitsaufnahme

Hofmann, Friedrich:
Arbeitsbedingte Belastungen in der Zahnheilkunde / F. Hofmann ; T. Walker. - Landsberg/Lech : ecomed, 1999
(Fortschritte in der Präventiv- und Arbeitsmedizin ; 10)
ISBN 3-609-51740-9

Arbeitsbedingte Belastungen in der Zahnheilkunde
F. Hofmann • T. Walker
10 Fortschritte in der Präventiv- und Arbeitsmedizin

Rudolf-Diesel-Straße 3, 86899 Landsberg,
Telefon 0 81 91/1 25-0, Telefax 0 81 91/1 25-2 92, Internet: http://www.ecomed.de

Satz: Fotosatz H. Buck, 84036 Kumhausen
Druck: SV-Kommunalschriften Druckerei, 80999 München
Printed in Germany · 510740/299535
ISBN 3-609-51740-9

Inhaltsverzeichnis

Vorwort

Die arbeitsmedizinische Betreuung von Beschäftigten im Bereich der Zahnheilkunde wurde lange Zeit vernachlässigt. Dies hat sich kürzlich geändert, da entsprechende Betreuungsvorschriften seitens der Gesetzlichen Unfallversicherer in Kraft getreten sind. Wie bedeutend der Bereich der Zahnheilkunde (mit allen dazugehörigen Sektoren wie z.B. Zahntechnik) ist, zeigen die Beschäftigungszahlen: Mehr als eine halbe Million Menschen arbeiten derzeit in diesem Bereich des Erwerbslebens.

Das vorliegende Buch soll die Grundlage für die Betreuung dieser Beschäftigungsgruppe darstellen: Biologische, chemische, physikalische und psychische Belastungen werden ebenso abgehandelt wie die entsprechenden Beanspruchungsreaktionen und die Prävention. Zusätzlich enthält der Bank wichtige Informationen zur Beschäftigungsstruktur, zu den Beschäftigungszahlen, der Aus- und Weiterbildung und vor allem zu den Tätigkeitsmerkmalen von Zahnärzten, Mund-, Kiefer-, Gesichtschirurgen, Zahnarzthelfern und Zahntechnikern.

Darüber hinaus wird auf die Bedeutung (und die Verhütung) von Unfällen und Berufskrankheiten eingegangen.

Die Autoren hoffen, mit diesem Band einen Beitrag zur effizienten arbeitsmedizinischen Betreuung dieses wichtigen beruflichen Sektors liefern zu können. Für Anregungen und Verbesserungsvorschläge sind die Unterzeichner allen interessierten Lesern dankbar.

Friedrich Hofmann und Tobias Walker

Wuppertal, im Januar 1999

Einführung

In der Zahnmedizin und Zahntechnik tätige Personen sind während der langjährigen Ausübung ihrer Berufe einer Reihe von physikalischen, biologischen und chemischen Belastungen ausgesetzt, die zu teilweise gravierenden gesundheitlichen Schäden führen können [83, 103, 159]. Bereits im Jahre 1982 wurde durch das Forschungsinstitut für die zahnärztliche Versorgung Köln (FZV) eine Erhebung zum Thema durchgeführt. Von den 274 befragten Zahnärzten gaben 43 % an, daß die gesundheitlichen Risiken zu den unangenehmsten Seiten ihres Berufes zählten [110].

Die wichtigste Rolle spielen dabei Gefahrstoffe, wie z.B. Quecksilber- und Methylmethacrylatdämpfe, Röntgenstrahlung, Zwangshaltungen, Bewegungsarmut, Infektionsrisiken (z.B. Hepatitis B, C, D, G, HIV, HSV, u.a.), allergisierende Stoffe sowie organische und anorganische Stäube. Hinzu kommt die Belastung durch psychosozialen Streß [16, 133].

In den folgenden Abschnitten sollen die wichtigsten Belastungen und Beanspruchungen des zahnmedizinischen Personals dargestellt und der heute erkennbare Wert der Prävention umrissen werden.

Beschäftigungsstruktur

Im zahnmedizinischen Bereich existieren derzeit vier verschiedene Berufszweige, und zwar der

- Zahnmedizin,
- Mund-, Kiefer-, Gesichtschirurgie,
- Zahnarzthilfe und
- Zahntechnik.

Beschäftigungszahlen

Zahnärzte (nach [19])

	1996
Gesamtzahl Zahnärzte:	76.390
Männlich:	49.965 (65,41 %)
Weiblich:	26.425 (34,59 %)

Mund-, Kiefer-, Gesichtschirurgen (nach [160])

	1996
Gesamtzahl Mund-, Kiefer-, Gesichtschirurgen:	946
Männlich:	879 (92,91 %)
Weiblich:	67 (7,09 %)

Zahnarzthelferinnen* (nach [18])

*die Bundesanstalt für Arbeit führt die Berufsgruppe der Zahnarzthelferin nicht als einzelne Berufsgruppe, sondern nur unter der Berufsgruppe Sprechstundenhelfer mit der Berufskennziffer 856.

	1996
Gesamtzahl Sprechstundenhelfer:	488.544
Männlich:	2.558 (0,52 %)
Weiblich:	485.986 (99,48 %)

Zahntechniker (nach [18])

	1996
Gesamtzahl Zahntechniker:	45.662
Männer:	24.609 (58,7 %)
Frauen:	21.053 (41,3 %)

Ausbildung

Zahnarzt

Die Zulassung zum Studium der Zahnheilkunde wird heute zentral von der Zentralstelle für die Vergabe von Studienplätzen (ZVS) geregelt. Da sich zum WS 1996/97 nur 2,1 Bewerber im Studiengang Zahnmedizin je Studienplatz beworben haben, war die Mehrheit der Länder zu der Überzeugung gekommen, daß die rückläufige Nachfrage nach Medizinstudienplätzen das bisher praktizierte besondere Auswahlverfahren nicht mehr rechtfertige. Im September 1996 hat daher der Verwaltungsausschuß der ZVS, dem die Staatssekretäre aus den Wissenschaftsministerien der Länder angehören, beschlossen, zum Sommersemester 1998 die Studienplätze in den medizinischen Studiengängen wieder im allgemeinen Auswahlverfahren zu vergeben. Bis zum Wintersemester 1997/98 einschließlich gelten noch die Regeln des bisherigen Auswahlverfahrens [12]:

- 45 % der Studienplätze werden aufgrund der Durchschnittsnote, kombiniert mit dem Testergebnis des Medizinertests vergeben. Innerhalb dieser Quote bildet die ZVS Landesquoten. Bei der Auswahl in der Abitur-Test-Quote werden die Durchschnittsnote zu 55 % und das Testergebnis zu 45 % gewertet und zu einer neuen Note („Wertzahl“) zusammengefaßt,
- 10 % der Studienplätze werden allein nach der Testleistung vergeben,
- 20 % der Studienplätze werden nach Wartezeit vergeben,
- 15 % der Studienplätze werden direkt von den Hochschulen nach dem Ergebnis eines Auswahlgespräches vergeben. Die ZVS bestimmt durch das Los, wer am Auswahlgespräch teilnehmen kann und
- daneben werden im Rahmen einer Vorabquote Studienplätze an besondere Bewerbergruppen, unter anderem für Härtefälle, an Zweitstudienbewerber und an Ausländer vergeben.

Der Test zur Teilnahme an diesem besonderen Auswahlverfahren hat zum letzten Mal im Novemer 1996 stattgefunden.

Vom Sommersemester 1998 an erfolgt die Zulassung zum Studium der Zahnmedizin dann wieder nach dem allgemeinen Auswahlverfahren, das auch für andere Numerus-clausus-Studiengänge gilt:

- 60 % der Studienplätze werden nach Leistung (Abiturnote) vergeben. Bei der Vergabe nach Leistung werden die Bewerber auf einer von 16 Listen geführt, je nachdem, in welchem Bundesland sie ihre Studienberechtigung erworben haben und
- 40 % der Studienplätze werden nach Wartezeit vergeben.

Bevor die Studienplätze 60 zu 40 nach den beschriebenen Kriterien vergeben werden, werden folgende Bewerbergruppen zugelassen:

- 5 % Ausländer,
- 1,5 % Sanitätsoffiziere der Bundeswehr,
- 2 % Härtefälle,

- 0,2 % Bewerber mit besonderer Hochschulzugangsberechtigung und
- 3 % Zweitstudienbewerber.

Das Studium (mindestens 10 Hochschulsemester) selbst richtet sich nach dem Gesetz über die Ausübung der Zahnheilkunde (BGBl. I 1987 S. 481) sowie der Approbationsordnung für Zahnärzte vom 26. Januar 1955 (BGBl. I S. 37) in der Fassung der Dritten Verordnung zur Änderung der Prüfungsordnung für Zahnärzte vom 17. Dezember 1986 (BGBl. I S. 2524). Eine Ergänzung erfuhr die Approbationsordnung durch die Röntgenverordnung vom 8. Januar 1987 (BGBl. I S. 114).

Es gliedert sich wie in der Medizin in einen vorklinischen und einen klinischen Abschnitt. Neben der theoretischen Unterweisung ist es stark auf die praktische Ausübung des Zahnarztes ausgerichtet.

Das Studium der Zahnheilkunde wird bundesweit an 30 verschiedenen Hochschulen angeboten und gliedert sich in ein:

Vorklinisches Studium (Vorlesungen, Kurse und Praktika, 1.–5. Semester):

- Zoologie oder Biologie,
- Physik und Chemie,
- Anatomie,
- Physiologie und Biochemie,
- Werkstoffkunde,
- Technische Probädeutik und
- Zahnersatzkunde.

und ein

Klinisches Studium (Vorlesungen, Kurse und Praktika, 6.–10. Semester):

- Phantomkurs (Füllungen, Präparationen, Wurzelbehandlungen, Röntgenaufnahmen),
- Behandlungskurse (theoretische und praktische Ausbildung in der Zahnheilkunde und weiter zugehörigen medizinischen Fächern, wie z.B. Pathologie, Hygiene, Pharmakologie, Allgemeine Chirurgie, Innere Medizin, HNO, Hautkrankheiten) und
- Röntgenkursus.

Prüfungen:

- Naturwissenschaftliche Vorprüfung nach dem 2. Semester (Fächer: Physik, Chemie, Zoologie und Biologie),
- Zahnärztliche Vorprüfung nach dem 5. Semester (Fächer: Anatomie, Physiologie, physiologische Chemie und Zahnersatzkunde) und
- Zahnärztliche Prüfung nach dem 10. Semester (Fächer: Pathologie, Pharmakologie, Hygiene, Innere Medizin, Haut-/Geschlechtskrankheiten, HNO, Zahn-/Mund-/Kieferkrankheiten, Chirurgie, Zahnerhaltungskunde, Zahnersatzkunde, Kieferorthopädie).

Weiterbildung:
Die Hauptversammlung des Bundesverbandes der Deutschen Zahnärztekammern e.V. (Bundeszahnärztekammer) beschloß am 6./7. November 1975 eine Weiterbildungsordnung, die 1983 den EG-Richtlinien angepaßt und 1987 überarbeitet wurde. Danach darf die

Weiterbildung vier Jahre nicht unterschreiten und beginnt mit einem allgemein-zahnärztlichen Jahr. Sie soll als Muster für die Länderregelungen angesehen werden. Sie sieht zahnärztliche Gebietsbezeichnungen vor, die auf besondere Kenntnisse der folgenden Gebiete Zahn-, Mund- und Kieferheilkunde hinweisen [12, 15]:

- Kieferorthopädie
  Das Gebiet der Kieferorthopädie umfaßt die Erkennung, Verhütung und Behandlung von Fehlbildungen des Kauorgans, von Zahnstellungs- und Bißanomalien sowie Kieferfehlbildungen, Deformierungen der Kiefer und des Gesichtsschädels. Inhalt der Weiterbildung ist die Vermittlung und der Erwerb eingehender Kenntnisse und Erfahrungen in der Ätiologie, in der Genese der Gebißfehlstellung, in der kieferorthopädischen Diagnostik einschließlich kephalometrischer Untersuchungen mittels Fernröntgenaufnahme sowie die Therapien nach anerkannten Behandlungsmethoden. Die Weiterbildungszeit beträgt drei Jahre.
- Zahnärztliche Chirurgie
  Das Gebiet umfaßt die Diagnostik und die zahnärztlich-chirurgische Therapie von Erkrankungen und Verletzungen im Zahn-, Mund- und Kieferbereich einschließlich der Behandlung von Luxationen und Frakturen im Bereich des Gesichtsschädels (Kieferbruchbehandlung) sowie ihre Nachsorge. Die Weiterbildungszeit beträgt drei Jahre.
- Öffentliches Gesundheitswesen
  Die Anerkennung für das Gebiet „Öffentliches Gesundheitswesen" wird aufgrund des Zeugnisses über das Bestehen der Prüfung an einer Akademie für Öffentliches Gesundheitswesen erteilt. Inhalt und Dauer richten sich nach den jeweils gültigen staatlichen Zulassungs- und Prüfungsordnungen.
- Paradontologie
  Über die Empfehlung der „Musterweiterbildungsordnung" hinaus wird z.Z. von der Zahnärztekammer Westfalen-Lippe das Weiterbildungsangebot „Paradontologie" angeboten. Die Parantologie umfaßt die Erkennung, Verhütung, Behandlung und Nachsorge paradontaler Erkrankungen. Die Weiterbildung dauert drei Jahre.

Mund-, Kiefer-, Gesichtschirurg

Zahnmediziner, die sich zum Mund-, Kiefer-, Gesichtschirurgen (Gebietsbezeichnung) weiterbilden möchten, benötigen neben der Approbation als Zahnarzt eine Approbation als Arzt (sog. Doppelapprobation). Die Weiterbildungsdauer beträgt vier Jahre an einer Weiterbildungsstätte gemäß der Weiterbildungsordnung (WBO) der jeweiligen Landesärztekammern (insgesamt 17 verschiedene Landesärztekammern).

Inhalt und Ziel dieser Weiterbildung ist die Vermittlung, der Erwerb und der Nachweis eingehender Kenntnisse, Erfahrungen und Fertigkeiten in der Entwicklungsgeschichte, Anatomie, Ätiologie, Symptomatologie, Diagnostik, Differentialdiagnostik und Therapie der Krankheiten des Gesichtes einschließlich der radiologischen Diagnostik des Gebietes und des Strahlenschutzes sowie der gebietsbezogenen Sonographie, der Onkologie und Implantologie des Gebietes, den Narkoseverfahren des Gebietes, in der Herz-Lungen-Wiederbelebung und der Schockbehandlung und der selbständigen Durchführung der üblichen Operationen. Außerdem sollen Kenntnisse über Indikation und Anwendung chirurgisch-prothetischer und orthopädischer Hilfsmittel und Maßnahmen vermittelt werden.

Die Kieferchirurgie umfaßt die Erkennung, die konservative und chirurgische Behandlung, die Prävention und die Rehabilitation der Erkrankungen, Verletzungen, Frakturen, Fehlbildungen und Formveränderungen, die vom Zahn, vom Zahnhalteapparat, von den Alveolarfortsätzen und vom harten Gaumen ausgehen, der beiden Kiefer, einschließlich chirurgischer Kieferorthopädie, des Gaumens, der Lippen, des Naseneinganges, des Oberkiefers und des Jochbeins (Reposition und Fixation), des Unterkiefers einschließlich des Kiefergelenkes, der vorderen 2/3 der Zunge, der Mundhöhlenwandungen, der Glandula submandibularis sowie der Weichteile des Gesichtsschädels, der Glandula parotis, der Lymphknoten, der gebietsbezogenen Nerven, die Korrekturen des Mundes und des Mundbodens sowie der Biß- und Kaufunktion, die Eingliederung von Resektionsprothesen und anderer prothetischer und orthopädischer Hilfsmittel. Die gebietsbezogene Implantologie, die Wiederherstellende und Plastische Chirurgie der vorstehend aufgeführten Bereiche.

Zahnarzthelferin

Der Beruf der Zahnarzthelferin ist ein staatlich anerkannter Ausbildungsberuf. Da für diese Ausbildungsberufe gesetzlich keine bestimmte Schulbildung als Zulassungsvoraussetzung vorgeschrieben ist, sind die konkreten praxisbezogenen Einstellungsbedingungen recht unterschiedlich; die Bandbreite der Schulqualifikation reicht daher vom Hauptschulabschluß über die Mittlere Reife bis hin zum Fachhoch- und Hochschulabschluß. Erfahrungsgemäß ist die Nachfrage von Schülern mit einem mittleren Bildungsabschluß (Mittlere Reife) zur Aufnahme einer Ausbildung zur Zahnarzthelferin am stärksten ausgeprägt. Da Jugendliche nur in staatlich anerkannten Ausbildungsberufen ausgebildet werden dürfen, muß die Durchführung der Berufsausbildung von Jugendlichen zum Zahnarzthelfer/ zur Zahnarzthelferin nach der Ausbildungsordnung (Zahnarzthelfer-Ausbildungsverordnung – ZahnarztHAusbV vom 19. Januar 1989) erfolgen. Diese Ausbildungsverordnung regelt – mit bundesweiter Geltung – nur den betrieblichen Teil der dualen Berufsausbildung. Der schulische Teil fällt in die Zuständigkeit der einzelnen Bundesländer. Er richtet sich nach dem jeweiligen Lehrplan für die berufsbildende Schule. Gesetzliche Grundlagen für den Ausbildungsberuf ist das Berufsbildungsgesetz (BbiG) vom 14. August 1969. Nach diesem Gesetz obliegt die Kontrolle, Überwachung und Förderung der praxisbezogenen beruflichen Ausbildung den jeweiligen Zahnärztekammern in Zusammenarbeit mit den entsprechend vorgeschriebenen Ausschüssen. Daher muß auch der schriftlich zwischen Ausbildendem und Auszubildenden zu schließende Berufsbildungsvertrag der zuständigen Zahnärztekammer zur Eintragung vorgelegt werden. Nach Überprüfung der durch das Berufsbildungsgesetz geforderten Eintragungsvorgaben erfolgt die Registrierung des Vertrages in das Verzeichnis der Berufsausbildungsverhältnisse.

Die Bewerberin für den Ausbildungsberuf muß neben der schulischen Vorbildung (gute Deutschkenntnisse, gesicherte Rechtschreibung, gute Kenntnisse in den naturwissenschaftlichen Fächern, gute Allgemeinbildung) auch bestimmten körperlichen Eignungsvoraussetzungen entsprechen:

Sie muß

- über einen guten allgemeinen Gesundheitszustand verfügen,
- ein ausgeprägtes Hör-, Seh- und Farbunterscheidungsvermögen besitzen,

- über psychische Belastbarkeit verfügen und
- frei von ansteckenden Krankheiten und einer Überempfindlichkeit gegenüber chemischen Stoffen sein.

Die Ausbildungsdauer beträgt drei Jahre. Eine Verkürzung der Ausbildungsdauer ist unter bestimmten Voraussetzungen möglich (§ 29 Abs. 2 BbiG). Die Auszubildende kann darüber hinaus vor Ablauf der Ausbildungszeit zur Abschlußprüfung zugelassen werden (üblicherweise nach 2 ½ Jahren), wenn die Leistungen dies rechtfertigen (§ 40 Abs. 1 BbiG). In Ausnahmefällen kann die Kammer auf Antrag der Auszubildenden die Ausbildungszeit verlängern, wenn die Verlängerung erforderlich ist, um das Ausbildungsziel zu erreichen (§ 29 Abs. 3 BbiG).

Das Ausbildungsberufsbild faßt die jeweiligen Ausbildungsinhalte nach Lerngebieten zusammen. Das Ausbildungsberufsbild besteht aus 17 Positionen, die vom Ausbildenden zu vermitteln sind [13]:

1. Kenntnisse über das Gesundheitswesen und die Zahnpraxis,
2. Arbeitsschutz, Umweltschutz und rationelle Energieverwendung,
3. Maßnahmen der Arbeits- und Praxishygiene,
4. Anwenden und Pflegen medizinischer Geräte und Instrumente der Zahnarztpraxis,
5. Anwenden von Röntgenstrahlen in der Zahnarztpraxis,
6. Betreuen von Patienten in der Zahnarztpraxis,
7. Hilfeleistungen bei Zwischenfällen,
8. Ausführen begleitender Maßnahmen bei der Behandlung unter Anleitung und Aufsicht des Zahnarztes,
9. Durchführen von Arbeiten im Zahnarztlabor,
10. Umgehen mit Arznei- und Heilmitteln,
11. Anwenden von medizinischen Fachausdrücken und Grundkenntnisse über Krankheiten
12. Anatomie, Physiologie und Pathologie,
13. Durchführen von Prophylaxemaßnahmen,
14. Organisieren der Praxisabläufe einschließlich Textverarbeitung,
15. Durchführung des Abrechnungswesens,
16. Durchführen von Verwaltungsarbeiten und
17. Umgehen mit Bestimmungen der Sozialgesetzgebung.

Prüfungen:

- Zwischenprüfung
  Vor dem Ende des zweiten Ausbildungsjahres wird die nach § 42 BbiG gesetzlich vorgeschriebene Zwischenprüfung durchgeführt. Prüfungsgegenstand sind die in der Ausbildung für die Zeit bis zur Ablegung der Zwischenprüfung vorgesehenen Kenntnisse, die sich aus der Gliederung des Ausbildungsrahmenplanes bis zu diesem Zeitpunkt ergeben. In der rechtlichen Konsequenz hat das Ergebnis der Zwischenprüfung keine Folgen für die Fortsetzung des Ausbildungsverhältnisses. Das Ergebnis geht wertungsmäßig auch nicht in die Abschlußprüfung ein.
- Abschlußprüfung
  Vor dem Ende des dritten Ausbildungsjahres wird die Abschlußprüfung durchgeführt. Sie gliedert sich in einen schriftlichen und einen mündlichen Teil und erstreckt sich auf alle im

Ausbildungsrahmenplan zu erlernenden Fertigkeiten und Kenntnisse sowie auf den für die berufliche Ausbildung wesentlichen Lehrstoff der Berufsschule. Die einzelnen Prüfungsanforderungen leiten sich aus der Ausbildungsordnung, dem Rahmenlehrplan und den jeweiligen Prüfungsordnungen für die Abschlußprüfung der Zahnarzthelferinnen der zuständigen Zahnärztekammer ab.

Die Prüfungsanforderungen sehen vier Prüfungsfächer vor, davon drei schriftliche Fächer:

1. Fachbereich Zahnmedizin,
2. Abrechnungswesen/ Verwaltung,
3. Wirtschafts- und Sozialkunde

sowie ein mündliches Prüfungsfach:
Praktische Übungen.

Die Vermittlung der Kenntnisse im Strahlenschutz ist Bestandteil der Ausbildung. In der schriftlichen Prüfung der „Zahnärztlichen Fachkunde" und den „Praktischen Übungen" wird der Kenntnisstand im Strahlenschutz obligatorisch überprüft. Bei Erfüllung der geforderten Bedingungen stellt die Kammer zusätzlich zum Helferinnenzeugnis den Kenntnisnachweis aus.

Nach mindestens zweijähriger Berufserfahrung bieten sich für die Zahnarzthelferin zwei verschiedene Weiterbildungsmöglichkeiten an.

Es handelt sich dabei um:

1. Die Zahnmedizinische Fachhelferin (ZMF)
Die meisten Zahnärztekammern in der Bundesrepublik Deutschland führen für Zahnarzthelferinnen mit zweijähriger Berufserfahrung Fortbildungskurse nach § 46 BbiG zur Zahnmedizinischen Fachhelferin (ZMF) durch. Diese Kurse finden entweder ausschließlich auf schulischer Basis in ZMF-Schulen oder in gegebener Dualität in dafür ausgesuchten Ausbildungspraxen statt. Die Fortbildung dauert 5–6 Monate.
Die ZMF ist eine Hilfskraft des Zahnarztes, die nach seiner Anweisung sowie unter seiner Aufsicht und Verantwortung Hilfeleistungen bei der Behandlung von Zahn-, Mund- und Kieferkrankheiten erbringt und auf den Gebieten der Gesundheitsberatung, -vorsorge und -erziehung unterstützend tätig ist. Weitere Schwerpunkte der Fortbildung sind die Hilfe bei der Behandlungstätigkeit des Zahnarztes sowie der Verwaltungs- und Praxisorganisation. Sowohl Ausbildungs- und Prüfungsordnung für Zahnarzthelferinnen als auch Fortbildungs- und Prüfungsordnung für ZMF regeln Art und Umfang der Tätigkeiten und begrenzen diese entsprechend.

Während der Fortbildungszeit werden die für eine besonders qualifizierte Hilfeleistung erforderlichen Kenntnisse vermittelt.

Die Unterrichtung erstreckt sich insbesondere auf:

- Patientenaufklärung (z.B. Unterweisung des Patienten in der tägl. Mundhygiene),
- Hilfe bei der Behandlungstätigkeit (z.B. perfekte Assistenz bei diagnostischen und therapeutischen Maßnahmen, Röntgenaufnahmetechnik, lokale Fluoridierung der Zähne, Entfernung von harten und weichen Zahnbelägen, Polieren und Füllungen) und

- Verwaltung und Praxisorganisation (z.B. Handhabung des Bestellsystems, Krankenblattführung, Unterstützung des Zahnarztes in der Ausbildung zur Zahnarzthelferin).

Zum Nachweis von Kenntnissen, Fertigkeiten und Erfahrungen führen die Landeszahnärztekammern Prüfungen durch.

2. Die Zahnmedizinische Verwaltungshelferin (ZMV)
Von einigen Landeszahnärztekammern (z.B. Bayern, Westfalen-Lippe, Hamburg) wird die Fortbildung zur Zahnmedizinischen Verwaltungshelferin (ZMV) durchgeführt.
Die Fortbildung zur ZMV der Bayerischen Landeszahnärztekammer dauert beispielsweise sechs Monate und wird im Vollzeitunterricht praktiziert, die Zahnärztekammern Westfalen-Lippe und Hamburg strukturieren diese Aufstiegsfortbildung berufsbegleitend.
Während der Fortbildungszeit werden die für die spätere Tätigkeit als ZMV erforderlichen Kenntnisse und Fertigkeiten vermittelt. Die Unterrichtung erstreckt sich dabei insbesondere auf folgende Bereiche:

- Allgemeine Praxisorganisation (z.B. Organisation der Schriftgutablage, Postbearbeitung, Textverarbeitung, Telekommunikation),
- Spezielle Praxisorganisation (z.B. Kommunikationsregeln, Terminplanung, Informationssysteme, Zahlungsverkehr, Buchführung),
- Praxismanagement (z.B. Gestaltung der Praxis unter ergonomischen Gesichtspunkten, Marketing),
- Personalführung (z.B. Verbesserung der Praxisatmosphäre, Anleitung von Auszubildenden, Personaleinsatzplanung) und
- rechtliche Grundlagen (z.B. Vertretung und Vollmacht, Vertäge, Steuern, arbeitsrechtliche Grundlagen).

Aufgabe der ZMV ist es, den Zahnarzt von Verwaltungsaufgaben zu entlasten, so daß er sich überwiegend der Behandlungstätigkeit widmen kann.

Zum Nachweis von Kenntnissen, Fertigkeiten und Erfahrungen führen die Landeszahnärztekammern Fortbildungsprüfungen durch.

Für ZMF oder Fachschwestern für Zahn- und Mundhygiene, die eine mindestens 2-jährige Berufserfahrung nachweisen, bietet sich die Weiterbildung zur Dentalhygienikerin an.

Dentalhygienikerin:
Die Dentalhygienikerin ist eine besonders qualifizierte, nicht approbierte Fachkraft des Zahnarztes, die nach seiner Anweisung sowie unter seiner Aufsicht und Verantwortung Hilfe bei der Behandlung von Zahn-, Mund- und Kieferkrankheiten leistet. Die Fortbildung ist nur an einer von der jeweiligen Landeszahnärztekammer anerkannten Ausbildungsstätte möglich und wird nicht von allen Landeszahnärztekammern angeboten (z.B. möglich bei der Landeszahnärztekammer Hamburg).

Die mit einer Prüfung abzuschließende Fortbildung dauert in der Regel sechs Monate.

Die Fortbildung erstreckt sich auf folgende Themen:

- Patientenaufklärung (z.B. Unterweisung des Patienten in der täglichen Mundhygiene, Hinweise für das Verhalten nach operativen Eingriffen),

- Hilfe bei der Behandlungstätigkeit (z.B. perfekte Assistenz im Sinne der 4händigen Behandlungsweise, Röntgenaufnahmetechnik, Entfernen von harten und weichen Zahnbelägen, Beseitigung von Plaque-Retentionsstellen, Aufnahme eines Plaque-, Blutungs- oder Gingiva-Indexes, Messen der Sondierungstiefen, Behandlung: Wurzelglättung, Anlegen und Entfernen von Verbänden, Nahtentfernung, Betreuung von Risikopatienten),
- Verwaltung und Praxisorganisation (z.B. Organisation und Überwachung des Recall) und
- Erste Hilfe: Auffrischung in Erster Hilfe.

Tabelle 1: Zusammenfassender Ausbildungsplan und spätere Weiterbildungsmöglichkeiten der Zahnarzthelferin (verändert nach [13])

Abschlußzeugnis einer allgemeinbildenden Schule		
↓		
Schriftlicher Abschluß eines Berufsausbildungsvertrages für Zahnarzthelferinnen		
↓		
Einreichung des Berufsausbildungsvertrages bei der zuständigen Zahnärztekammer zur Registrierung		
↓		
1. Ausbildungsjahr (Berufliche Grundausbildung)	⇒	Probezeit: 3 Monate
↓		
2. Ausbildungsjahr (Beruflich Fachbildung)	⇒	Zwischenprüfung
↓		
3. Ausbildungsjahr (Berufliche Fachbildung)	⇒	Abschlußprüfung
↓		
Berufsbezeichnung „Zahnarzthelferin“	⇒	Anpassungsfortbildungen
↓		
Nach mindestens 2-jähriger Berufstätigkeit		
↓		
Fortbildung zur ZMF oder ZMV		
↓		
Nach mindestens 2-jähriger Berufstätigkeit		
↓		
Fortbildung zur DH		

Zahntechniker

Für die anerkannten Ausbildungsberufe ist gesetzlich keine bestimmte Schulbildung als Zugangsvoraussetzung vorgeschrieben. Die konkrete betriebliche Einstellungspraxis und die Einstellungsbedingungen sind sehr unterschiedlich. Es ist zu berücksichtigen, daß der Ausbildungsgang zum Zahntechniker hohe Anforderungen in Bezug auf technische und naturwissenschaftliche Fertigkeiten und Kenntnisse stellt. Insofern sind gute Leistungen, v.a. in den Fächern Chemie, Physik, Biologie und Mathematik Voraussetzung.

Der Zahntechnikerberuf verlangt aufgeschlossene und manuell talentierte Menschen. Die Tätigkeit wird überwiegend im Sitzen ausgeführt und verlangt neben Farb- und Formensinn Geduld und die Fähigkeit zu selbständigem Arbeiten. Der Zahntechniker muß eine normale körperliche Konstitution haben. Hautkrankheiten, besonders Allergien, durch Sehhilfen nicht ausgleichbare Sehstörungen und Farbenblindheit schließen die Ausübung des Berufes aus.

Die Ausbildung zum Zahntechniker dauert bis zur Gesellenprüfung 3 ½ Jahre. Eine Verkürzung der Ausbildungsdauer ist bei Vorliegen bestimmter Voraussetzungen möglich. Näheres wird von der jeweiligen Handwerksordnung geregelt.

Der Inhalt der praktischen Ausbildung wird zeitlich wie folgt gegliedert [14]:

1. Ausbildungsjahr:

- Herstellen von Modellen in Gips und anderen Materialien,
- Herstellen von Bißschablonen, Abformmitteln,
- Ausmodellieren, Vorbereiten von Prothesen,
- Einstellen von Modellen in Okklusoren und Artikulatoren,
- Biegen von ein- oder mehrarmigen Klammern und
- Wiederherstellen von partiellen und totalen Prothesen.

2. Ausbildungsjahr:

- Aufstellen partieller und totaler Prothesen,
- Ausarbeiten und Polieren von totalen und partiellen Prothesen,
- Anfertigung von Einzelkronen,
- Ausführen verschiedener Lötarbeiten bei Anfertigung komplizierter Halteelemente und Kronen,
- Anfertigen von Kronen, Brücken und Facetten in Kunststoff,
- Verarbeiten von weichen Kunststoffen und
- Vorbereiten, Doublieren und Modellieren von Modellgußbasen.

3. Ausbildungsjahr:

- Anfertigung von indirekten Füllungen, Halb- und Dreiviertelkronen,
- Gußkappen und Stiftaufbauten,
- Anfertigen gegossener Halteelemente, Retentionen, Basisteilen,
- Herstellung von kieferorthopädischen Geräten,
- Anfertigen von Kronen und Brücken sowie Verblendungen mit keramischen Massen und
- Herstellen von Zahnersatz im Modellgußverfahren.

4. Ausbildungsjahr:

- Grundfertigkeiten in der Herstellung von Fräsarbeiten einfacher Art und
- Grundfertigkeiten in der Herstellung von Kronen mit komplizierten Halte- und Verbindungselementen in Metall, verblendet mit zahnfarbenen Kunststoffen oder Keramik (z.B. Druckknopfsysteme).

Die fachtheoretische Ausbildung in der Berufsschule umfaßt insbesondere [14]:

- Prothetik, festsitzender und herausnehmbarer Zahnersatz,

- Biologie, Anatomie, Histologie, Physiologie,
- Werkstoffkunde (Arten, Eigenschaften, Verwendung und Verarbeitung der Werk- und Hilfsstoffe),
- Kieferorthopädie,
- Physik, Chemie,
- Technische Mathematik,
- Wirtschafts- und Sozialkunde,
- Unfallverhütung, Arbeitschutz und Umweltschutz und
- Maschinen-, Werkzeug- und Gerätekunde.

Nachweise und Prüfungen:

Während der Ausbildungszeit hat der Auszubildende gegen Ende des zweiten Ausbildungsjahres eine Zwischenprüfung abzulegen.

Die Berufsausbildung schließt mit der bestandenen Gesellenprüfung ab. Sämtliche Prüfungen bestehen aus einem praktischen und theoretischen Teil und werden in Klausur durchgeführt.

Weiterbildung:

Der Zahntechnikergeselle hat Möglichkeiten, sich durch Abend- oder Tageskurse beruflich weiterzubilden. Nach einer mindestens dreijährigen Berufspraxis (manche Bildungsträger verlangen auch bis zu fünf Jahren Berufspraxis) ist die Weiterbildung zum Zahntechnikermeister möglich. Die Ausbildung dauert in aller Regel ca. ein Jahr.

Mit dem Meistertitel ist das Recht verbunden, das Zahntechnikerhandwerk selbständig auszuüben und Lehrlinge auszubilden. Die Weiterbildung endet mit einer Prüfung.

Tabelle 2: Zusammenfassende Darstellung der Ausbildungs- und Weiterbildungsmöglichkeiten des Zahntechnikers (verändert nach [14])

Abschlußzeugnis einer allgemeinbildenden Schule		
↓		
1. Ausbildungsjahr		
↓		
2. Ausbildungsjahr	⇒	Zwischenprüfung
↓		
3. Ausbildungsjahr		
↓		
4. Ausbildungsjahr (6 Monate)	⇒	Gesellenprüfung
↓		
Zahntechnikergeselle		
↓		
Nach mindestens dreijähriger Berufspraxis		
↓		
Weiterbildung zum Zahntechnikermeister	⇒	Meisterprüfung

Tabelle 3: Arbeitsablauf des Zahntechnikers (verändert nach [19])

1. Arbeitsauftrag vom Zahnarzt: Der Zahntechniker ist nicht direkt am Patienten tätig, sondern erhält seine Aufträge ausschließlich vom Zahnarzt.
2. Anfertigung eines Arbeitsmodells: Zunächst fertigt der Zahntechniker nach den Abdrücken des Zahnarztes Arbeitsmodelle an (z.B. Bißschablonen).
3. Fertigstellung der Prothese: Nach der Einprobe im Mund des Patienten durch den Zahnarzt, erfolgt die Fertigstellung der Prothese durch den Zahntechniker.

Tätigkeitsmerkmale

Zahnarzt

Der Zahnarzt befaßt sich mit [12]

- der Prophylaxe in der Zahnheilkunde (Stomatologie),
- dem Feststellen und Behandeln von Zahn-, Mund- und Kieferkrankheiten,
- dem Zahnersatz (Kronen, Brücken, Prothesen),
- dem Regulieren von Zahn- und Kieferanomalien (Kieferorthopädie).

Für den Zahnarzt sind gute Augen und Handfertigkeit zur erfolgreichen Handhabe der ärztlichen Geräte wichtig. Angesichts der starken Zunahme von Zahn- und Zahnbetterkrankungen (Karies, Parodontose) und im Hinblick auf seine Aufgaben im Bereich der präventiven Zahnheilkunde hat der Zahnarzt eine wichtige Stellung in der Gesundheitsvorsorge [15].

Unter den behandelnden Maßnahmen nimmt die konservierende Tätigkeit den ersten Platz ein und umfaßt den weitaus größten Teil des Wirkens (Kariesprophylaxe). Auf dem Sektor der chirurgischen Zahnheilkunde hat sich der Zahnarzt früherer Zeiten zum vielseitigen Mund- und Kieferchirurgen entwickelt. Zu seinen Aufgaben gehören nicht allein die Extraktion von Zähnen unter Anwendung moderner Schmerzbeseitigungsmethoden (Injektionen, Narkose), die operative Entfernung abgebrochener Zahnwurzeln oder im Kieferknochen verlagerter Zähne, sondern auch die Operation von Zysten und Geschwülsten, Behandlung von Knochenmarksentzündungen, Kieferbrüchen und Verletzungen durch Unfälle sowie die operative Behandlung von Mißbildungen (Lippen-Kiefer-Gaumenspalten). Die klinische Zahnheilkunde umfaßt die Behandlung von Zahn- und Mundschleimhautentzündungen und von Geschwüren. Außerdem gehören zu den Aufgaben die Erkennung und Behandlung von bösartigen Tumoren im Mund-Kieferbereich wie auch von Infektionskrankheiten (z.B. AIDS, Hepatitis B). Als weiteres großes Aufgabenfeld des Zahnarztes kommt der prothetischen Versorgung eine erhebliche Rolle zu.

Die Tätigkeit umfaßt:

- Füllungstherapien (Ausbohren, Stopfen der Kavität),
- Präparationen mit rotierenden Instrumenten,
- Wurzelbehandlungen,
- Durchführung von Röntgenaufnahmen,
- Durchführung kleinerer oralchirurgischer Eingriffe.

Bei den operativen Tätigkeiten werden Skalpelle, Kanülen und andere scharfkantige Instrumente eingesetzt. Auch modernere Techniken, wie z.B. Laser zur Kariesbehandlung oder UV-(Blau-)Licht zur Polymerisierung von Kunststoffüllungen, finden immer häufiger Anwendung in der täglichen Routine.

Mund-, Kiefer-, Gesichtschirurg

Mund-, Kiefer-, Gesichtschirurgen arbeiten fast ausschließlich operativ. Zu ihrem Aufgabenfeld gehört die chirurgische Versorgung von traumatischen Gesichts- und Kieferverletzungen einschließlich notwendiger plastisch-rekonstruktiver Operationen. Dabei werden sie oftmals interdisziplinär mit Ärzten aus anderen Fachbereichen tätig (z.B. HNO-Ärzten, Unfallchirurgen). Bei ihrer Tätigkeit haben sie ständig Umgang mit spitzen und scharfen Instrumenten (Skalpelle, Kanülen, Bohrer, Fräsen, Meißel). Daraus ergibt sich ein nicht unerhebliches Infektionsrisiko. Außerdem müssen sie vor, während oder nach den operativen Eingriffen häufig Röntgenaufnahmen ihrer Patienten anfertigen und sind dadurch ionisierender Strahlung besonders häufig ausgesetzt. Ihr Tätigkeitprofil ist durchweg mit dem aller anderen operativ tätigen Ärzte vergleichbar [12].

Zahnarzthelferin

Das Tätigkeitsprofil der Zahnarzthelferin ist sehr vielschichtig. Sie stellt sozusagen das Bindeglied zwischen Zahnarzt und Zahntechniker dar. Die Zahnarzthelferin unterstützt den Zahnarzt hilfeleistend bei der Wahrnehmung seiner Aufgaben. Sie kann somit den Zahnarzt mit Tätigkeiten entlasten, die sie aufgrund ihrer Berufsausbildung erlernt hat und dadurch auch entsprechend ausüben darf. Der Einsatz von ausgebildeten Zahnarzthelferinnen schafft die Voraussetzung für einen rationellen und für den Patienten beruhigenden Arbeitsablauf in den zahnärztlichen Praxen. Art und Umfang der von einer Zahnarzthelferin durchzuführenden Tätigkeiten ergeben sich aus der Ausbildungsordnung. Zahnarzthelferinnen, die eine entsprechende Fortbildung zur ZMF, ZMV oder DH durchgeführt haben, übernehmen darüber hinaus noch weitere Aufgaben [13].

Der typische Aufgabenkomplex einer Zahnarzthelferin umfaßt [118]:

- Vorbereitung der zahnärztlichen Behandlung (Plan, Instrumentarium, Materialvorbereitung, Trays, Füllungsmaterialien, Patientenlagerung),
- Abformung für Situationsmodelle, Modellherstellung,
- Abformung für provisorische Versorgung, Anmischen von Füllungen,
- Assistenz während der zahnärztlichen Behandlung (Saugen, Tupfen, Zureichen von Instrumenten, Kanülen, Skalpellen, Medikamenten),
- Wartung des Praxisinstrumentariums, der Einrichtungen und der Desinfektion von Instrumenten, Geräten und Einrichtungen,
- Mithilfe bei der Erstellung der Arbeitsunterlagen (Vorbereiten der Abformungen, Füllungen),
- Herstellung der provisorischen Versorgungen (provisorische Kronen, Brücken),
- Kontrolle der Arbeitsunterlagen auf Vollständigkeit (Zahnfarbe für Zahnprothesen),
- Postprothetische Verhaltensmaßregeln nach Eingliederung von provisorischen Versorgungen,
- Schriftliche Aufträge an das zahntechnische Labor,
- Kontrolle nach Rückfluß der prothetischen Arbeit aus dem Labor und Prüfung von Lieferschein bzw. Rechnung,
- Assistenz bei Fortsetzungs- bzw. prothetischer Schlußbehandlung,
- Abrechnung des Zahnersatzes, der Wurzelbehandlung oder Füllung mit den Patienten (Berücksichtigung der vielfältigen Abrechnungsbestimmungen),
- Prophylaktische Verhaltensmaßregeln (Motivation, Pflegehinweise, Kontrolltermin),
- Rezeptionstätigkeiten (Telefonieren, Terminvergabe, Korrespondenz),

- Anfertigung von Röntgenaufnahmen,
- Röntgenfilmentwicklung (Fixierer, Entwickler).

Zahntechniker

Dem Zahntechniker sind im wesentlichen folgende Tätigkeiten zuzuordnen [176]:

- Herstellung von festsitzendem und herausnehmbarem Zahnersatz aus Kunststoffen, Edelmetallen, Nicht-Edelmetallegierungen, zahnkeramischen Massen und anderen geeigneten Werkstoffen,
- Herstellung von kieferorthopädischen Geräten,
- Herstellung von Kieferbruchschienen, Paradontoseschienen und Implantaten,
- Herstellung von Gußfüllungen,
- Herstellung von Obturatoren,
- Herstellung und Verarbeiten von Gelenken, Scharnieren, Geschieben und Federarmen,
- Änderung, Ergänzung und Instandsetzung von Zahnersatz aller Art einschließlich kieferorthopädischen Geräten, Kieferbruchschienen, Parodontoseschienen und Obturatoren,
- Herstellen von Modellen nach Abdrücken,
- Doublieren und Vermessen von Modellen,
- Herstellen und Wiederherstellen von partiellem oder totalem Zahnersatz,
- Herstellen und Wiederherstellen von festsitzendem Zahnersatz aus Dentallegierungen,
- Herstellen und Wiederherstellen von Metallbasen für herausnehmbaren Zahnersatz,
- Herstellen und Wiederherstellen von Zahnersatz aus zahnkeramischen Massen und Kunststoffen,
- Herstellen und Wiederherstellen von kieferorthopädischen Geräten,
- Bedienen und Instandhaltung der Maschinen, Geräte und Werkzeuge.

Gußteile für Prothesen oder Brücken werden meistens mit Bohrmaschinen ausgearbeitet, Einzelteile zusammengelötet, geglättet und poliert. Aus ästhetischen Gründen werden sichtbare Flächen meistens zahnfarben mit Kunststoff oder zahnkeramischen Materialien verblendet. Zahnkeramische Massen werden in mehreren Farbschichten aufgetragen und in einem Vakuum-Brennofen (ca. 900–1500 °C) gebrannt. Zu den Tätigkeiten des Zahntechnikers gehören ebenso das Biegen von Drähten 0,2–3,0 mm Stärke und die Verarbeitung kleinster feinmechanischer Teile wie auch Feilen, Nieten, Gipsen, Zementieren, Wachsen, Fräsen, Schleifen, Glänzen, Beizen, Formen. Bei seiner Tätigkeit benutzt der Zahntechniker Werkzeuge, wie z.B. Wachsmesser, verschiedene Modellierinstrumente, Pinzetten, Bürsten, Bohrer, Fräsen, Schleifsteine und Zangen. Er muß die Bedienung vielfältiger technischer Geräte beherrschen wie Bohr- und Poliermaschinen, Ultraschallreiniger, Einbett- und Gießgeräte und Pressen sowie Geräte für Polymerisationsverfahren.
Aufgrund der Vielfalt der Arbeitsstoffe, mit denen der Zahntechniker Umgang hat, ergeben sich sehr unterschiedliche arbeitsmedizinische Belastungen (wie z.B. Dermatosen, Pneumokoniosen).

Belastungsformen

Aus den im vorigen Kapitel dargestellten Aufgaben ergeben sich die verschiedenen Belastungen für Beschäftigte in der Zahnheilkunde, wobei folgende Belastungen zu unterscheiden sind:

1. **Physikalische Belastungen:**
- Ionisierende Strahlung (Röntgenstrahlen)
- Laserstrahlen
- UV-(Blau-)Licht
- Beleuchtung
- Lärm
- Vibration
- Stäube (Minerale, Metalle, Kunstoff)
- Erkrankungen des Bewegungsapparats (Zwangshaltungen)

2. **Biologische Belastungen:**
- Bakterien (z.B. Bordetella pertussis, Mycobakterium tuberculosis, Staphylokokken, Streptokokken)
- Viren (z.B. Hepatitis B, C, D, G, Herpes-simplex-Viren, HIV, Influenza-Viren)
- Pilze (z.B. Candida albicans)
- Protozoen (z.B. Pneumocystis carinii)

3. **Chemische Belastungen:**
- Amalgam (Quecksilber)
- Methylmethacrylat
- Säuren in Säurebädern
- Röntgenfilmentwickler, -fixierer
- Galvanische Bäder
- Cyanide
- Sekundenkleber
- Lötmittel
- Aceton
- Desinfektionsmittel (Alkohole, Formaldehyd)
- Latex
- Narkosegase

4. **Psychische Belastungen:**
- Burnout-Syndrom
- Alleinverantwortung
- Konzentration
- Motorische Feinarbeit

5. **Unfälle:**
- Schnitt-/ Stichverletzungen
- Stürze und Kollisionen
- Augenverletzungen
- Verbrennungen und Verbrühungen

Physikalische Belastungsformen

Ionisierende Strahlung (Röntgenstrahlen)

Bereits ein Jahr nach der Entdeckung der Röntgenstrahlen im Jahre 1895 hat sich diese Art der Diagnostik auch in der Zahnheilkunde etabliert. Im Jahre 1896 führte Edmund Kells erstmals eine intraorale Röntgenaufnahme zur Diagnostik durch. In der heutigen hochtechnisierten Zahnmedizin ist die Röntgenuntersuchung ein fester diagnostischer Bestandteil geworden. In der zahnärztlichen Praxis sind heute verschiedene Röntgenaufnahmeverfahren gebräuchlich. Man unterscheidet nach der Lage des Röntgenfilms und bzw. nach der Position der Röhre [184]:

- Intraorale Aufnahmetechniken (Film in der Mundhöhle, Röhre außerhalb),
- extraorale Aufnahmetechniken (Film außerhalb der Mundhöhle):
  - Teilschädelaufnahmen,
  - Panoramaschichtaufnahmen, sog. Panoramaübersichtsaufnahmen zur gleichzeitigen Darstellung des Ober- und Unterkiefers,
  - Panoramadarstellungen des Ober- und Unterkiefers mit intraoraler Röhrenführung, sog. Panoramavergrößerungsaufnahmen,
  - frontale und sagittale Schädelübersichtsaufnahmen.

Laserstrahlen

Der Einsatz von Lasertechniken hat auch vor der Zahnheilkunde nicht halt gemacht. Seit Anfang der 90er Jahre werden Laserstrahlen in der Zahnheilkunde therapeutisch genutzt. In der Zahnheilkunde finden drei verschiedene Lasertypen ihre Anwendung [131]:

1. Der CO_2-Laser,
2. der Argon-Laser,
3. der „neodymium: yttrium-aluminium-garnet“ (Nd: YAG)-Laser.

Das Anwendungsspektrum für die Lasertechnik in der Zahnheilkunde ist relativ groß. So kann der behandelnde Zahnarzt oder Kieferchirurg mit Hilfe der Lasertechnik unblutig weiches Gewebe (z.B. Zahnfleisch für Probeexzisionen) schneiden, von Karies befallene Bezirke entfernen, Zähne bleichen, Kavitäten schmerzlos in Zähne schneiden, Kompositharze polymerisieren, Metalle schweißen, Zähne desensibilisieren, Zahnpulpa und Gewebeoberflächen sterilisieren und Schleimhautverletzungen behandeln [53].

UV-Licht

UV-Strahlung ist der Teil des elektromagnetischen Spektrums, welcher zwischen den weichsten ionisierenden Strahlen (Röntgenstrahlen) und dem sichtbaren Bereich liegt. Die unterschiedliche biologische Wirksamkeit des unsichtbaren UV-Lichtes führte zu einer Unterteilung in drei Bereiche:

Tabelle 4: Klassifikation des UV-Lichtes (verändert nach [129])

Strahlung	Wellenlänge (nm)	Charakteristika
UV-A	320–400	Sofortpigmentierung, Hauptabsorption bis zum oberen Corium, keine Absorption durch Fensterglas
UV-B	280–320	Erythemauslösung nach 12–14h, Fähigkeit zur akuten und chronischen Hautschädigung, Hauptabsorption bis zur unteren Epidermis, Absorption durch Fensterglas
UV-C	200–280	Germizid, Erythemauslösung nach 6h, Hauptabsorption in der oberen Epidermis, Absorption durch Fensterglas

UV-Strahlung kommt ubiquitär vor. Als Quellen der UV-Strahlung in der Zahnheilkunde kommen in Betracht [129]:

1. UV-Licht-Geräte zum Aushärten (Polymerisieren) von Füllungsmaterialien (Kompositharze),
2. quecksilberhaltige Lampen,
3. Blitzlichter,
4. Halogenlampen,
5. fluoreszierende Lampen.

Wegen seiner eingeschränkten Penetrationsfähigkeit in biologisches Gewebe ist die UV-Strahlung v.a. für die Haut und die Augen des Menschen schädlich. Die Anpassung der Haut an die UV-Exposition geschieht durch eine lichtinduzierte gesteigerte Epidermopoese mit Hyperkeratose und Vermehrung der melaninproduzierenden Melanozyten. Diese Veränderungen führen zur stärkeren Pigmentierung. Lichtschäden der Haut werden durch eine Überforderung der intakten Schutzfunktionen hervorgerufen. Bei Störungen der Schutzfunktionen der Haut laufen nach Belichtung Alterungs- und Mutagenitätsvorgänge in der Haut ab. Als Spätfolgen werden bösartige Hauttumore beschrieben, wie v.a. das Basaliom und das maligne Melanom [129].

Beleuchtung

Zahnärztliche Behandlungsräume erfordern – neben dem Tageslicht – eine künstliche Beleuchtung, um den speziellen Sehaufgaben gerecht werden zu können. Die künstliche Beleuchtung muß so angelegt sein, daß im Zusammenwirken aller Lichtquellen keine unzulässig hohen Leuchtdichteunterschiede auftreten [138, 139]. Die Beleuchtung des zahnärztlichen Behandlungsraumes sollte den in der DIN 5035 Teil 1 niedergelegten Grundsätzen genügen und spezielle Anforderungen erfüllen [30]:

- Ausreichendes Ausleuchten der Patientenmundhöhle,
- kleinstmögliche Blendung des Patienten und des zahnmedizinischen Personals,
- sehr gute Farbwiedergabe des Operationsfeldes,
- sehr gute Wiedergabe von Zahnfarben,
- ausreichende Lichtverhältnisse für die Auswahl und Anwendung der Arbeitsmittel, insbesondere der Feininstrumente,

- Vermeidung von Adaptationsproblemen zwischen einzelnen Beleuchtungszonen unterschiedlich hoher Leuchtdichten.

Um diesen Anforderungen zu genügen, ist eine Aufteilung des zahnärztlichen Behandlungsraumes in Raumzonen erforderlich. Man unterscheidet eine [31]:

- Zone E1: Verkehrs- und Vorbereitungszonen des Behandlungsraumes,
- Zone E2: Behandlungsplatz mit Ablageflächen auf Behandlungseinrichtungen und im Greifraum des Zahnarztes und seiner Assistenz,
- Zone E3: Behandlungsfeld (Patientenmundhöhle).

Für die oben beschriebenen Zonen werden unterschiedliche Beleuchtungsstärken gefordert (verändert nach [31]):

- für Zone E1: 500 Lux,
- für Zone E2: 1000 Lux,
- für Zone E3: 8000–12000 Lux.

Desweiteren werden für die unterschiedlichen Zonen definierte Lichtfarben und Blendungsbegrenzungen vorgeschrieben. Die zahnärztliche Behandlungsleuchte sollte eine Beleuchtungsstärke von 8000 bis 15000 Lux und eine Farbtemperatur zwischen 3600 und 6500 K (bei 15000 Lux Beleuchtungsstärke) aufweisen [32].
Für die Beleuchtung von zahntechnischen Laboratorien (DIN 67505 Teil 4) oder kieferchirurgischen Operationssälen (DIN 5035 Teil 3) gelten Sonderregelungen, die an dieser Stelle nicht näher ausgeführt werden sollen.

Lärm

Das Präparieren mit Turbinen und das Entfernen von Zahnstein und Konkrementen stellen heute einen wichtigen Teil der therapeutischen Möglichkeiten in der Zahnarztpraxis dar. Neben der Aerosolentstehung erscheint wesentlich für eine arbeitsmedizinsche Bewertung, daß Lärm in der Regel mit Vibration kombiniert auftritt. Zwar kann er auch von außen (Verkehrs- und Umgebungslärm) in die Praxisräume eindringen, wichtiger erscheint jedoch der am Arbeitsplatz erzeugte Lärm.

Vibration

Rotierende Handstücke, wie z.B. Fräsen oder Bohrer, werden heutzutage routinemäßig in der Zahnheilkunde zum Beschleifen von Zähnen oder prothetischen Materialien verwendet. Während der Nutzung dieser Schleif- und Fräseinrichtungen treten Schwingungen auf, die über das Hand-Arm-System in den menschlichen Körper eingeleitet werden und Schädigungen auslösen können.

Bereits in den 70er Jahren wurden Berichte über Beschwerden von Zahnärzten laut, die während ihrer ärztlichen Tätigkeit über taube und steife Finger berichteten. Im Rahmen dieser Beobachtung wurden Vibrationsmessungen an einigen gebräuchlichen rotierenden Handstücken (Rotationsgeschwindigkeiten zwischen 100.000–150.000 U/min) durchgeführt. Als Ergebnis dieser Evaluation fand man Schwingbeschleunigungen von bis zu 100 m/s^2 bei einer maximalen Frequenz von 50 kHz und einer minimalen Frequenz von 1 kHz [100].

Stäube

Die wichtigsten in der Zahnheilkunde auftretenden Stäube sind Quarz, Cristobalit und Gips sowie diverse Metalle *(Tab. 5)*.

Tabelle 5: Stäube im zahnärztlichen Labor (verändert nach [9])

Staubart	Tätigkeiten, bei denen sie auftreten oder verwendet werden
Mineralstäube	
Quarz- und *Cristobalit* sind Hauptbestandteile der Einbettmassen in der Metalltechnik. Sie können, wenn sie über längere Zeit eingeatmet werden, zu einer Quarzstaublungenerkrankung führen	• Bei der Herstellung des Gußmodells aus Einbettmasse kann Quarz- und Cristobalitstaub freigesetzt werden • Beim Ein- und Ausbetten der Gußstücke kann Quarz- und Cristobalitstaub freigesetzt werden • Beim Strahlen der Gußstücke reichert sich Quarz- und Cristobalit aus der Einbettmasse in dem Stoff an, mit dem die Gußstücke bestrahlt werden • Polierpasten können Quarz enthalten. Er wird beim Schleifen oder Polieren freigesetzt
Gips ($CaSO_4$) MAK-Wert: 6 mg/m³ gemessen in Feinstaub	• Bei der Modellherstellung sowie Einbettmasse in der Kunststofftechnik
Metallstäube	
Edelmetallfreie Legierungen: *Kobalt* ist bis zu 75 Prozent in *Kobalt-Chrom* beziehungsweise *Kobalt-Chrom-Molybdän*-Legierungen enthalten. Eingeatmeter Kobaltstaub ist im Tierversuch eindeutig als krebserzeugend ausgewiesen. MAK-Wert: 0,1 mg/m³ gemessen im Gesamtstaub	• Beim Ausarbeiten und Polieren von herausnehmbarem Zahnersatz (Modellgußtechnik) sowie festsitzendem Zahnersatz (Kronen, Brücken) aus Kobalt-Chrom-Legierungen wird Metallstaub freigesetzt
Edelmetall-Legierungen: *Gold (Au)*	• Beim Ausarbeiten und Polieren von herausnehmbarem Zahnersatz
Goldreduzierte Legierungen: *Gold, Silber, Platin*	• Beim Ausarbeiten und Polieren von herausnehmbarem Zahnersatz
Kunststoffstäube	
Polymethylmethacrylat kann als Feinstaub eine Allergie im Bereich der Atemwege hervorrufen	• Ausarbeiten von Zahnersatz aus Kunststoff

Belastungen des Bewegungs- und Stützapparats

Während der Zahntechniker bei der Arbeit relativ leicht eine optimale Arbeitshaltung einnehmen kann (da er meist nicht am lebenden Menschen tätig wird), ergeben sich für das zahnmedizinische Personal nicht unerhebliche Belastungen für den Bewegungs- und Stützapparat.

Bis Mitte der 60er Jahre arbeiteten Zahnärzte und ihre Helfer(innen) im Stehen, während der Patient im Zahnarztstuhl saß. Mittlerweile liegen die zu behandelnden Personen überwiegend, während Zahnarzt und Zahnarzthelfer im Sitzen tätig werden. Üblicherweise sitzt der

Zahnarzt auf der rechten Seite des Patienten und der Helfer auf der linken. Eine arbeitswissenschaftliche Analyse hat in diesem Zusammenhang gezeigt, daß 38 % der Tätigkeiten operativer Natur im weitesten Sinne des Wortes sind, 8 % auf prophylaktische Arbeiten entfallen und 5 % auf Arbeiten an Brücken/Kronen [61].

Je nachdem, welcher Quadrant im Munde des Patienten bearbeitet wird, nimmt der Zahnarzt eine andere Arbeitshaltung ein *(Tab. 6 u. Abb. 1a–d)*:

Tabelle 6: Arbeitshaltungen bei Tätigkeiten in verschiedenen Gebißbereichen (verändert nach [60])

Tätigkeit	**Arbeitshaltung des Zahnarztes**
Quadrant 1 (Milchgebiß 5)	11.00 Uhr Position
Quadranten 1 – 4 (Milchgebiß 5–8)	9.00 Uhr – 11.00 Uhr Position
Quadranten 1 – 4 (Milchgebiß 5–8)	10.30 Uhr – 12.30 Uhr Position
Quadrant 4 (Milchgebiß 8)	8.30 Uhr Position

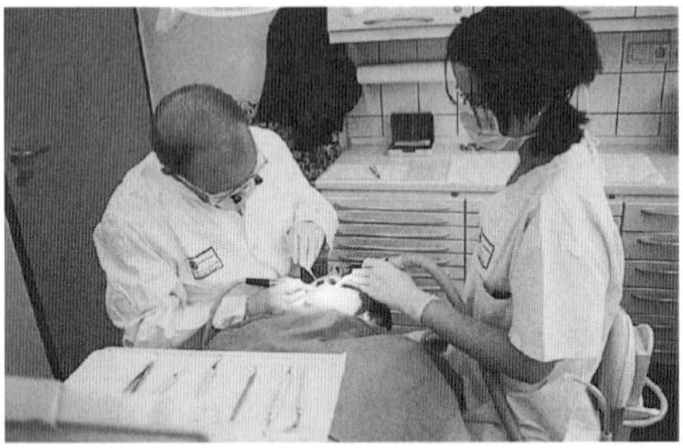
a

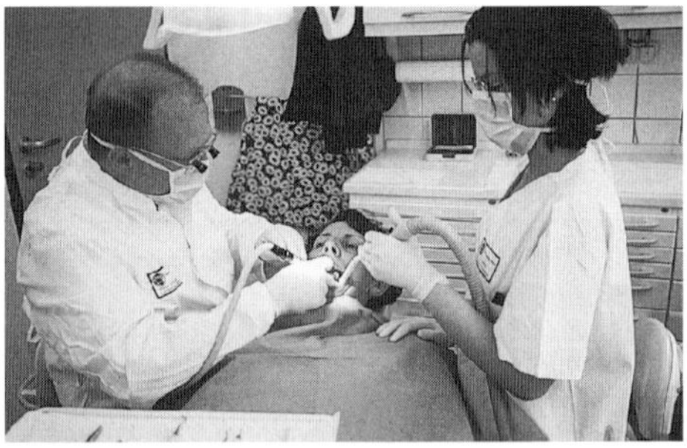
b

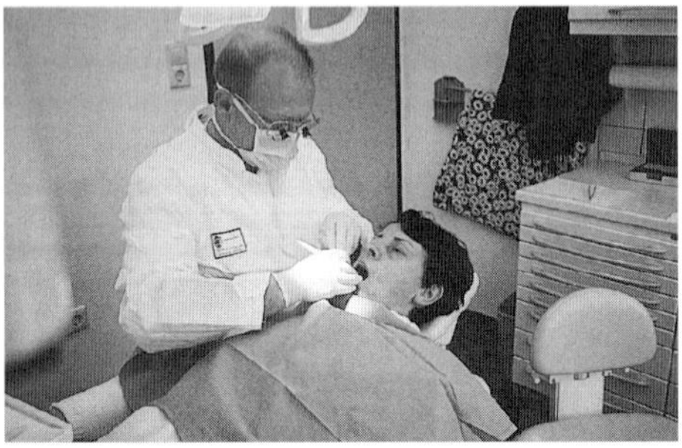
c

Abb. 1a–d: Arbeitshaltungen bei Tätigkeiten in verschiedenen Gebißbereichen: (a) Die 11 Uhr Position für Tätigkeiten im Quadranten 1 (Milchgebiß 5); (b) die 8.30 Uhr Position für Tätigkeiten im Quadranten 4 (Milchgebiß 8); (c) die 9.00 Uhr bis 11.00 Uhr Position und (d) die 10.30 Uhr bis 12.30 Uhr Position für Tätigkeiten in den Quadranten 1–4 (Milchgebiß 5–8) (verändert nach [61]).

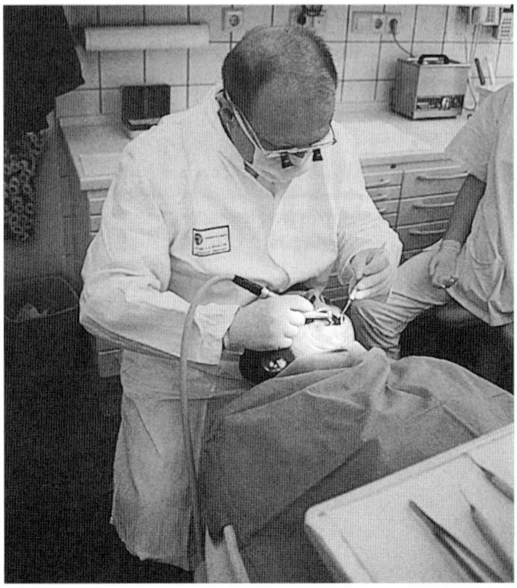
d

Bei der Arbeit neigt der Zahnarzt den Kopf in einem Winkel zwischen 45° und 90°. Da der Kopf, dessen Schwerpunkt sich bei der Tätigkeit verschiebt, etwa 7 % des Körpergewichts ausmacht, resultieren aus dieser Arbeitshaltung erhebliche Belastungen für die Halswirbelsäule.

Was die Arme anlangt, so ergibt sich bei der sitzenden Arbeitshaltung eine leichte Abduktion und Vorwärtsflexion. Gleichzeitig kommt es zu einer Elevation der Schulter. Darüber hinaus kann es zu einer Minderdurchblutung in Richtung Supraspinatussehne kommen, da der intramuskuläre Druck den Blutdruck übersteigt und so eine Arterienkontraktion resultiert [85]. Statische Kontraktionen der Schulterelevatoren (wie beispielsweise des deszendierenden Teils des M. trapezius) können zu chronischer Myalgie führen [61].

Je nachdem, ob die Arbeitsstühle über Lendenbäusche verfügen oder nicht, resultieren aus den sitzenden Tätigkeiten auch mehr oder weniger große Belastungen der Bandscheiben im Lendenwirbelsäulenbereich. Zusätzlich beansprucht wird die Lendenwirbelsäule durch die Tatsache, daß in Rotation und Vorwärtsflexion gearbeitet wird.

Biologische Belastungsformen

Infektionen – Infektionskrankheiten

Beschäftigte in der Zahnheilkunde sind verschiedenen Infektionsgefahren ausgesetzt, wobei via Tröpfcheninfektion weitverbreitete Mikroorganismen (v. a. durch Husten und Nießen) auf den ersten Blick die größte Rolle zu spielen scheinen [76]. Man sollte aber nicht vergessen, daß es auch zu Blut- und Speichelkontakten kommen kann, wobei die gleichzeitige Anwesenheit spitzer und scharfer Gegenstände (Bohrer, Spritzen etc.) auch perkutane Kontakte möglich werden läßt – und damit via Blut übertragenen Erregern einen Infektionsweg öffnet. In *Tabelle 7* sind einige wichtige Erreger zusammengefaßt, die in der Dentalpraxis eine Rolle spielen – und zwar auf zwei Wegen, nämlich

- bei der Transmission vom Patienten auf den Zahnarzt, seine Helfer und möglicherweise auch auf Zahntechniker, aber auch
- bei der Übertragung vom Zahnmediziner/-helfer auf den Patienten.

Tabelle 7: In der Zahnheilkunde relevante Erreger (**Auswahl, verändert und ergänzt nach** [111])

Erregerart	Name	Habitat	Übertragungsweg	Erkrankung
Bakterien	Actinomyzeten	Mund	Nasopharyngealsekrete	Aktinomykose
	Bordetella pertussis und B. parapertussis	Nasopharynx	Nasopharyngealsekrete	Keuchhusten
	Corynebacterium diphtheriae	Nasopharynx	Nasopharyngealsekrete	Diphtherie
	Enterobacteriaceae	Mund, Gastrointestinaltrakt	Blut, Exsudate nach Verletzungen	Pneumonie, Abszesse
	Haemophilus influenzae	Mund, Nasopharynx	Blut, Nasopharyngealsekrete	Pneumonie, Meningitis, Otitis media
	Mycobacterium tuberculosis	Pharynx	Pharyngealsekrete	Tuberkulose
	Meningokokken (und Gonokokken)	Mund, Nasopharynx	Blut, Exsudate nach Verletzungen	Meningitis, Konjunktivitis

Erregerart	Name	Habitat	Übertragungsweg	Erkrankung
Bakterien	Pseudomonas aeruginosa	ubiquitär	Exsudate nach Verletzungen	Pneumonie
	Staphylokokken	Mund, Haut, Nasopharynx	Exsudate nach Verletzungen	Suppurative Läsionen, Endokarditis
	Streptokokkus pyogenes	Nasopharynx	Blut, Nasopharyngealsekrete	Scharlach, Otitis media, Mastoiditis, Meningitis, Pneumonie, Glomerulonephritis
	Treponema pallidum	Blut, orale Mucosa	Exsudate nach Verletzungen	Syphilis
Viren	Coxsackieviren	Oropharyngeal-mucosa	Ingestion, Nasopharyngealsekrete	Hand-Fuß-Mund-Krankheit, Hepatitis, Pharyngitis
	Cytomegalie-Virus	Speicheldrüsen	Speichel, Blut	Zytomegalie, Hepatitis
	Epstein-Barr-Virus	Ohrspeichel-drüsen	Speichel, Blut	Pfeiffer'sches Drüsen-fieber, Hepatitis
	Hepatitis-Viren B, C, D, G	Leber, Gastro-intestinaltrakt	Blut, Speichel	Hepatitis
	Herpes-simplex-Viren	Nasopharynx	Exsudate, Speichel	Orale Läsionen, Konjunktivitis
	Humanes Herpesvirus 6	Nasopharynx	Exsudate, Speichel	Dreitagefieber
	Humane Immuno-defizienz-Viren	Lymphozyten	Blut	AIDS
	Polioviren	Oropharyngeal-mucosa, Gastro-intestinaltrakt	Ingestion	Poliomyelitis
	Influenza- und Para-influenza-Viren	Nasopharynx	Nasopharyngealsekrete	Influenza
	Rhinoviren	Nasopharynx	Nasopharyngealsekrete	Erkältung
	Adenoviren	Nasopharynx	Nasopharyngealsekrete	Pharyngitis, Meningitis, Enzephalitis
	Respiratory syncytial virus	Nasopharynx	Nasopharyngealsekrete	Pharyngitis, Pneumonitis
	Masern-Virus	Nasopharynx	Exsudate	Masern
	Mumps-Virus	Nasopharynx	Exsudate	Mumps
	Parvovirus B 19	Nasopharynx	Exsudate	Ringelröteln
	Röteln-Virus	Nasopharynx	Exsudate	Röteln
	Varicella-Zoster-Virus	Haut	Exsudate	Windpocken, Herpes zoster
Pilze	Candida sp.	Mund, Haut	Nasopharyngealsekrete	(opportun.) Candidose
Protozoen	Pneumocystis carinii	Mund	Nasopharyngealsekrete	(opportun.) Pneumonie

Chemische Belastungsformen

In zahntechnischen Labors werden für die Herstellung von Zahnersatz verschiedene Stoffe verwendet, die ohne geeignete Schutzmaßnahmen für den Anwender gefährlich werden können *(Tab. 8)*.

Narkosegase

In angelsächsischen Ländern spielen Einwirkungen durch Narkosegase (Chloroform, N_2O) bei Zahnärzten eine erhebliche Rolle [108, 109]. Es wurden durch Narkosegase verursachte Effekte, wie z.B. Übelkeit, Kopfschmerzen, Infertilität, Malignome, Verhaltensstörungen und Mißbildungen beschrieben. Da in Deutschland der Lokalanästhesie weitgehend Vorrang gegeben wird, spielt dieses Phänomen arbeitsmedizinisch keine größere Rolle.

Haut

Viele der oben genannten Materialien, die in der täglichen Zahnarztpraxis oder im Dentallabor gebraucht werden, können zu Hautreizungen oder zu Kontaktekzemen führen. Als Hautirritantien kommen Stoffe, wie z.B.:

- Seife,
- Detergentien,
- Adhäsiva,
- Desinfektionsmittel,
- Öle,
- Füllmaterialien,
- Metalle und
- organische Lösungsmittel in Frage.

Durch Kontakt mit Arbeitsstoffen in der Zahnheilkunde sind prinzipiell folgende Hauterkrankungen möglich (verändert nach [188]):

1. Toxisch-irritatives Kontaktekzem

Es entsteht durch Einwirkung von sofort reizenden Substanzen (z.B. alkalische Verbindungen, Säuren, organische Lösemittel, mechanische Reizstoffe) und Strahlen (Wärme, UV- und Röntgenstrahlen). Es entwickelt sich zwingend bei jedem Menschen, wenn die Konzentration bzw. Dosis nur hoch genug ist.

2. Toxisch-degeneratives Kontaktekzem

Es entsteht durch Einwirkung von bestimmten Schadstoffen (z.B. Wasch-, Reinigungs- und Spülmittel, organische Lösemittel) über einen längeren Zeitraum wiederholt in niedriger Konzentration auf der Haut.

3. Allergisches Kontaktekzem

Es ist eine Reaktion der Haut auf einen bestimmten Stoff (Allergen) als Ausdruck einer persönlichen Überempfindlichkeit. Prinzipiell können alle Arbeitsstoffe als Auslöser in Frage kommen. Eine allergische Reaktion kann auch erst nach Jahren durch wiederholten Kontakt auftreten.

Tabelle 8: Chemische Gefahrstoffe im zahnärztlichen Labor (verändert und ergänzt nach [9])

Chemische Gefahrstoffe	Tätigkeiten, bei denen sie verwendet werden
Kunststoff-Vorprodukte *Methylmethacrylat* (auch Methacrylat) ist: • Leicht entzündlich (Flammpunkt = 10°C) • Reizend (Xi) für Haut, Augen, Atmungsorgane • Sensibilisierend (kann Allergien an Haut und Atemwegen auslösen) • MAK-Wert: 210 mg/m^3	Anmischen von Vorprodukten für die Herstellung von Zahnersatz aus Kunststoff: • Polymethylacrylatpulver für Heiß- und Kaltpolymerisation • Reparaturarbeiten mit flüssigem Methylmethacrylat
Aktivatoren Aktivatoren für die Herstellung von Zahnersatz aus Kunststoff können reizend (Xi) sein	Beim Anmischen von Silikonkunststoffen
Säure- und Galvanikbäder	
Säurebäder: 30prozentige Flußsäure ist giftig (T) und ätzend (C) für Augen, Haut und Verdauungswege	Ätzen beziehungsweise Auflösen von Keramik
Andere etwa 5prozentige Säurebäder sind reizend (Xi)	Ätzen von Edelmetallen, Entfernen von Oxiden und Flußmittelresten
Galvanische Bäder: Natriumcarbonat und Metasilikate sind reizend (Xi) für Augen, Atemwege und Verdauungswege	Entfettungsbäder
Verdünnte Mineralsäuren und Salzsäure sind reizend (Xi) für Augen, Haut und Verdauungswege	Aktivierungsbäder
Cyanide: Zum Beispiel Kaliumcyanid, sind sehr giftig und entwickeln bei Kontakt mit Säuren hochgiftige HCN-Dämpfe, die schon in geringen Mengen tödlich wirken	Bäder zur Haftgrundvergoldung und Glanzgoldplattierung
Verschiedene Stoffe	
Sekundenkleber: Enthält Cyanacrylat und ist beim Einatmen sowie bei Haut- und Augenkontakt gesundheitsschädlich und kann zu Allergien der Haut und Atemwege führen	Reparaturen an Gipsmodellen
Lötmittel: Ist giftig (T) und leicht entzündlich (F)	Reparaturen an Zahnersatz
Aceton: Ist in schnell trocknenden Lacken als Lösemittel enthalten; es ist leicht entzündlich (F), mäßig schleimhautreizend und narkotisierend MAK-Wert: 500 ml/m^3 (ppm)	Herstellen von Trennflächen an Gipsmodellen
Desinfektionsmittel: *Ethanol, Propanol und Phenol* sind leicht entzündlich (F) und können die Atemwege, Verdauungswege und Augen reizen	Haut-, Hand-, Flächendesinfekion, Lösungsmittel
Formaldehyd ist reizend für Haut und Schleimhäute, verursacht v.a. allergische Kontaktekzeme und ist vermutlich kanzerogen MAK-Wert: 0,5 ml/m^3 (ppm)	Flächendesinfektion, Instrumentendesinfektion, Konservierungsmittel

Psychische Belastungsformen

Besonders Mitarbeiter im Bereich der Zahnheilkunde sind berufsbedingten Streßfaktoren in hohem Maße ausgesetzt. Folgen dieses berufsbedingten Stresses sind vermehrte körperliche und psychische Anfälligkeiten [45]. Besonders drastisch ist ein sogenanntes „Burnout-Syndrom", das mit den Symptomen [125]:

1. Emotionaler Erschöpfung,
2. Depersonalisation und
3. mangelnder persönlicher Erfüllung einhergeht.

Zu den in der Zahnmedizin typischen Stressoren werden gezählt [27]:

- Intrinsische Faktoren des Berufes:
  Hohe körperliche und mentale Arbeitsbelastung, Ängste und Erwartungen der Patienten, Lärm, Gerüche, Angst der Mitarbeiter vor potentiellen Gefahrstoffen oder Infektionskrankheiten, Zeitdruck, Angst vor neuen Technologien (z.B. Computer),
- Beziehung zu Mitarbeitern, Patienten und Privatpersonen:
  Rollenkonflikte, Rollendoppeldeutigkeit, Umgang mit Vorgesetzten und Untergebenen und
- Berufskarriere:
  Angst vor beruflichem Scheitern, Ängste vor Arbeitslosigkeit, Angst vor finanziellem Scheitern.

Der Umgang mit o.g. Streßfaktoren ist sehr individuell und sicherlich abhängig von der jeweiligen Persönlichkeit.

Unfälle

Zahnmedizinisches Personal arbeitet fast täglich mit rotierenden, scharfen Instrumenten und hat Umgang mit einer Vielzahl schädlicher Stoffe. Rotierende Instrumente werden sowohl in der zahnärztlichen Praxis als auch im Dentallabor eingesetzt. Diese Geräte erreichen eine Rotationsgeschwindigkeit von 250.000 bis 400.000 U/min, so daß beim Beschleifen von Zähnen oder Zahnersatz abgehende Kleinteile durch sie bis auf eine Geschwindigkeit von 10 m/s beschleunigt werden können [35]. Wenn nun diese Teile das ungeschützte Auge treffen, kann es zu penetrierenden Augenverletzungen, Kornealabschürfungen oder zu Konjunktividen kommen [26].

Auch Chemikalien und Stäube, die unbeabsichtigt ins Auge gelangen, können gravierende Augenverletzungen verursachen [64].

Hautschäden, wie z.B. durch chemische oder physikalische Stoffe verursachte Dermatitiden oder Allergien sind in der Zahnheilkunde relativ häufig zu beobachten. Grundsätzlich können sämtliche in der Zahnheilkunde verwendeten Stoffe Hautdermatitiden auslösen (vgl. auch Hautbelastungen) [54].

Unfälle mit scharfen Instrumenten oder Kanülen (z.B. Nadelstichverletzungen) stellen in der Zahnheilkunde ein häufiges arbeitsmedizinisches Problem dar. Solche Verletzungen oder Unfälle in der Zahnheilkunde treten mit einer Wahrscheinlichkeit von 30 bis 95 % innerhalb eines Zeitraumes von 3 Jahren auf [91, 135]. In den letzten 80 Jahren wurden bis zu 20 verschiedene Infektionskrankheiten nach Nadelstichverletzungen beschrieben. In der heutigen Zeit spielen v.a. die parenteral übertragenen Viren (HBV, HCV, HIV, HSV I u. II) die bedeutendste Rolle, da die Infektion mit diesen Viren fatale Folgen für den Betroffenen haben kann (vgl. hierzu auch Kapitel „Biologische Gefährdungen").

Leider gibt es kaum zuverlässliche objektive Daten über das Unfallgeschehen bei Beschäftigten im Bereich der Zahnheilkunde. Auch Unfallversicherer, wie beispielsweise die Berufsgenossenschaft für Gesundheitsdienst und Wohlfahrtspflege (BGW), die Eigenunfallversicherungen, die amtlichen Behörden für Unfallversicherung der Bundesländer oder die Gemeinde-Unfall-Versicherungsverbände (GUVV), führen keine genauen Statistiken über Unfallarten ihrer versicherten Mitglieder.

Einzig und allein in einer neueren Studie von 1990 wurden sämtliche Unfallgeschehnisse, die in einer englischen Zahnklinik (313 Beschäftigte) im Zeitraum von 1980 bis 1988 aufgetreten waren, hinsichtlich ihrer Häufigkeit und ihrer Art analysiert. Es zeigte sich, daß pro Jahr im Durchschnitt 33 Unfälle registriert worden waren. Hauptsächlich waren operativ tätige Zahnarzthelferinnen und deren Auszubildende von Unfällen betroffen (43,3 %), es folgten danach die Zahnärzte oder Zahnmedizinstudenten (24,2 %) und an dritter Stelle Hilfskrankenschwestern (19,5 %). Die Unfallgeschehnisse wurden in vier Gruppen eingeteilt *(Tab. 9)*. Es zeigte sich, daß Schnitt- und Stichverletzungen zwischen 1980 und 1988 am häufigsten waren, gefolgt von Stürzen, Augenverletzungen und Verbrennungen bzw. Verbrühungen. [136]

Tabelle 9: Hauptunfallarten des zahnärztlichen Personals (n=302) einer englischen Zahnklinik in den Jahren 1980 bis 1988 (verändert nach [136])

Unfallart	Berichtete Fälle	% aller Unfälle
Schnitt- und Stichverletzungen	167	55,3
Stürze und Kollisionen	84	27,8
Augenverletzungen	33	10,9
Verbrennungen und Verbrühungen	16	5,3

Verletzungen an Kanülen, Nadeln oder Skalpellen waren die Hauptursache für solche Schnitt- oder Stichverletzungen und diese Unfälle geschahen am häufigsten beim Entsorgen dieser Gegenstände oder bei der Reinigung des Operationsaales. Glücklicherweise resultierte aus diesen Stich-, Schnittverlerletzungen keine Hepatitis B oder HIV-Infektion.

Bezüglich der Stürze und Kollisionen waren vorrangig Zahnärzte sowie Zahnmedizinstudenten (31 %) und Hilfsschwestern (31 %), gefolgt von Zahnarzthelferinnen (28 %) betroffen. Was die Augenverletzungen anbelangt, so waren zu gleichen Teilen v.a. Zahnärzte bzw. Zahnmedizinstudenten und Zahnarzthelferinnen betroffen.

Brand- und Brühverletzungen traten v.a. bei Hilfsschwestern der Sterilisationsabteilung gehäuft auf und zwar v.a. beim Ausräumen von Autoklaven [136].

Beanspruchung

Physikalische Beanspruchung

Ionisierende Strahlung (Röntgenstrahlung)

Die jährliche Strahlendosis für zahnmedizinisches Personal liegt zwischen 0,05 und 0,5 mGy (jährliche Strahlendosis für radiologisches Personal: 0,4 bis 2,5 mGy) [169]. Dabei ist die Beachtung der Röntgenverordnung verpflichtend [177]. Dazu gehört die Einhaltung eines Sicherheitsabstandes zu der in Betrieb befindlichen Röntgenröhre. Dieser Abstand beträgt für Dental-Röntgengeräte 1,5 m. Hierzu ein Beispiel: Eine Zahnarzthelferin, die sich – wie vorgeschrieben – in 1,5 m Entfernung vom Röntgenapparat in der rückwärtigen Verlängerung des Nutzstrahlenbündels aufhält, ist bei einer durchschnittlichen Zahnaufnahme (60 kV, 10mA, 1s) einer Strahlenbelastung von etwa 0,0002 bis 0,0003 mSv ausgesetzt. Sie müßte der Gruppe B (effektive Gonadendosis zwischen 5 und 15 mSv) der strahlenexponierten Personen erst zugerechnet werden, wenn sie tagtäglich ca. 50 Aufnahmen herstellen würde. Löst sie die Aufnahme hinter der Röhre aus, so wird sie der Gruppe B zugerechnet, wenn sie tagtäglich mehr als 200 Aufnahmen macht. Auch die Vorschrift des § 32 RöV, wonach die Ganzkörperexposition für sonstige nicht beruflich exponierte Personen 1,5 mSv im Jahr nicht überschreiten darf, wird sicher erfüllt, wenn im Abstand 1,5 m von der Röhre täglich nicht mehr als 15 Aufnahmen ausgeführt werden.

Im Rahmen einer Befragung von 107 Zahnmedizinstudenten im klinischen Studienabschnitt konnte gezeigt werden, daß die Mehrzahl der Befragten diesen vorgeschriebenen Sicherheitsabstand immer (86,9 %) oder meistens (10,3 %) einhalten konnte [16]. Während in früheren Zeiten bei Zahnärzten noch häufig Strahlenschäden wie z.B. die Radiodermatitis der Hände und Finger beschrieben werden konnten [129], spielt die Gefährdung durch ionisierende Strahlung heutztage nur noch eine untergeordnete Rolle.

Laserstrahlen

Laserstrahlen sind potentielle Gefahrstoffe in der zahnärztlichen Praxis. Sie können prinzipiell Schäden an der Hornhaut, Linse oder an der Netzhaut des Auges sowie Schäden an der Haut verursachen. Die Größe des Schadens hängt dabei in erster Linie von der Expositionsdauer des Lasers ab, das heißt wie lange der Laser auf ein biologisches Gewebe einwirkt [129]. Über durch Laserstrahlen ausgelöste Schäden bei Zahnärzten oder Zahnarzthelferinnen finden sich in der Literatur nur sporadische Daten [131].

UV-Licht

Als Folge der Einwirkung des UV-Lichtes auf das Auge kann es zu Schäden an der Netzhaut und zur Entstehung eines Katarakts kommen [129, 130]. Auch Folgen wie die Entstehung einer Photokeratitis und Konjunktivitis nach UV-Licht-Exposition wurden beschrieben. Als Symptome treten dabei eine akute Hyperämie, eine Photophobie und ein Blepharospasmus auf, welcher einen bis fünf Tage andauern kann. Im allgemeinen kommt es nach Abheilung nicht zu Spätfolgen. Die Photokeratitis wird hauptsächlich durch UV-B-Strahlung ausgelöst, seltener durch UV-A-Strahlung [63].

In den 70er Jahre wurden die ersten unter UV-Licht aushärtbaren Materialien (Kompositharze) in der Zahnheilkunde eingeführt. Das UV-Licht dient dazu, Materialien, wie z.B. Kompositharze oder andere Kunsstoffe, die in der restaurativen Zahnheilkunde Verwendung finden, zu polymerisieren und auf diese Weise auszuhärten. Kompositharze polymerisieren in der Regel am besten durch UV-Licht von 470 nm Wellenlänge (Blaulichtzone). Die ersten UV-Licht-Geräte emittierten eine besonders kurze Wellenlänge, die bei den meisten Geräten bei 320 bis 365 nm Wellenlänge lag. In den nachfolgenden Jahren kamen als Weiterentwicklung die sogenannten Hoch-Energie-UV-Geräte auf den Markt. Sie hatten eine größere Eindringtiefe und konnten somit das Aushärten der verwendeten Kompositharze beschleunigen. Die Spektralenergie bei diesen Geräten variierte von 348 bis 746 mW/cm^2. Modernere UV-Licht-Geräte emittieren Licht von 400 bis 500 nm Wellenlänge (sogenannte Blaulicht-Polymerisation) und damit weniger UV-A-Strahlen. Durch einen Wechsel von der UV-Polymerisation auf die Blaulicht-Polymerisation erhoffte man sich eine deutliche Gefahrreduzierung beim Polymerisieren von Kunststoffen [98]. Obwohl Blaulicht-Geräte sicherer sind als die älteren UV-Geräte, gibt es auch bei ihnen ein Gefährdungspotential. Es zeigte sich, daß intensives Blaulicht thermische oder photochemische Netzhautschäden verursachen kann [114].

Andere Autoren berichten von Zahnärzten, die nach längerer Tätigkeit mit Blau-Licht-Geräten über Beschwerden wie z.B. Müdigkeit, „Fleckensehen an der Wand" und reduzierte Nachtsichtigkeit klagten [28]. Doch nicht nur die Zahnärzte selbst, sondern auch ihre zu behandelten Patienten können von Folgen einer solchen Blaulicht-Polymerisation-Behandlung betroffen sein. So erlitt ein Patient im Rahmen einer zahnärztlichen Behandlung mit Blaulicht-Polymerisation ein schweres Hauterythem im Bereich des Mundes [129]. Berichte über durch Blau-/UV-Strahlen ausgelöste Dermatosen bei Zahnärzten oder Zahnarzthelferinnen finden sich nicht.

Beleuchtung

Bei ungünstigen Beleuchtungsverhältnissen wurden subjektive Beschwerden, wie z.B. Ermüdung, Kopfschmerzen und Konzentrationsstörungen beschrieben [103, 133, 139].
Bei länger andauernden schlechten Beleuchtungssituationen wurden Augenschäden beschrieben [93].
Eine Untersuchung von 1967 zeigte, daß eine inadäquate Beleuchtung bei Zahnärzten zu körperlichen Veränderungen, wie z.B. zum Anstieg der Herzfrequenz, zur Zunahme des Muskeltonus und zur Zunahme der endokrinen Sekretion führen kann [99].

Lärm

Nicht nur wegen der erheblichen vegetativen Reaktionen auf Geräuschbelastung [84], sondern auch wegen der Möglichkeit irreversibler Gehörschäden ist eine Verminderung der Lärmbelastung der Beschäftigten in der Zahnmedizin bedeutsam. V.a. Turbinen [86 dB(A)] und Ultraschallgeräte [86 dB(A)] entwickeln relativ hohe Schallpegel *(Tab. 10)* [178]. Neben dem Schallpegel ist aber auch die Frequenzzusammensetzung entscheidend. Hohe Frequenzen stehen bei den Ultraschallgeräten und Turbinen im Vordergrund, tiefe Frequenzen, z.B. beim Gipsrüttler. Lärmschäden sind bei mangelhafter Beachtung der Betriebsanweisungen oder älteren Geräten nicht ganz auszuschließen [25]. So wurde ein Zahnarzt lärmschwerhörig, der bei mittleren Schallpegeln von bis zu 193 dB(A) mit einer Turbine älterer Bauart gearbeitet hatte [107]. Der Hörverlust liegt bei den meisten Betroffenen im Bereich von 6.000 Hz [69]. In der heutigen Zeit werden nur noch leisere luftgelagerte Turbinen benutzt und kaum noch die älteren kugelgelagerten Turbinen. Da sowohl Turbinen als auch Ultraschallgeräte keineswegs kontinuierlich über acht Stunden am Tage betrieben werden, ist mit relativ kurzen Expositionszeiten zu rechnen. Daher stufen viele neuere Autoren den Lärm in der zahnärztlichen Praxis als nicht gehörschädigend ein [44, 137].

Tabelle 10: Lärmbelastung im zahnärztlichen Labor, Resultate einer Befragung von 21 Dentallabors (verändert nach [129])

Tätigkeit	Schallpegel [dB (A)]	Variationsbreite [dB (A)]
Reinigen mit pneumatischer Luft	96	85 – 105
Gipsrüttler	90	83 – 100
Reinigen mit Ultraschall	86	70 – 93
Bohren, Schleifen auf		
Zahn	86	81 – 90
Metall	87	82 – 94
Gips	88	85 – 90
Lokaler Sauger	74	65 – 83

Vibration

Als Folgen der Vibrationen von rotierenden Handstücken in der Zahnheilkunde können neurologische, vaskuläre und muskuloskelettale Störungen ausgelöst werden [101]. Dafür sind sowohl Art, Höhe und Dauer der Schwingungsbelastung als auch individuelle Faktoren, z.B. Alter, Geschlecht, Disposition und Konstitution wichtig [34]. Bei höher frequenten Schwingungen (>50 Hz) können vasomotorische und nervale Funktionsstörungen auftreten, die mit einem raynaudartigem Fingererblassen und Taubheitsgefühl einhergehen [164]. Doch nicht nur Zahnärzte, sondern auch Zahntechniker sind von ähnlichen Beschwerden im Zusammenhang mit ihrer Tätigkeit betroffen [34, 145]. So wurden bei den von Zahntechnikern verwendeten Handstücken Schwingbeschleunigungen (a_h) von 0,4 bis 4,8 m/s^2 und Frequenzen von 5 bis 20 kHz gemessen. Nach ISO 5349 sind bei 6stündiger Vibrationsbelastung mit a_h=2,3m/s^2 vibrationsbedingte Schäden zu erwarten [81].

Zahntechniker benutzen im allgemeinen Handstücke mit geringerer Rotationsgeschwindigkeit, von ungefähr 20.000 U/min. Eine Studie aus dem Jahre 1995, in der 120 Zahntechniker über ihre Beschwerden befragt und anschließend klinisch untersucht wurden, zeigte, daß die Mehrzahl der Betroffenen über deutliche Beschwerden klagte *(Tab. 11)*.

Eine Studie aus dem Jahre 1993 zeigte, daß durch rotierende Handstücke verursachte Teilkörpervibrationen als Belastungsfaktor bei zahnärztlicher Tätigkeit keine Rolle spielen [144].

Stäube

Berufsbedingte Pneumokoniosen bei Zahnärzten [141] und Zahntechnikern sind schon seit vielen Jahren bekannt [161]. Weitere Studien über die Silikose bei Zahntechnikern folgten

Tabelle 11: Inzidenzen subjektiver Beschwerden (verändert nach [119])

Beschwerden	Anzahl (n)	% der Befragten
Ohne Beschwerden	17	14,2
Wirbelsäulenschmerzen	63	52,5
Parästhesien der Hand	57	47,5
Ellenbogenschmerzen	32	26,6
Schulterschmerzen	13	10,8
Handgelenkschmerzen	8	6,6
Fingergelenkschmerzen	8	6,6

und stellten den Zusammenhang zwischen Exposition und Erkrankung dar [96, 154]. Stäube treten in Dentallabors beim Bearbeiten (Schleifen, Polieren, Fräsen, Schneiden) von Metallegierungen als kobalt- oder chromhaltige Metallstäube und beim Polieren von Formwerkstoffen als silikogene Stäube auf. Diese Stäube können grundsätzlich nach Inhalation berufsbedingte Pneumokoniosen verursachen (vgl. auch *Tab. 5* in Belastungen durch Stäube) [5, 154].

Eine schwedische Studie von 1995 zeigte, daß bei Zahntechnikern v.a. auch kobalthaltige Stäube schwere Staublungenerkrankungen verursachen können [152].

Beanspruchung des Bewegungs- und Stützapparates

Beanspruchungsreaktionen des Bewegungs- und Stützapparats bei Zahnmedizinern und ihren Helfern sind zwar auf Grund der Überlegungen zur Belastung zu erwarten, doch finden sich in der internationalen Literatur nur eine relativ kleine Anzahl von Studien zum Thema. Immerhin lassen sich aus den wenigen vorliegenden Daten erhöhte Risiken im Zahnarztberuf für die Beanspruchung der Hals- und der Lendenwirbelsäule ableiten.

Bei drei Befragungen von Zahnärzten mit großen Fallzahlen (n = 3.400, 902 bzw. 1.466) fanden sich in 78 %, 83,7 % (davon in 13,7 % an den Bandscheiben) bzw. 72,6 % Erkrankungen des Bewegungs- und Stützapparats (offensichtlich Lebenszeitprävalenz) – allerdings ohne Einschluß von Kontrollgruppen [147].

Mit Hilfe eines 33 Items umfassenden Fragebogens wurden Zahnärzte in Minnesota zu ihrem Gesundheitszustand befragt (n = 440). Dabei ergab sich eine Lumbalgie-Einjahresprävalenz von 16,7 %. Leider wurde nicht parallel eine Kontrollgruppe befragt [124].

Einer US-amerikanischen Studie zufolge betrug die durch die Tätigkeit bedingte Lumbalgie-Punktprävalenz bei Zahnärzten im Rahmen des „National Health Interview Survey" 4,2 % (Lehrer 1,0 %, Anwälte 0,9 %) [6].

Mit radiologisch faßbaren Veränderungen der Halswirbelsäule (zervikale Spondylose) befaßte sich eine schwedisch-US-amerikanische Fall-Kontrollstudie, deren Autoren in einem Kollektiv von (männlichen) Zahnärzten über eine Odds Ratio von 4,0 [88] und in einem zweiten (ebenfalls männlicher Zahnärzte) über eine altersstandardisierte Odds Ratio von 5,3 berichteten [60].

Eine Analyse des Berufskrankheitengeschehens in der ehemaligen DDR (Fälle zwischen 1973 und 1981) ergab bei Zahnärzten die Reihenfolge [143]:

1. Infektionskrankheiten,
2. Dermatosen,
3. Überlastungsschäden des Muskel-Skelett-Systems.

Biologische Beanspruchung

Infektionskrankheiten

An dieser Stelle soll selbstverständlich nicht auf *alle möglichen* Infektionsrisiken in der Zahnheilkunde eingegangen werden, zumal das Ausmaß der bislang zum Thema durchgeführten epidemiologischen Untersuchungen recht bescheiden ist. Vielmehr sollen nur die wichtigsten Infektionen und Infektionskrankheiten beschrieben werden, und zwar die

- AIDS/HIV-Infektionen,
- Hepatitis B,
- Hepatitis C,
- verschiedene Herpes-Virus-Infektionen und
- Tuberkulose.

AIDS/HIV-Infektionen

Auf Grund der ungünstigen Prognose der HIV-Infektion sind zahlreiche Studien zur Gefährdung des medizinischen Personals durch den Erreger der menschlichen Immunschwäche durchgeführt worden [91]. Dabei handelte es sich in der Regel um Fallanalysen oder Fall-Kontrollstudien bei Nadelstichverletzten.

Generell ist das HIV-Infektionsrisiko im medizinischen Bereich recht klein (ca. 0,3) [66]. Dies hängt einerseits mit der Tatsache zusammen, daß der Erreger ein Retrovirus ist, andererseits mit der recht kleinen Viruskonzentration in den verschiedenen Körperflüssigkeiten. Weiterhin wurde schon zu Beginn der AIDS-Ära Anfang der 80er Jahre wegen der allgemein als hoch anerkannten Hepatitis-B-Gefahr im Gesundheitsdienst wesentlich sorgfältiger Prophylaxe betrieben, als dies noch in den 60er Jahren der Fall war.

Bei den weltweit bis 1998 weniger als 300 bekanntgewordenen Fällen von HIV-Infektionen beim Personal im Gesundheitsdienst sind keine sicheren Übertragungen vom Patienten auf das zahnmedizinische Personal dokumentiert worden. Die größte Untersuchung (n = 64) zeigt, daß

- in 53 % Krankenpflegepersonal,
- in 23 % Laborbeschäftigte und
- in 8 % ärztliches Personal betroffen waren [43].

Auch in Deutschland wurden bislang keine HIV-Infektionen bei zahnmedizinischem Personal angezeigt [86].

Der umgekehrte Infektionsweg (Zahnarzt – Patient) ist in der Weltliteratur bislang ein einziges Mal beschrieben worden [7]. Der Fall erscheint aber auch heute noch mysteriös und kann gar nicht mehr vollständig aufgeklärt werden, da die Praxis zum Zeitpunkt der Untersuchung bereits geschlossen war und der Zahnarzt nur einmal zu den Vorfällen befragt werden konnte, bevor er selbst verstarb: Bekannt ist, daß von 1100 Patienten des in Florida tätigen Zahnmediziners sechs eine HIV-Infektion davontrugen, wobei die genetische Verwandschaft zwischen den HIV-Subtypen eine Übertragung auf die Patienten nahelegt.

Hepatitis B

Studien zur beruflichen (und außerberuflichen) Gefährdung durch das vor mehr als drei Jahrzehnten erstmals beschriebene Hepatitis-B-Virus (HBV) sind vor allem in der zweiten Hälfte der 70er und in den 80er Jahren durchgeführt wurden, nachdem entsprechende diagnostische Möglichkeiten entwickelt worden waren. Hauptzielgruppen der Untersuchungen waren Dialyse- und Hämophiliepatienten, homosexuelle Männer sowie medizinisches Personal. Das zahnmedizinische Personal wurde dabei nur relativ wenig beachtet – und als Anfang der 80er Jahre erstmals eine Impfung möglich wurde, ließen sich die Beschäftigten im Dentalbereich als erste impfen – was weitere epidemiologische Studien unmöglich werden ließ oder den Wert der Aussagen (da zumindest eine teilweise Intervention stattgefunden hatte) minderte.

Die in Tabelle 12 zusammengefaßten Daten zur *Seroprävalenz* von HBV-Markern in den Dentalberufen weisen auf die Bedeutung der Infektion in diesem Berufsbereich hin. Sowohl bei Zahnärzten als auch bei Zahntechnikern ergeben sich im allgemeinen höhere Hepatitis-B-Marker-Seroprävalenzraten als bei der gleichaltrigen Allgemeinbevölkerung [11, 33, 38, 58, 62, 104, 105, 149]. Die Anti-HBs/c-Seroprävalenzen bewegen sich dabei von 5,3 bis 13,0 %. Die Freiburger Studie [72] umfaßte ein sehr junges Kollektiv (unter 30 Jahre), so daß hier noch keine sehr große Expositionszeit gegenüber infektiösem Material zusammengekommen war. Bei einem n von 94 ist der Durchseuchungsunterschied zwischen Verwaltungsangestellten (Büro) und in der Zahnmedizin Beschäftigten noch nicht signifikant, die Tendenz einer höheren Gefährdung wird jedoch erkennbar (nach Daten von [94]).

Besonders eindrucksvoll sind auf der anderen Seite die Daten von Eisenburg, der bei einem langjährig exponierten Kollektiv (oberbayerische Zahnärzte) eine viermal höhere HBsAg-Prävalenz (und damit *Hepatitis-B-Infektiosität*) bei Zahnärzten ermittelte, als sie bei der Allgemeinbevölkerung bekannt ist [36]. Daß nicht nur arbeitsmedizinische, sondern auch *hygienische Überlegungen* angebracht sind, wenn derart hohe Seroprävalenzraten bekannt werden, versteht sich von selbst. Daher ist es auch nicht verwunderlich, wenn bei zahnmedizinischem Personal auch der umgekehrte Infektionsweg (nosokomial – Beschäftigter – Patient) eine Rolle spielt. So wurde in den USA der Fall eines Zahnarztes bekannt, der unvollständig (zweimal) geimpft war, dann HBsAg und HBeAg positiv war, bei der Tätigkeit keine Handschuhe trug und insgesamt nachweislich neun Patienten infizierte (wovon zwei verstarben) [122]. Im Rahmen einer weiteren Analyse wurden insgesamt 71 Patienten identifiziert, die auf Grund einer zahnärztlichen Behandlung eine Hepatitis-B-Infektion davongetragen hatten. Dabei entfielen allein 55 Fälle auf einen einzigen Kieferchirurgen (!) [146].

Inzidenzstudien zur Hepatitis-B-Erkrankungshäufigkeit sind wegen der hohen Dunkelziffer, die auf einen Faktor 10 geschätzt wird [123] nur mit großen Einschränkungen als Datenquelle verwertbar. Am ehesten ist in diesem Zusammenhang noch eine Studie aus Niedersachsen zu verwerten, bei der von 1976 bis 1986 die Hepatitis-B-Erkrankungshäufigkeiten bei Angehörigen der Gesundheitsberufe (differenziert nach „Ärzten“, „Zahnärzten“, „Pflegepersonal“ und „Assistenzberufen“) ermittelt wurde [182]. Während bei der Gesamtbevölkerung die jährliche Inzidenz von 1976 bis 1979 zwischen 9 und 15 pro 100.000 Einwohner schwankte, lagen die entsprechenden Werte für alle Angehörigen der Gesundheitsberufe bei 87 bis 139 und für Zahnärzte zwischen 109 und 153 *(Tab. 13)*. Die Zeiträume in der Tabelle wurden so gewählt, daß

- der erste dem Zeitintervall *ohne* Prophylaxe entspricht,
- der zweite dem nach Einführung der postexpositionellen Prophylaxe (Hepatitis-B Immunglobulin) und
- der dritte dem Beginn der Impfära (Schutzimpfung).

Der Abfall der Werte bis 1986 deutet auf erste Interventionserfolge bei diesen Prophylaxemaßnahmen hin, die insgesamt recht hohe Inzidenzrate bei Zahnärzten auf das große Ausmaß der beruflichen Gefährdung.

Tabelle 12: HBV-Marker-Seroprävalenz bei Angehörigen von Dentalberufen

Land	Untersuchte Gruppe	n	Anti-HBs/c + (%)	HBs + (%)	Autor	Jahr	Kommentar
D	Zahntechniker	149	10,1		Birke	1986	
D	dt. Zahnmed. Pers.	76	5,3	0	Hofmann	1987	Nichtmed. Gleichaltrige: 5,6 %
D	Zahnärzte	773		3,2	Eisenburg	1977	Anti HBs/c nicht untersucht
D	Zahnärzte	56	13,0		Grimm	1983	
Israel	Zahnmed. Pers.	124	12,1		Donchin	1992	Verwaltung: 10,1 %
D	Zahnmed. Pers.	27	7,4		Schreiermann	1985	
A	Zahnmed. Pers.	2277	12,7		Maruna	1986	Durchschnittl. Anti-HBc + im Ges.-wesen: 10 %
D	Pers. Zahnklinik		7,4		Engelhardt	1989	Gesamtmedizin. Bereich: 12,7 %
USA	Zahnmed.-Stud.	371	7,8 (1. Jahr) 8,2 (klin. Stud.)		Hardman	1990	Längsschnitt: 4/247 nach 2jähr. Pat.-Kontakt serokonvertiert
A	Zahnmed. Pers.	2700	13,0		Maruna	1995	

Tabelle 13: Hepatitis-B-Häufigkeit bei Angehörigen der Gesundheitsberufe und bei der Allgemeinbevölkerung in Niedersachsen 1976 – 1986 (jährliche Inzidenz pro 100.000 Personen) (verändert nach [182])

Zeitraum	Gesundheitsberufe insgesamt	Zahnärzte	Allgemein-Bevölkerung
1976 – 1979	87 – 139	109 – 153	9 – 15
1980 – 1982	58 – 117	97–184	9 – 10
1983 – 1986	21 – 57	39–81	6 – 10

Hepatitis C

Die 1989 entdeckte Hepatitis C entspricht in ihrem (parenteralen) Übertragungsweg der Hepatitis B. Eine erste Untersuchung in den USA zeigte, daß bei 1 % des zahnmedizinischen Personals eine HCV-Infektion bestand, wobei die Helfer mit 1,3 % deutlich höher durchseucht waren als die Kieferchirurgen mit 0,3 %. Die Studie wies aber nicht nur große methodische Mängel auf (so wurde keine Kontrollgruppe getestet), sondern wurde vor allem in einer Zeit durchgeführt, als die Anti-HCV-Tests noch nicht besonders zuverlässig waren. Dank der in den letzten Jahren verbesserten Diagnostik, die sich in der Regel auf den Anti-HCV-ELISA stützt, haben einige Autoren mittlerweile aber Daten zur Infektionsgefährdung nicht nur im medizinischen, sondern auch im zahnmedizinischen Bereich vorgelegt *(Tab. 14)*.

In einer US-amerikanischen Studie von 1994 [56] konnte – ebenso wie bei der Untersuchung in Taiwan [97] – kein erhöhtes Risiko für zahnmedizinisches Personal verifiziert werden, während die (methodisch sicherlich am besten angelegte) Studie von KLEIN ein erhebliches Risiko, vor allem im kieferchirurgischen Bereich, zeigte [92]. Bestätigt wurden diese Daten durch die zweite US-Studie [165] und durch die in Freiburg vorgenommene Untersuchung an Personen mit erhöhten Serum-Transaminasen [77]. Die Ostbayern-Studie [180] zeigte ebenfalls ein erhöhtes Risiko, wobei aber das Signifikanzniveau verfehlt wurde. Ähnliche Ergebnisse lieferte auch eine italienische Studie von 1996 [127].

Tabelle 14: Hepatitis-C-Prävalenz bei Angehörigen von Dentalberufen

Land	Untersuchte Gruppe	n	Anti-HCV pos. (%)	Autor	Jahr	Kommentar
USA	Zahnärzte Kontrollen	456 723	1,75 0,14	Klein et al.	1991	Odds ratio für Zahnärzte 12,9 mal höher als für Kontroll.; für Kieferchirurgen 10,5 mal höher als für Allgemeinzahnärzte
USA	Ärzte Pfleger Labor Zahnärzte	976	0,6 2,9 2,8 0	Gerberding et al.	1994	Auf 10 Jahre angelegte Kohortenstudie, Inzidenz 0,08 pro 100 Personenjahre
USA	Allgemeinzahnärzte Kieferchirurgen	305 334	0,7 2,0	Thomas et al.	1996	Odds ratio für Kieferchirurgen: 3,2
Taiwan	Zahnärzte Blutspender	461	0,65 0,9	Kuo et al.	1993	
D	Zahnärzte Kontrollen	1003 1364	0,8 0,59	Weller et al.	1995	Unterschied nicht signif.
D	Personen mit erhöhten Serum-Transaminasen: • Med. Bereich gesamt: • Zahnmedizin: • Kontrollen:	245	 11,6 16,0 3,6	Hofmann et al.	1997	
I	Dialysepersonal, Drogenanlaufstelle, Pathologie Zahnmedizin	283	6,7	Patti et al.	1996	

Faßt man die bislang vorliegenden Daten zusammen, so kann man von einer (mäßiggradig bis deutlich) erhöhten Gefährdung im zahnmedizinischen Bereich ausgehen.

Was den umgekehrten Infektionsweg (Zahnarzt – Patient) angeht, so wurden bislang keine Zwischenfälle bekannt.

Herpesvirusinfektionen

Die acht bislang bekannt gewordenen Humanen Herpesviren [51] sind ubiquitäre, pantrope und in der Regel im Nervengewebe, auf der Haut, und, was sie für den zahnmedizinischen Bereich interessant werden läßt, häufig den Nasopharynx oder den Oropharynx bevorzugende Viren, nämlich

- HSV 1 (Herpes-simplex-Virus 1, Humanes Herpesvirus 1), (Herpes labialis, Herpes genitalis) [49],
- HSV 2 (Herpes-simplex-Virus 2, Humanes Herpesvirus 2), (Herpes labialis, Herpes genitalis) [50],
- VZV (Varicella-Zoster-Virus, Humanes Herpesvirus 3), (Windpocken, Herpes zoster) [117],
- EBV (Epstein-Barr-Virus, Humanes Herpesvirus 4), (Pfeiffersches Drüsenfieber, Burkitt-Lymphom) [116],
- CMV (Zytomegalie-Virus, Humanes Herpesvirus 5), (Zytomegalie) [115],
- HHV 6 (Humanes Herpesvirus 6), (Dreitagefieber) [48],
- HHV 7 (Humanes Herpesvirus 7), (?) [48] und
- HHV 8 (Kaposi-Sarkom assoziiertes Herpesvirus, KSHV), (Kaposi-Sarkom) [52].

Die Infektion erfolgt durch direkten Kontakt, Aerosole oder Inokulation. Bei nicht immunkompetenten Patienten spielen die Erreger als Auslöser opportunistischer Infektionskrankheiten eine große Rolle (z.B. HIV-Infektion, AIDS).

Da die Durchseuchung bereits im Kindesalter relativ hoch ist, liegen deutlich weniger epidemiologisch orientierte Publikationen vor als beispielsweise zur Seroprävalenz der Hepatitis-Virus-Infektionen. Die arbeitsmedizinische Bedeutung der verschiedenen Herpesvirusinfektionen ist aus dem selben Grund bislang nur von wenigen Arbeitsgruppen untersucht worden [78, 185].

Im zahnmedizinischen Bereich existieren noch weniger Daten, obwohl gerade hier mit einem nicht zu unterschätzenden Risiko zu rechnen sein dürfte. Die vom Studiendesign beste Studie (Fallkontrollstudie, Kontrollgruppe nach Alter und Geschlecht gematcht) aus Großbritannien deutet auf ein erhöhtes EBV-Risiko in der Zahnheilkunde hin *(Tab. 15)* [70]. In einer deutschen Studie, die in den 80er Jahren durchgeführt wurde, waren von 57 untersuchten Zahnärzten 89,5 % HSV – 1-Antikörperpositiv, wobei knapp 122 Patienten in knapp 40 % positiv waren [134].

Tabelle 15: Seroprävalenz von Herpesvirus-Antikörpern bei Zahnmedizinstudenten und Kieferchirurgen (verändert nach [70])

Gruppe	Anzahl (n)	HSV-AK pos (%)	CMV-AK pos (%)	EBV-AK pos (%)	HHV6-AK pos (%)
Zahnmed.-Stud. (Vorklinik)	81	49	25	69	47
Kontrollen	81	57	15	75	75
Zahnmed.-Stud. (Klinik)	53	49	21	89	40
Kontrollen	53	53	17	83	60
Kieferchirurgen	103	71	24	91	51
Kontrollen	103	72	34	83	54

Tuberkulose

Epidemiologische Angaben zur Bedeutung der Tuberkulose lassen sich auf zweierlei Art gewinnen:

- Zum einen ermöglicht die Analyse der gemeldeten Tuberkuloseerkrankungen Aussagen zur Infektionssituation.
- Zum anderen gestattet der (sehr viel häufiger positive) Tuberkulintest epidemiologische Untersuchungen, da seine Konversion (Positivwerden nach Infektion mit M. tuberculosis oder anderen Mykobakterien bzw. durch die BCG-Impfung) [102] der klinisch faßbaren Erkrankung oft um Monate, Jahre, meist sogar um Jahrzehnte vorausgeht.

Die klassische Tuberkulintestung erfolgt intrakutan mit dem Mendel-Mantoux-Test. Diese häufig als „Goldstandard" apostrophierte Methode, die vom Deutschen Zentralkommittee zur Bekämpfung der Tuberkulose [40] als einzig valide empfohlen wird, ist aber – wie Untersuchungen aus einer Lungenklinik an 691 Patienten zeigen [150] – zumindest in der allgemein üblichen Konzentration (GT 10) bei ca. 3 % der Tuberkulosepatienten negativ. Daher greift man zur Routinediagnostik nach wie vor auf einen der drei auf dem Markt befindlichen Stempeltests zurück. Vorteil dieser Tests ist eine genaue Tuberkulindosierung bei einfacher Handhabung. Auf dem Markt angeboten werden der

- Tine-Test (Tuberkulin wird über vier Metallspitzen in die Haut eingebracht),
- Mérieux-Test (Prinzip: neun feine Nädelchen zur Tuberkulin-Applikation) und
- Tubergen-Test (Prinzip: Vier Plastikspitzen mit Tuberkulin standardisiert).

Im Rahmen einer Studie zur Effizienz der Tuberkulintestung [73] konnte gezeigt werden, daß nur bei der Anwendung des Tubergentests keine falsch-negativen Resultate (im Vergleich zu Mendel-Mantoux) resultieren. Auf der Basis dieses Tests, der im allgemeinen nach fünf bis sieben Tagen abgelesen wird (mindestens eine Papel mindestens 2 mm Durchmesser = positiv) wurde 1994/5 eine Studie an mehr als 4000 Beschäftigten des Universitätsklinikums Freiburg durchgeführt, die eine höhere Rate an Tuberkulintestpositiven im Zahnmedizinbereich (im Vergleich zur Verwaltung) ergab. Obwohl der Unterschied zwischen den Verwaltungsangestellten und den im Zahnmedizinbereich beschäftigten Personen bei einem n (Anzahl) von 117 noch nicht signifikant ist, deutet er die höhere Gefährdung von der Tendenz her an.

Des weiteren wurde eine Längsschnittstudie über neun Jahre durchgeführt, um die jährlichen Tuberkulin-Konversionsraten in den einzelnen Klinikabteilungen zu bestimmen (und damit Risikobereiche definieren zu können). Auch hier ergaben sich in der Zahnmedizin höhere Raten als im Verwaltungsbereich *(Tab. 16)*.

Tabelle 16: Freiburger Tuberkulosestudie (nach Daten von [94, 95])

	Verwaltung (n = 159)	Zahnmedizin (n = 158)
% Tuberkulinpositiv	26,1	32,1
Durchschnittsalter (deutsche Beschäftigte)	31,4	33,6
% Tuberkulinpositiv nach Altersstandardisierung	24,5	33,0
Jährliche Tuberkulin-konversionsrate (%)	1,57	1,85

Leider wurde in den letzten zwei Jahrzehnten der Tuberkulose im Hinblick auf die ständig sinkenden Inzidenzraten kaum mehr Beachtung zuteil – und vor allem im Gesundheitsdienst beforschte kaum eine Arbeitsgruppe dieses Problem – , obwohl namentlich in der Zahnmedizin mit einem erhöhten Risiko gegenüber einer Infektion mit Mykobakterien zu rechnen ist – wie dies in zahlreichen vor allem im angloamerikanischen Raum erschienenen Publikationen formuliert wird [39, 65, 186, 187]. Allen wissenschaftlichen Beiträgen zur arbeitsmedizinischen Gefährdung durch Mykobakterien bei der Ausübung zahnmedizinischer Berufe eigen ist jedoch die Tatsache, daß keine epidemiologisch fundierten Untersuchungen präsentiert, sondern allenfalls mögliche Infektionswege und auf diesen Erkenntnissen basierende Präventionsmaßnahmen diskutiert werden. Dies dürfte v.a. daran liegen, daß arbeitsmedizinische Betreuung im zahnmedizinischen Bereich in diesen Ländern kaum stattfindet (In Deutschland müssen sich Zahnkliniken, gemäß VBG 123, ab 01.09.1996, Zahnarztpraxen ab 01.09.1997 und zahntechnische Laboratorien ab 01.09.1998 arbeitsmedizinisch betreuen lassen).

Chemische Beanspruchung

An dieser Stelle soll selbstverständlich nicht auf alle, in *Tabelle 8* dargestellten chemischen Gefahrstoffe in der Zahnheilkunde eingegangen werden. Vielmehr sollen nur die beiden wichtigsten chemischen Gefahrstoffe, nämlich das Amalgam und das Methylmethacrylat sowie die chemische Beanspruchung der Haut, beschrieben werden.

Amalgam (Quecksilber)

Amalgame sind Legierungen des Quecksilbers (Hg) mit anderen Metallen. Durch Vermischen einer speziellen Feilung (Legierungspulver) mit elementarem Quecksilber entsteht eine plastische Masse, die nach kurzer Zeit erhärtet und das Quecksilber dabei als intermetallische Phase bindet.

Amalgame werden seit rund 150 Jahren in der konservierenden Zahnheilkunde als plastisches Füllmaterial verwendet. Im Laufe der Jahre fanden jedoch in zunehmendem Maße auch andere Füllmaterialien Anwendung. Beispielsweise wurde mit der Einführung zusammengesetzter Kunststoff-Füllungsmaterialien, sogenannter Komposita, Amalgam im Frontzahnbereich weitestgehend verdrängt.

Der Umgang mit Quecksilber im zahnärztlichen Bereich ist durch die in *Tabelle 17* zusammengestellten wesentlichen Tätigkeiten mit den jeweiligen Möglichkeiten der Hg-Einwirkung gekennzeichnet. Das Gefährdungspotential für die Beschäftigten ist dabei abhängig von den in der Praxis gewählten Produkten und Arbeitstechniken.

Tabelle 17: Wesentliche Tätigkeiten beim Umgang mit Amalgam (verändert nach [10])

Tätigkeiten	Gefahr der Hg-Einwirkung
• Dosieren von Hg und Feilung • Mischen von Hg und Feilung	Hg-Dampfentwicklung,Hautkontakt, Verschütten von Hg und Dampfentwicklung
• Anreichen der Amalgamportion • Kondensieren und Schnitzen des Amalgams	Hg-Dampfentwicklung, Hautkontakt
• Polieren der Amalgamoberfläche • Ausbohren von Amalgamfüllungen	Verstärkte Hg-Dampfbildung aufgrund erhöhter Temperatur, Aerosolbildung
• Desinfektion/Reinigung Hg-kontaminierter Instrumente und Geräte	Quecksilberdampfentwicklung, Hautkontakt
• Aufbewahren und Entsorgen von Amalgamfüllungen	Kontinuierliche Dampfquelle, Hautkontakt, Verschütten von Hg und Dampfentwicklung

Die Amalgamportion wird durch Mischen von etwa 46–51 Gewichtsprozent Quecksilber mit einem speziellen Legierungspulver hergestellt. Bei Verwendung von Amalgamatoren wird Quecksilber als flüssiges Metall in Schwanenhalsflaschen eingesetzt. Heute werden in der Regel Quecksilber und Legierungspulver bereits vordosiert verwendet, hauptsächlich in Form von Einmalkapseln, die beide Komponenten enthalten. Teilweise werden auch Preßlinge der Legierung in Tablettenform und in Folie eingeschweißte Quecksilberportionen in mehrfach zu verwendenden Kapseln eingesetzt.

Seit mehreren Jahren werden nur noch Silberamalgame (ab 1992 ausschließlich gamma-2-freie Amalgame, auch Nongamma-2-Amalgame genannt) verwendet. Die Rahmenzusammensetzung, die in der Informationsschrift des Bundesgesundheitsamtes (BGA) veröffentlicht ist, gibt die Bandbreite der Zusammensetzung geprüfter gamma-2-freier Amalgame an *(Tab. 18)* [80].

Tabelle 18: Rahmenzusammensetzung für Amalgame (verändert nach [80])

- Zink 2 Gew.-% maximal,
- Quecksilber 3 Gew.-% maximal,
- Zinn 32 Gew.- % maximal,
- Kupfer 30 Gew.-% maximal,
- Silber 40 Gew.-% minimal.

Produktbeispiele für gamma-2-freie Amalgame:

1. „Dispersalloy“ (Firma Johnson & Johnson)
   - 69,5 Gew.-% Silber,
   - 17,7 Gew.-% Zinn,
   - 11, 8 Gew.-% Kupfer,
   - 1 Gew.-% Zink.
2. „SDI-Kapselamalgam“, Permite C (Firma Southern Dental Industrie GmbH, Köln)
   - 56 Gew.-% Silber,
   - 27,9 Gew.-% Zinn,
   - 15,4 Gew.-% Kupfer,
   - 0,5 Gew.-% Indium,
   - 0,2 Gew.-% Zink.

Der Mensch ist auch außerhalb einer beruflichen Exposition einer Quecksilberbelastung ausgesetzt. Neben der Belastung durch eigene Zahnfüllungen und die Aufnahme quecksilberhaltiger Nahrungsmittel resultieren Hg-Immissionen auch durch Vulkanismus, Verwitterung oder Industrieemissionen [151]. Die allgemeine Quecksilberbelastung der Luft beträgt etwa 10 bis 20 ng/m^3 [156]. Mit der Nahrung und über die Atemluft werden täglich etwa 20 µg Quecksilber aufgenommen [140].

Für den Umgang mit Amalgam existieren festgelegte Grenzwerte und Richtlinien:

- Luftgrenzwert für Quecksilber am Arbeitsplatz [167]:
  - Schichtmittelwert (MAK): 100 µg Hg/m^3,
  - Kurzzeitwert bis September 1996: 1000 µg Hg/m^3 als Mittelwert über 30 Minuten, 1x pro Schicht,
  - Kurzzeitwert ab Oktober 1996: 400 µg Hg/m^3 als 15 Minuten-Mittelwert, maximal 1 Stunde pro Schicht.
- Biologischer Arbeitsplatztoleranzwert für metallisches Quecksilber und anorganische Quecksilberverbindungen [168]:
  - BAT: 50 µg Hg/l im Vollblut, keine Beschränkung des Probenahmezeitpunktes,
  - BAT: 200 µg Hg/l im Harn, keine Beschränkung des Probenahmezeitpunktes.

Aufgrund der Toxizität von Quecksilber wurden bereits sehr früh Untersuchungen zur Raumluftbelastung in Zahnarztpraxen angestellt und veröffentlicht. Sie belegen, daß in Praxen mit in den 60er Jahren üblichen Arbeitstechniken, wie das Anmischen von Amalgam im Mörser und das Arbeiten ohne Trockenabsaugung, mittlere Raumluftkonzentrationen im Bereich von 10–50 µg Hg/m^3 auftraten. Auch damals wurde der heute gültige Grenzwert eingehalten.

Neuere Arbeitstechniken, insbesondere die ausschließliche Verwendung von Silberamalgam, von vordosierten Kapseln sowie der Einsatz einer Trockenabsaugung beim Bearbeiten des Amalgams, haben etwa seit 1970 (bzw. 1980 heutige neue Bundesländer) zu einer wesentlichen Verringerung der Belastung geführt. Die Ergebnisse von Messungen aus den 80er Jahren, durchgeführt in Praxen in Deutschland, der Schweiz, Schweden und den USA, sind in *Tabelle 19* zusammengestellt. In den Praxen wurde ausschließlich Silberamalgam verarbeitet.

Tabelle 19: Messungen der Hg-Konzentrationen in Zahnarztpraxen (verändert nach [10])

Lit.	Autor	Jahr	Land	Anzahl d. unters. Praxen	Meßorte	Mittl. Konz. (µg Hg/m³)
[89]	KESSEL	1980	D	19	am Stuhl	3
[23]	CHOPP	1983	USA	592	in Atemhöhe	47 %:<10 32 %:10–20 15 %: 20–50 5 %: >50
[183]	WIRZ	1985	CH	38	am Stuhl	1,5
[121]	NILSSON	1986	S	82	Raummitte	1,5 – 3,6

In den oben aufgeführten Studien aus Deutschland [89], der Schweiz [183] und Schweden [121] fanden sich ähnliche Raumluftkonzentrationen, die alle bei Werten zwischen 1,5 und 3,6 µg Hg/m^3 und somit unter den in Deutschland gültigen MAK-Werten lagen.
Die Studie aus den USA [23] erfaßte ein sehr großes Kollektiv im Zeitraum von 1972 bis 1981. Die meisten untersuchten Praxen wiesen geringe Hg-Konzentrationen auf. Höhere Hg-Belastungen von 20–50 µg Hg/m^3 und darüber konnten Praxen zugeordnet werden, die spezielle offene Amalgamatoren verwendeten.

Im Jahr 1996 wurden vom Meßtechnischen Dienst der BGW in neun Zahnarztpraxen standardisierte Expositionsmessungen noch TRGS 402 durchgeführt. Die Probenahme erfolgte mit einem diskontinuierlichen Meßverfahren im Atembereich von Zahnarzt und Helferin und zusätzlich mit einem direktanzeigenden Quecksilberanalysator im Atembereich des Zahnarztes. Zu keinem Zeitpunkt der Messungen wurden Konzentrationen oberhalb der gültigen Grenzwerte ermittelt [10].

Die Hg-Belastung des Zahnarztes und des zahnmedizinischen Assistenzpersonals ist heutzutage im Mittel nur noch etwa doppelt so hoch wie die der Durchschnittsbevölkerung [185]. Der MAK-Wert und die BAT-Werte werden im allgemeinen um mehr als eine Zehnerpotenz unterschritten. Nur im Falle einer erheblichen Kontamination der Praxisräume mit metallischen Hg sind berufliche Hg-Vergiftungen, wie sie in der älteren Literatur beschrieben wurden [59], noch denkbar. Als Berufskrankheit bestätigte Hg-Vergiftungen bei Zahnärzten oder Assistenzpersonal sind seit Jahren nicht mehr bekannt [148].

Methylmethacrylat (MMA)

Methylmethacrylat (MMA) ist eine klare, farblose, leicht entzündliche Flüssigkeit mit einem scharfen Geruch und reizend für die Haut, Augen und Atemwege. Sie ist in Wasser unlöslich. Methylmethacrylat wird außer in der Orthopädie und Zahnheilkunde hauptsächlich zur Herstellung von eingefärbten und pigmentierten Kunststoffen verwendet.
Für den Umgang mit MMA exisitieren festgelegte Grenzwerte und Einstufungen [57, 166]:

- MAK: 210 mg/m^3 bzw. 50 ml/m^3 (ppm),
- Geruchschwelle: 0,21–85 mg/m^3,
- Bemerkung Y (TRGS 900): Ein Risiko der Fruchtschädigung braucht bei Einhaltung des Grenzwertes nicht befürchtet zu werden, jedoch Gefahr der Sensibilisierung.

Der von der American Conference of Governmental Industrial Hygienists (ACGIH) festgelegte Luftgrenzwert für MMA liegt bei einer täglichen Expositionzeit von 8 h bei *100 ppm (410 mg/m³)* [2]. Das im Bereich der Zahnheilkunde verwendete Polymethylmethacrylat wird gewöhnlich durch Mischen von flüssigem Monomethylmethacrylat mit pulverförmigen Polymethylmethacrylat hergestellt. Die auf diese Weise hergestellte Masse kann anschließend entsprechend geformt und somit weiterverarbeitet werden. Das in der Zahnheilkunde übliche Polymethylmethacrylat wird zur Herstellung von Zahnprothesen, Spangen oder Brücken verwendet [87]. Flüssige Monoacrylkomponenten werden in der Zahnheilkunde zur Reparatur von Zahnprothesen eingesetzt. Das Plastikmaterial wird bei unterschiedlichen Temperaturen ausgehärtet, abhängig vom Mischungsverhältnis von Monomer und Polymer bzw. von der Beimengung unterschiedlicher Zusätze (Additiva). In der Zahnheilkunde wird Methylmethacrylat sowohl unter Raumtemperatur (Kaltpolymerisation) als auch unter Wärmeapplikation (Heißpolymerisation) polymerisiert.

Zahntechniker und deren Helfer haben bei der Herstellung und Anfertigung von Zahnprothesen besonders häufig Kontakt mit diesem Stoff. Aber auch medizinische Beschäftigte anderer Disziplinen, wie z.B. orthopädisches Operationspersonal (Methylmethacrylat-Knochenzement für die Fixation von Metall- oder Kunststoffprothesen), Hörgeräteakkustiker (Herstellung von Kunstoff-Hörgeräten) oder Mitarbeiter in der Pathologie (Einbettung von histologischen Schnitten) kommen bei ihren Tätigkeiten mit diesem Material in Berührung [181].

Die Expositionszeiten sind zwar in den meisten Fällen relativ kurz, die Konzentrationen können aber in einigen Fällen die vorgeschriebenen Grenzwerte übersteigen. Methylmethacrylat wird v.a. durch Diffusion über die Haut nach direktem Hautkontakt in den menschlichen Organismus aufgenommen und kann auf diese Weise Symptome hervorrufen. In einer schwedischen Untersuchung aus dem Jahre 1981 wurden Atemluftkonzentrationen von Monomethylmethacrylat in verschiedenen zahntechnischen Labors bestimmt. Die höchsten Konzentrationen wurden beim Mischen und Formen der noch nicht gehärteten Methylmethacrylatmasse gemessen. Viel geringere Konzentrationen wurden beim anschließenden Beschleifen des gehärteten Kunstoffmaterials gemessen [37]. Luftkonzentration von MMA während des Arbeitens mit gehärtetem Kunststoff wurden in einer weiteren skandinavischen Studie bestimmt. Die gültigen Grenzwerte wurden in keinem Fall überschritten, auch dann nicht, wenn es keine Ventilation gab. Der Einsatz von Absauganlagen (Ventilation) im Arbeitsbereich konnte die Luftkonzentrationen von MMA drastisch reduzieren [17] *(Tabelle 20)*.

Tabelle 20: Expositionskonzentrationen von MMA in zahntechnischen Labors (verändert nach [181])

Lit.	Autor	Tätigkeiten	Luftkonzentrationen von MMA mg/m³	ppm
[37]	Eckenvall et al. 1981	Umgang mit nicht-gehärtetem MMA	127 (45 – 347)	39 (14 – 106)
[37]	Eckenvall et al. 1981	Schleifen und Fräsen von polymerisiertem MMA	7 (3 – 31)	2 (1 – 9)
[17]	Brune, Beltsebrekke 1981	Polieren von polymerisiertem MMA	13 (6 – 20)	4 (2 – 6)

Die Gesundheitsgefährdungen durch den Umgang mit Methylmethacrylat sind sehr mannigfaltig und können verschiedene Organe des Menschen schädigen [57]:

- Reizung der Atemwege, Verdauungswege, Augen und Haut,
- Allergieauslösung (Kontaktekzem),
- Auslösung eines Lungenödems oder zentrale Atemlähmung,
- Schwindel, Kopfschmerzen, Benommenheit, Bewußtlosigkeit, Hirnfunktionstörungen,
- Leber und Nierenschädigung.

Bei Beschäftigten in der Zahnheilkunde können beim Umgang mit MMA folgende Organe betroffen werden:

Schädigung der Haut

MMA kann sowohl eine allergische als auch eine irritative Kontaktdermatitis auslösen [87, 90]. Solche Kontaktdermatitiden werden v.a. durch den Umgang mit nicht-polymerisiertem MMA (sog. Monomethylmethacrylate) hervorgerufen [142]. In den meisten Fällen enthalten die in der Zahnheilkunde verwendeten MMA-Produkte diverse Zusatzstoffe, die ihrerseits zu einer Sensibilisierung des Organismus führen und schließlich eine allergische Dermatitis entstehen lassen [181].

Bereits im Jahre 1954 wurde über das Auftreten von allergischen Kontaktdermatitiden bei Zahnärzten und Zahntechnikern berichtet, die in Verbindung mit dem Umgang von MMA gebracht werden konnten [42].

In einer neueren finnischen Studie wurden 293 Zahntechniker über ihre subjektiven Symptome beim Umgang mit MMA befragt. 81 % aller Befragten gaben an, täglich mit MMA Kontakt zu haben. 17 % der Befragten klagten über Handdermatitiden oder gaben an, dermatologische Probleme im Bereich der Hände und Finger in der Vergangenheit gehabt zu haben. Über 40 % der Untersuchten brachten ihre klinischen Symptome in direkten Zusammenhang mit MMA. Bei 2 % der Befragten konnte eine Acrylat-Allergie verifiziert werden. Andere Allergien konnten bei diesen Untersuchten nicht festgestellt werden [142].

Schädigungen des Respirationstraktes

Asthmafälle bei Beschäftigten der Zahnheilkunde, die durch MMA-Exposition ausgelöst wurden, sind bekannt [181]. Ein Fallbericht aus dem Jahre 1985 beschreibt einen 40 Jahre alten Zahntechniker, der nach MMA-Exposition regelmäßig über Symptome, wie Brustenge, Dyspnoe und persistierendem Husten klagte. Nachdem er Mono- und Polymethylmethacrylat 20 min lang gemischt hatte, konnte bei ihm ein Abfall der Ein-Sekunden-Kapazität (FEV_1) um 24 % registriert werden. Die FEV_1 normalisierte sich wieder 2 h nach der Exposition [157].

Schädigung des peripheren und zentralen Nervensystems

MMA kann bei Exponierten lokale und zentrale neurotoxische Effekte auslösen [181]. Dabei stehen bei Beschäftigten in der Zahnheilkunde die lokalen neurotoxischen Effekte auf Nerven der Hand und der Finger im Vordergrund [153]. In einer 1985 publizierten Studie, in der finnische Zahntechniker und deren technische Hilfslaboranten über ihre subjektiven

Beschwerden nach MMA-Exposition befragt wurden, berichteten 25 % der Befragten, daß bei ihnen mindestens eines der folgenden Symptome aufgetreten war: Weißwerden der Finger, Taubheitsgefühl der Finger, kalte Finger oder Fingerschmerzen [142].

Ähnliche Symptome wurden auch bei Orthopäden beobachtet, die häufigen Umgang mit MMA-haltigem Knochenzement hatten [47].

In einer Follow-up-Untersuchung wurden 20 der 1985 im Rahmen der finnischen Studie untersuchten Zahntechniker bezüglich ihrer neurologischen Funktionen, wie z.B. die Nervenleitgeschwindigkeit (NLG), nachuntersucht und die Ergebnisse mit 18 Kontrollpersonen verglichen. Die motorische und die sensorische Nervenleitgeschwindigkeit des Unterarmes waren in beiden Untersuchungsgruppen normal und unterschieden sich nicht signifikant voneinander. Allerdings hatten die Zahntechniker im Bereich der Finger I, II und III rechts und der Finger II und III links eine signifikant langsamere sensorische NLG als die Kontrollgruppe. Als Erklärung für dieses Phänomen nimmt man eine axonale Degeneration der Nerven im Bereich der Finger an, die besonders häufig (ungeschützt) mit MMA Kontakt haben [153].

Zentralnervöse Störungen im Zusammenhang mit MMA-Exposition spielen bei Beschäftigten im Gesundheitsdienst keine Rolle [181]. Es gibt lediglich eine US-amerikanische Studie aus dem Jahr 1974, in der ein Zusammenhang zwischen der MMA-Exposition und dem Aufteten von Übelkeit und Appetitverlust bei Zahnmedizinstudenten berichtet wird [163].

Andere Effekte

Ein 1983 publizierter Fallbericht zeigt, daß MMA offenbar in der Lage ist, eine toxische Hepatitis auszulösen. Allerdings wurde die serologische Diagnose nicht histologisch bestätigt [4].

Chemische Beanspruchung der Haut

In einer Umfrage bei Kieferorthopäden berichteten 13 % aller Befragten, daß während der letzten drei Jahre ihrer Tätigkeit irritative Hautläsionen an den Händen auftraten. Die Mehrheit der Befragten nannte als Ursache dieser Hautläsionen die Einwirkung von Bindemitteln und verschiedenen hautreizenden Chemikalien [1].

Eine andere Studie, in der Zahnärzte des Öffentlichen Gesundheitsdienstes befragt wurden, zeigte, daß beinahe die Hälfte der befragten Zahnärzte über Hautreizungen klagte [82].

In einer Untersuchung aus dem Jahr 1993 wurden 14 Zahnmedizinstudenten und 17 ausbildende Zahnärzte auf 13 verschiedene Bestandteile von Zahnlegierungen und 18 verschiedene Komponenten von Zahnkunststoffen mittels „Patch-Test" untersucht. Kein einziger der in die Studie aufgenommenen Probanden zeigte eine positive Hautreaktion [126].

Besonders hautbelastend für Beschäftigte in der Zahnheilkunde gilt der Umgang mit Methylmethacrylat (siehe unter Beanspruchung durch Methylmethacrylat).

Psychische Beanspruchung

In der Literatur finden sich mehrere Literaturangaben zum Thema „Psychische Beanspruchungen von Angehörigen der Zahnheilkunde".

In einer französischen Untersuchung wurde nachgewiesen, daß unter den 40–50jährigen Zahnärzten jeder zweite übernervös oder deprimiert ist. Leider wurde bei dieser Untersuchung kein validierter Fragebogen verwendet [29].

In einer neuen Studie von 1997 wurden bei 52 Zahnärzten verschiedene Streßfaktoren, das Gesundheitsempfinden, die Zufriedenheit mit dem Beruf und mögliche Hinweise auf das Vorliegen eines Burnout-Syndroms untersucht. Die Befragung erfolgte mit Hilfe eines validierten Fragebogens, dem Maslach Burnout Inventory (MBI). Es zeigte sich, daß 9,5 % der befragten Zahnärzte an einem Burnout-Syndrom litten [79].

Diese Quote entspricht auch dem Ergebnis einer anderen englischen Studie zum gleichen Thema [106].

In einer weiteren Untersuchung von 1994 wurden 440 Zahnärzte bezüglich ihres Burnout-Levels befragt. Der jeweilige Burnout-Level wurde mit Hilfe des MBI ermittelt. Von den untersuchten Zahnärzten litten 10,6 % an einem beginnenden oder fortgeschrittenem Burnout-Syndrom. Bei genauerer Analyse der soziodemographischen Daten, zeigte sich, daß unter den 10,6 % überproportional häufig unverheiratete, in einzelpraxis-tätige und jüngere Zahnärzte zu finden waren. Offenbar scheinen stabile familiäre Verhältnisse, die Kooperations- und Austauschmöglichkeit mit Kollegen sowie die Berufserfahrung das Risiko ein Burnout-Syndrom zu erleiden, minimieren zu können [125].

In der Literatur finden sich Angaben über erhöhte Suizidraten bei Zahnärzten. Dies belegen mehrere US-amerikanische und englische Untersuchungen. Die Suizidrate ist dabei um 1,2 bis 2,6fach höher als bei einem vergleichbaren Kollektiv [103].

Prävention

Schutz vor physikalischer Beanspruchung

Ionisierende Strahlung (Röntgenstrahlen)

Mit der Einführung der Strahlenschutzverordnung (zuletzt geändert am 25. Juli 1996 [162]) und der Röntgenverordnung (zuletzt geändert am 25. Juli 1996 [177]) wurde ein wichtiger Schritt zur Minimierung der Strahlenbelastung unternommen. Begriffe wie „Kontroll-" und „Überwachungsbereich" werden durch sie definiert.

Die wichtigste Maßnahme zum Schutz vor ionisierender Strahlung ist demnach die Wahrung eines genügenden Sicherheitsabstandes zu der in Betrieb befindlichen Röntgenröhre. Dabei spielt die Abgrenzung und Kennzeichnung des Röntgenbereiches eine Hauptrolle. Grundsätzlich sollten sich Zahnärzte und Zahnarzthelferinnen nicht im Kontrollbereich aufhalten. Ausnahmen sind, laut Röntgenverordnung (RöV), nur in bestimmten Fällen, wie z.B. bei unbedingt notwendigen Röntgenuntersuchungen von Behinderten oder Kindern, gerechtfertigt. Die RöV enthält den Hinweis, daß andere Personen, die nicht beruflich strahlenexponiert sind, z.B. Verwandte, eher zum Aufenthalt im Kontrollbereich geeignet sind, um so eine unvertretbar hohe Strahlenbelastung des ohnehin schon mehr belasteten Personals zu vermeiden.

Durch Verwendung neuerer hochauflösender Röntgenfilme (Ektaspeed-Filme) kann eine weitere Reduzierung der Strahlenbelastung erreicht werden [113].

Schließlich kann auch durch regelmäßige technische Wartung und Prüfung der in Betrieb befindlichen Röntgengeräte eine Verminderung der Strahlenbelastung erzielt werden.

Laser

Schutzmaßnahmen beim Betrieb von Lasereinrichtungen werden durch die VBG 93, § 8 gesetzlich geregelt [171]. Als Vorsichtmaßnahmen bei der Verwendung von Lasern sollte das zahnmedizinische Personal darauf achten, daß Laserstrahlen niemals direkt oder durch Streuung bzw. Reflexion in das Auge oder auf die Haut treffen. Das Tragen von geeigneten Schutzbrillen sowie die Benutzung schwach-reflektierender Instrumente (z.B. schwarzer Instrumente) minimiert die Risiken einer versehentlichen Blendung [3, 120, 131].

Selbstverständlich sollten Laseranlagen in regelmäßigen Abständen technisch gewartet werden, um auf diese Weise eine ordentliche Funktion der Anlagen zu gewährleisten.

UV-Licht

Schutz vor UV-Licht-Exposition gewährleisten folgende Maßnahmen:

Moderne UV(Blaulicht)-Polymerisationsgeräte sollten einen Filter zwischen Lampe und Lichtkegel aufweisen, so daß sämtliches Licht mit einer Wellenlänge über 500 nm und unter 400 nm weggefiltert wird und einzig Licht der Wellenlänge zwischen 400 und 500 nm emittiert wird.

Die Geräte sollten leichtgewichtig (ca. 300–400 g) sein und einfach zu transpotieren sein, um die Hand des Behandlers nicht übermäßig zu strapazieren. Batterie-(Akku-)betriebene Geräte haben sich inzwischen auf dem Markt etabliert und garantieren eine Handhabung ohne störende Lichtleiterkabel.

Als weitere Sicherheitseinrichtung sollten UV-Geräte über einen Ein/Aus-Schaltknopf verfügen, der ergonomisch leicht erreichbar (evtl. auch Fußschalter) ist und durch dessen Betätigung die Lichtemission unverzüglich gestoppt werden kann.

Einige neuere UV-Geräte sind mit einem UV-Schutzschild ausgestattet, das entweder an der lichtemittierenden Spitze oder entlang des lichtführenden Tubus angebracht ist und auf diese Weise die Augen des Behandlers vor Streulicht schützen. Auch größere, UV-Licht-abwehrende Handschutzschilder sind erhältlich und sollten immer dann eingesetzt werden, wenn im vorderen Zahnbereich gearbeitet wird.

Schließlich können auch zum Schutz vor UV-Strahlung spezielle Schutzbrillen getragen werden [155].

An moderne UV(Blaulicht)- Polymerisationsgeräte werden heutzutage folgende Anforderungen gestellt (verändert nach [155]):

- Die emittierte Lichtintensität sollte über 300 mW/cm^2 betragen, um eine zügige und gleichmäßige Polymerisation zu gewährleisten,
- die lichtführenden Teile (Tubus und Spitze) sollten autoklavierbar und einfach zu pflegen sein,
- die Geräte sollten über einen Überhitzungsschutz verfügen und das Kühlgebläse sollte leise sein,
- die Geräte sollten leicht und einfach zu plazieren sein, um individuellen Ansprüchen gerecht zu werden,
- die Geräte sollten über eine automatische Zeitschaltung verfügen, um definierte Polymerisationszeiten (je nach Hersteller) zu gewährleisten; gleichzeitig sollten sie auch für den Dauerbetrieb geeignet sein,
- akkustische Melder sollten vorhanden sein, um den Beginn und das Ende einer Polymerisationsprozedur anzuzeigen,
- es sollte möglich sein, im Falle einer Betriebsstörung, unverzüglich die Polymerisation stoppen zu können (sowohl vom Handstück als auch von der Basiseinheit aus).

Beleuchtung

Schutzmaßnahmen in bezug auf die Beleuchtung des Arbeitsplatztes werden durch die VBG 1 gesetzlich geregelt [170].

Für die Beleuchtung in Zahnarztpraxen, Dentallabors und kieferchirurgischen Operationssälen existieren außerdem spezielle Normen (DIN 5035 und DIN 67505) [30, 31]. Die Beleuchtung sollte demnach den erforderlichen Anforderungen angepaßt werden, um einer Ermüdung des Personals entgegenzuwirken.

Grundsätzlich sollte bei der Auswahl der Beleuchtungskörper darauf geachtet werden, daß eine Blendung des Personals wie auch der Patienten vermieden wird.

Lärm

Schutzmaßnahmen in bezug auf Lärm-Exposition werden gesetzlich durch die VBG 1 und die VBG 121 geregelt [170, 175].

Insgesamt sollte die wichtigste präventive Maßnahme darauf gerichtet sein, durch konstruktive Änderungen (verbesserte Lagerung, Dämpfung, Ummantelung der Geräte) die Geräusche gar nicht erst entstehen zu lassen. Wände von Operationssälen und Behandlungsräumen sollten grundsätzlich mit lärmabsorbierenden Materialien versehen sein, um Lärm nicht in benachbarte Räume dringen zu lassen. Der gleichzeitige Einsatz von mehreren lärmproduzierenden Geräten (z.B. Turbinen) sollte vermieden werden. Im täglichen Umgang mit Turbinen sollten regelmäßige Pausen eingelegt werden, um die Expositionsdauer zu verringern. Sämtliche lärmerzeugende Geräte sollten in regelmäßigen Abständen gewartet werden, da v.a. schlecht gewartete Geräte mehr Lärm produzieren. Das Tragen von Gehörschutzkapseln oder Ohrstöpseln kann einen optimalen Schutz vor Lärm bieten. Die Akzeptanz bei Personal und Patienten ist aber eher als gering einzustufen.

Das zahnmedizinische Personal sollte sich darüber hinaus nicht noch in seiner Freizeit unnötigen Lärmquellen exponieren, wie z.B. Lärm verursacht durch Schießsport, Lärm in Diskotheken oder der durch das Tragen von Kopfhörern enstehende Lärm [69, 71, 178].

Vibration

Zum Schutz vor Vibrationen sollten besonders vibrationsarme Geräte verwendet werden und diese eine regelmäßige Pflege und Wartung erfahren. Dies bedeutet, daß u.U. ältere gegen neuere Geräte bzw. verschlissene und unrund laufende Präparationsinstrumente und Schleifer regelmäßig ausgetauscht werden sollten.

Regelmäßige Arbeitspausen sollten eingelegt werden, um v.a. den besonders vibrationsausgesetzten Körperteilen (Hand- und Unterarm) Gelegenheit zur Entspannung und Erholung zu geben. Durch zeitsparende Präparationsmethodiken sollte die Expositionszeit so kurz wie möglich gehalten werden [119, 144].

Stäube (Minerale, Metalle, Kunststoff)

Schutzmaßnahmen in bezug auf mineralische Staub-Exposition werden gesetzlich durch die VBG 119 geregelt [174]. Absauganlagen für Aerosole und Staub müssen den Anforderungen der VBG 1 entsprechen [170]. Vorsorgeuntersuchungen im Zusammenhang mit Staubexposition werden durch die Gefahrstoffverordnung (GefStoffV) geregelt [55].

Damit ergeben sich folgende Schutzmaßnahmen *(Tab. 21)*.

Tabelle 21: Stäube im zahnärztlichen Labor (verändert nach [9])

Staubart	Schutzmaßnahmen
Mineralstäube:	
Quarz- und Cristobalit sind Hauptbestandteile der Einbettmassen in der Metalltechnik. Sie können, wenn sie über längere Zeit eingeatmet werden, zu einer Quarzstaublungenerkrankung führen	• Einbettarbeiten unter einem Abzug vornehmen, damit die Stäube nicht eingeatmet werden • Nasses Ausbetten • Stäube an der Entstehungsstelle absaugen mit GS-geprüften Absaugeinrichtungen und Filtern • Arbeiten im geschlossenen Strahlgerät mit GS-geprüfter Absauganlage • Stoff, mit dem die Gußstücke bestrahlt werden, regelmäßig austauschen • Quarzfreie Polierpasten verwenden
Gips ($CaSO_4$)	• Stäube an der Entstehungsstelle absaugen mit GS-geprüften Absaugeinrichtungen und Filtern
Metallstäube:	
Edelmetallfreie Legierungen: Kobalt ist bis zu 75 Prozent in Kobalt-Chrom beziehungsweise Kobalt-Chrom-Molybdän-Legierungen enthalten. Eingeatmeter Kobaltstaub ist im Tierversuch eindeutig als krebserzeugend ausgewiesen	• Stäube an der Entstehungsstelle absaugen mit geprüften Absaugeinrichtungen und geprüften Filtern (GS-Zeichen) • Absaugeinrichtungen regelmäßig warten lassen und Filter regelmäßig wechseln
Edelmetall-Legierungen: *Gold (Au)*	• Stäube absaugen, Filteranlagen einsetzen
Goldreduzierte Legierungen: *Gold, Silber, Platin*	• Stäube absaugen, Filteranlagen einsetzen
Kunststoffstäube:	
Polymethylmethacrylat kann als Feinstaub eine Allergie im Bereich der Atemwege hervorrufen	• Absaugen wie bei Metallarbeiten

Erkrankungen des Bewegungs- und Stützapparats

Die Prävention von Erkrankungen des Bewegungs- und Stützapparats in der Zahnmedizin umfaßt drei Möglichkeiten, und zwar

- Optimierung der Arbeitsorganisation,
- Optimierung der Arbeitsergonomie und
- gezielte Trainingsmaßnahmen.

Optimierung der Arbeitsorganisation: Sowohl Zahnarzt als auch Helfer sollen den Zeitplan so einteilen, daß die Arbeitsmonotonie durch die Abfolge verschiedenartiger Anforderungen aufgelockert wird. Dabei kommt auch – falls möglich – ein Wechsel zwischen Sitz- und Stehzahnmedizin in Betracht. Ziel dieser Maßnahmen muß ein steter Wechsel zwischen statischen und dynamischen Muskelbelastungen sein.

Die ergonomischen Bedingungen bei der Tätigkeit im zahnärztlichen Bereich betrifft in allererster Linie die Sitzergonomie: Stühle sollten höhenverstellbar sein, über eine Rückenlehne verfügen, die dem Oberkörper seitlichen Halt verleiht und die einen Lendenbausch aufweist.

Fernerhin sollte dynamisches Sitzen möglich sein. Selbstverständlich sollte auch der Patientenstuhl so verstellbar sein, daß dem Zahnarzt und dem Helfer eine optimale Arbeitshaltung ermöglicht wird. Zu überlegen ist auch, ob nicht zur Verbesserung der Sichtmöglichkeiten eine Lupenbrille angepaßt werden sollte.

Gezielte Trainingsmaßnahmen im Rahmen einer Rückenschule sollten berufsbegleitend durchgeführt werden. Wichtig ist dabei auch das Tätigkeitstraining, also etwa eine Armhaltung nah am Körper. Bislang sind allerdings noch keine Rückenschul-Interventionsstudien im zahnmedizinischen Bereich durchgeführt worden.

Schutz vor biologischer Beanspruchung

Maßnahmen zur Infektionsprävention

Postexpositionelle Prophylaxe, passive Immunisierung mit Immunglobulinen

Nach Kontakt mit infektiösem oder fraglich infektiösem Material können prinzipiell humane Immunglobuline (Standard oder Hyperimmun) eingesetzt werden, wenn der Immunstatus des Mitarbeiters nicht bekannt ist oder wenn bei früheren Gelegenheiten keine Antikörper nachgewiesen werden konnten. Allerdings ist im Zweifelsfall der präexpositionellen Prophylaxe (Schutzimpfung) der Vorzug zu geben.

Die postexpositionelle Hepatitis-B-Prophylaxe erfolgt mit Hepatitis-B-Immunglobulin (HBIG) (0,06 ml/kg Körpergewicht).

Gleichzeitig sollte mit der Schutzimpfung begonnen werden. Indiziert ist die Prophylaxe immer dann, wenn ein nichtimmuner Kontakt mit einem HBsAg-Positiven erfolgt ist oder eine Müllsackverletzung vorliegt (Kontakt mit Kanüle von unbekanntem Spender).

Antitoxinverabreichung

Im Falle einiger Infektionskrankheiten kann durch die postexpositionelle Gabe von Antitoxinen zwar nicht die Infektion, doch immerhin das Angehen der Toxinwirkung verhindert werden. In der Zahnmedizin dürfte hier lediglich die Diphtherie mit der eventuell indizierten Gabe von Diphtherie-Antitoxin bei Nichtgeimpften nach Diphtheriekontakt eine Rolle spielen [74].

Chemoprophylaxe

Bei einigen Infektionserregern ist die postexpositionelle Gabe von Immunglobulin entweder nicht möglich oder nicht effizient. Dazu gehören einige bakterielle Infektionen, wie z.B. die durch *Meningokokken*. Hier empfiehlt sich eine Antibiotikaprophylaxe (Rifampicin).

Weiterhin kann eine postexpositionelle Chemoprophylaxe nach intensivem HIV-Kontakt notwendig werden. Dabei ist folgendes Vorgehen zu empfehlen:

- Kurze Inspektion der Verletzung: Wie tief? Blutgefäße eröffnet?,
- unverzügliche Reinigung der Wunde unter fließendem Wasser und mit Seife, anschließend Desinfektion mit einem virusinaktivierenden Desinfektionsmittel bzw. gründliches Spülen

der kontaminierten Haut-/Schleimhautareale mit Wasser oder 20–30 %iger alkoholischer Lösung (Mundschleimhaut),

- Inspektion des Instruments, welches die Verletzung verursacht hat: Sichtbare äußere Kontamination mit Blut?,
- Entscheidung: Liegt tatsächlich eine HIV-Exposition vor? Medikamentöse Postexpositionsprophylaxe? Besteht auch das Risiko einer Hepatitis-B-Virus-Exposition? (bei ungeimpften Exponierten Einleiten einer aktiven und passiven Hepatitis-B-Immunisierung),
- bei Entscheidung für medikamentöse Postexpositionsprophylaxe schnellstmögliche Einnahme der ersten Dosen ; ab der zweiten Dosis von Indinavir® auf empfohlene Abstände zur Nahrungsaufnahme achten (eine Stunde vor und zwei Stunden nach Einnahme keine fett- und proteinreichen Mahlzeiten!),
- Überprüfung des Infektionsstatus (HIV, HBV, HCV) sofort sowie sechs Wochen und drei Monate nach Prophylaxeende bzw. Unfallereignis, Dokumentation des Vorgehens.

Die Empfehlung bzw. das Angebot einer Chemoprophylaxe sollte immer von ausführlicher Beratung und Aufklärung des betroffenen Mitarbeiters begleitet sein, die Chemoprophylaxe sollte durch einen erfahrenen Arzt überwacht werden. Nicht durchgeführt werden sollte eine Chemoprophylaxe, wenn ein Infektionsrisiko nicht gegeben ist (z. B. kein Anhaltspunkt für Exposition gegenüber HIV-enthaltender Körperflüssigkeit, Kontamination unverletzter Haut).

Schutzimpfung

Aus den Überlegungen zur Belastung und Beanspruchung im zahnmedizinischen Bereich ergibt sich die in *Tabelle 22* wiedergegebene Impfstrategie. Ohne Frage am bedeutsamsten ist die *flächendeckende Hepatitis-B-Schutzimpfung.* Diese wird im allgemeinen nach serologischer Vortestung durchgeführt. Die Kontrolle des Impferfolgs ist erforderlich. Bei Anti-HBs

Tabelle 22: Impfungen in der Zahnmedizin – Indikation und Durchführung

Krankheit	**Wer sollte geimpft werden?**
Diphtherie (to/m)*	Beim Auftreten einer Epidemie alle Beschäftigten ohne nachweisbaren Impfschutz, ansonsten Auffrischimpfungen alle 10 Jahre (Verwendung der Kombinationsvakzine Td)
Hepatitis B (gt/m)*	Alle seronegativen Beschäftigten
Influenza (t/m)*	Regelmäßiges Angebot bzw. beim Drohen einer Epidemie alle Beschäftigten
Masern (l/e)*	Seronegative Beschäftigte bei häufigem Kinderkontakt
Mumps (l/e)*	Seronegative Beschäftigte bei häufigem Kinderkontakt
Röteln (l/e)*	Seronegative, gebärfähige Frauen sowie alle Beschäftigten mit häufigem Kinderkontakt, Kontakt zu Schwangeren
Poliomyelitits (t/m)*	Alle Beschäftigten im Gesundheitsdienst
Tetanus (t/m)*	Alle Beschäftigten, zumindest im technischen Bereich, Impfung mit Td
Tuberkulose (l/e)*	Derzeit keine Indikation
Varizellen (l/e)*	Seronegative Beschäftigte mit häufigem Kinderkontakt oder Kontakt zu nicht immunkompetenten Patienten

*) in Klammern: *Art des Impfstoffs* (to=Toxoid, t=Totimpfstoff, gt=gentechnisch, l=lebend), *Art der Verabreichung* (m=mehrfach, e=einmalig)

< 100 IU/l erfolgt eine erneute Impfung innerhalb eines Jahres. Danach wird wieder kontrolliert und das weitere Vorgehen von dem dann gemessenen Antikörper abhängig gemacht. Bei Anti-HBs > 100 IU/l wird nach zehn Jahren geboostert. Die Effizienz der Hepatitis-B-Schutzimpfung im Rahmen verschiedener Impfserien geht aus Abb. 2 hervor.

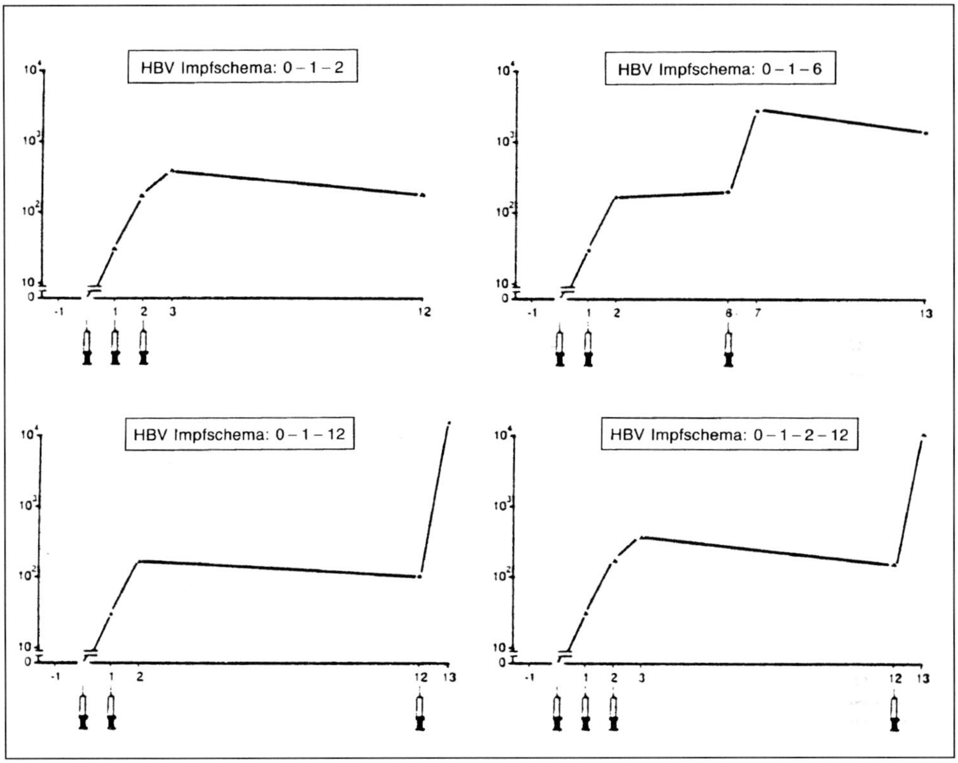

Abb. 2: Verlauf des Anti-HBs bei der Anwendung verschiedener Impfschemata:
Abszisse: Verlauf der Impfung (Monate)
Ordinate: Mittleres Anti-HBs in Units pro Liter. Zum Zeitpunkt – 1 (Abszisse) wurde Anti-HBc bestimmt, zu den anderen Zeiten Anti-HBs. Impftermine sind mit Spritzensymbolen gekennzeichnet. Man beachte die halblogarithmische Darstellung.

Ein Review der internationalen Literatur sowie eigene Versuche haben gezeigt, daß es sinnvoll ist, bei Non- (< 10 IU Anti-HBs/l) und Lowrespondern (11–99 IU/l) weiterzuimpfen, bis ein Impferfolg erreicht wird [67]. Ob die Intrakutanimpfung hier möglicherweise der bessere Weg ist, um Non- und Lowrespondern zu einem hohen Anti-HBs zu verhelfen, muß derzeit noch dahingestellt bleiben.

Impfkomplikationen: Die Nebenwirkungen der Hepatitis-B-Schutzimpfung sind im allgemeinen nur lokaler Natur (Rötung und entzündliche Erscheinungen an der Einstichstelle). Wird der Impfstoff in der fertigen Spritze (in der Faust) auf Körpertemperatur gebracht, wird in den (locker herabhängenden) Oberarm eingestochen und wird der Impfling während der Injektion immer wieder daran erinnert, sich zu entspannen (soweit das geht), dann sind in der Regel keine unangenehmen Nebenwirkungen zu erwarten. Vor der Impfung sollte immer danach gefragt werden, ob die Tetanusimpfung vertragen wurde. War dies nicht der Fall (z.B. angeschwollener Oberarm infolge der Impfung), dann sollte eine Stunde vor der Hepatitis-B-Impfung 1 Ampulle Tavegil® i.v. verabreicht werden.

Eine Analyse der international verfügbaren Daten hat ebenfalls keine schwereren Nebenwirkungen als bei anderen Impfstoffen ergeben. Insbesondere neurologische side effects sind bei der Hepatitis-B-Schutzimpfung nicht zu erwarten [75].

Kontraindikationen: Kontraindikationen gibt es keine wesentlichen außer einer akuten Erkrankung. Selbst in der Schwangerschaft sollte geimpft werden, falls Blutkontakte unvermeidlich sind. Zeitliche Abstände zu anderen Impfungen müssen nicht eingehalten werden.

Weitere Impfmaßnahmen in der Zahnmedizin, die als vordringlich eingestuft werden müssen, betreffen Infektionen, bei denen die Tröpfcheninfektion als Übertragungsweg vorherrschend ist. Neben Mumps, Masern, Röteln und Windpocken (bei diesen Infektionen sind um die 90 % der Erwachsenen immun) sind dies vor allem die Influenza (mit der jährlichen Impfung) und die Diphtherie, wo jüngst gezeigt werden konnte, daß nur ca. 50 % der Erwachsenen hierzulande über einen ausreichenden Schutz verfügen, wobei vor allem Frauen mehr als Männer gefährdet zu sein scheinen [68].

Weitere Maßnahmen zur Infektionsprophylaxe

Wegen der praktisch gegen Null tendierenden Tuberkulose-Impfrate bei Beschäftigten in der Zahnmedizin (wegen der Ineffizienz der BCG-Vakzine) besteht ein wesentlicher Teil der TB-Prävention in einer peinlich genauen Einhaltung der Hygienevorschriften (einschließlich Mundschutz). Im Hinblick auf die außerordentlich hohe Stabilität der Tuberkelbakterien ist bei der Desinfektion besondere Vorsicht geboten.

Das Deutsche Zentralkomitee zur Bekämpfung der Tuberkulose empfiehlt zur

- Desinfektion von Auswurf phenol- oder chlorhaltige Präparate in Konzentrationen von 5–6 %, wobei eine Einwirkungszeit von vier Stunden nicht unterschritten werden sollte,
- zur Desinfektion von Stuhl dienen Phenollösungen in einer 5 %igen Konzentration bei einer Einwirkungszeit von sechs Stunden und bei der
- Desinfektion von Urin genügt bei der Verwendung derselben Mittel eine Zeit von zwei Stunden bis die Bakterien zuverlässig abgetötet sind.

Nicht waschbare Kleidung, die mit tuberkelhaltigem Material kontaminiert ist, wird mit 3 % Formalin eingerieben, bei Wäsche müssen 12 Stunden Einwirkungszeit von Phenol-, Chlor-, Amphotensid- oder Aldehydpräparaten angesetzt werden und Trink- und Eßgeschirr wird in 1 %iger Natriumcarbonatlösung aufgekocht. Die Händedesinfektion dauert fünf Minuten bei Ethanol-, Isopropanol und n-Propanolpräparaten und gescheuert wird mit Chlor- oder Aldehydpräparaten, wobei die Einwirkungszeit zwei bis sechs Stunden beträgt.
Weiterhin weisen Autoren v.a. aus dem angloamerikanischen Raum auf die Bedeutung einer erhöhten Luftwechselrate zur Tuberkuloseprävention hin. So weist die „American Society of Heating, Refrigerating and Air-Conditioning Engineers Standards (ASHRAE) und die „Health Resources and Services Administration“ (HRSA) auf die Bedeutung von mindestens

sechs Luftwechseln pro Stunde hin, wenn Tuberkulosekranke zahnmedizinisch behandelt werden. Der Luftstrom – so die Empfehlungen – solle vom Flur in den Raum gerichtet sein (= Unterdruck), um die Weiterverbreitung von Tuberkelbakterien in die übrigen Teile der entsprechenden Gebäude zu unterbinden. Der Einsatz von UV-Lampen zur Bakteriostase wird von den Autoren dieser Empfehlungen als nicht wissenschaftlich fundiert [22] betrachtet.
Darüber hinaus sollte der Zahnarzt selbst in der Lage sein, auf Grund der Kenntnis seiner Patientenklientel eine TB-Gefährdungsanalyse vorzunehmen. Besondere Vorsicht ist danach geboten bei:

- Immunsupprimierten Patienten,
- Personen aus TB-Endemiegebieten und
- sehr alten Patienten.

Im Zweifel sollte durch Kontakt mit einem internistisch tätigen Kollegen bei Verdacht auf Tuberkulose eine weitere Abklärung erfolgen.

Zum Schutz des medizinischen Personals sind in den 80er Jahren in Deutschland verschiedene Unfallverhütungsvorschriften (UVV Gesundheitsdienst [172]) sowie berufsgenossenschaftliche Grundsätze: G 42 [8]) erlassen worden. Wichtigstes Prinzip ist die alle ein bis drei Jahre wiederkehrende Tuberkulintestung bei Tuberkulinnegativen, die bei der Erstuntersuchung eine Röntgenthoraxaufnahme einschließt sowie die alle ein bis drei Jahre erfolgende Röntgenthoraxuntersuchung bei Tuberkulinpositiven. Im neuen G 42, der 1998 in Kraft getreten ist, wird der Röntgenthorax nur noch bei klinischen Auffälligkeiten gefordert.

Werden tuberkulöse Patienten behandelt oder wird nachträglich ein Kontakt zu einem offen Tuberkulösen bekannt, so gilt das nachstehend wiedergegebene Untersuchungsschema.

Schutz vor chemischer Beanspruchung

Der Umgang und entsprechende Schutzmaßnahmen in bezug auf chemische Gefahrstoffe wird durch die Gefahrstoffverordnung (GefStoffV) geregelt [55]. Daraus ergeben sich zahlreiche Schutzmaßnahmen *(Tabelle 23)*:

Tabelle 23: Chemische Gefahrstoffe im zahnärztlichen Labor (modifiziert und ergänzt nach [9])

Chemische Gefahrstoffe	Schutzmaßnahmen
Kunststoff-Vorprodukte *Methylmethacrylat* (auch Methacrylat) ist: • Leicht entzündlich (Flammpunkt = 10°C) • Reizend (Xi) für Haut, Augen, Atmungsorgane • Sensibilisierend (kann Allergien an Haut und Atemwegen auslösen) • MAK-Wert: 210 mg/m³	Hautkontakt vermeiden: • Hilfsmittel, z.B. Spatel verwenden • Handschuhe oder Fingerlinge anziehen Ausbreiten von Dämpfen in der Raumluft vermeiden: • Anmischen im geschlossenen Gefäß • Absaugen der Dämpfe an der Entstehungsstelle und Wegführung nach außen
Aktivatoren Aktivatoren für die Herstellung von Zahnersatz aus Kunststoff können reizend (Xi) sein	Hautkontakt vermeiden: • Hilfsmittel, zum Beispiel Spatel, verwenden • Handschuhe oder Fingerlinge anziehen

Säure- und Galvanikbäder *Säurebäder:* 30 %ige Flußsäure ist giftig (T) und ätzend (C) Andere etwa 5prozentige Säurebäder sind reizend (Xi) *Galvanische Bäder:* Natriumcarbonat und Metasilikate sind reizend (Xi) Verdünnte Mineralsäuren und Salzsäure sind reizend (Xi) *Cyanide:* Zum Beispiel Kaliumcyanid, sind sehr giftig und entwickeln bei Kontakt mit Säuren hochgiftige HCN-Dämpfe	**Allgemeine Schutzmaßnahmen** **Persönliche Schutzmaßnahmen:** • Augenschutz (zum Beispiel Schutzbrille) • Schutzhandschuhe nach DIN 4841, Kennzeichnung C, (oder Gummihandschuhe) mit langen Stulpen **Arbeitshygiene:** • Kontaminierte Kleidung sofort wechseln • Vorbeugender Hautschutz, zum Beispiel nach der Arbeit Pflegecremes benutzen • Nach Arbeitsende Hände waschen • Zutrittsverbot für Unbefugte • Im Arbeitsraum nicht essen, trinken und rauchen • Nach Verschütten oder Auslaufen mit flüssigkeitsbindendem Material, zum Beispiel Chemizorb®, aufnehmen • Nach Augen- oder Hautkontakt mit reichlich Wasser abspülen/ausspülen; zum Augenarzt gehen **Schutzmaßnahmen für Flußsäure (zusätzlich):** • Säurefeste Schutzkleidung tragen • Wenn Dämpfe und Aerosole nicht abgesaugt werden, sind Atemschutzmaske, Filter B (graue Farbe), zu tragen **Schutzmaßnahmen für Cyanidbäder (zusätzlich):** • Nicht mit anderen Säuren in Verbindung bringen • Dämpfe an der Entstehungsstelle absaugen • Nach Verschlucken sofort Notarzt und Krankenhaus verständigen, Stichwort „Blausäurevergiftung“
Verschiedene Stoffe	
Sekundenkleber: Enthält Cyanacrylat und ist beim Einatmen sowie bei Haut- und Augenkontakt gesundheitsschädlich	Haut- und Augenkontakt vermeiden: • Hilfsmittel wie Spatel verwenden • Handschuhe und Fingerlinge benutzen
Lötmittel: Ist giftig (T) und leicht entzündlich (F)	Nur an gut belüfteten Orten verwenden
Aceton: Ist in schnell trocknenden Lacken als Lösemittel enthalten; es ist leicht entzündlich (F), mäßig schleimhautreizend und narkotisierend	Ausbreiten von Dämpfen in der Raumluft vermeiden: • An der Entstehungsstelle absaugen und nach außen führen • Wenn nicht möglich, für gute Be- und Entlüftung sorgen
Desinfektionsmittel: *Ethanol, Propanol und Phenol* sind leicht entzündlich (F)	Nur an gut belüfteten Orten verwenden, Schutzhandschuhe tragen bei Flächendesinfektion, bei Händedesinfektion rückfettende Salben, Cremes verwenden
Formaldehyd ist reizend für Haut und Schleimhäute, verursacht v.a. allergische Kontaktekzeme	Nur an gut belüfteten Orten verwenden, Schutzhandschuhe tragen bei Flächen- und Instrumentendesinfektion

Schutz vor Beanspruchung durch Amalgam (Hg)

Zur Reduzierung der Schadstoffbelastung durch Quecksilber sind Präventivmaßnahmen unerläßlich. Arbeitsräume bedürfen einer ausreichenden Ventilation; das Verlegen glatter Fußböden, evtl. mit Sammelrinne, ist vorteilhaft. Besondere Bedeutung kommt der sorgfältigen Dekontamination des Arbeitsplatzes zu; ebenso wichtig sind gründliche Körperreinigung, häufiger Kleiderwechsel, und Vermeidung von Zigarettenrauchen mit kontaminierten Fingern. Bei der Herstellung und Verarbeitung von Amalgam bestehen verbindliche Gebrauchsregeln: Die Zubereitung muß in geschlossenen Systemen erfolgen, die Lagerung von Überschüssen nach dem Anfertigen der Füllungen darf ausschließlich in wassergefüllten (mit Röntgenfixierlösung gefüllten) Behätern stattfinden, damit ein Verdampfen von Hg in die umgebende Raumluft ausgeschlossen ist. Lediglich die Gefahr der Inhalation bei der Nachbearbeitung wird kaum gänzlich auszuschalten sein. Auf die Bedeutung einer entsprechenden Absauganlage muß in diesem Zusammenhang mit Nachdruck hingewiesen werden [16, 158].

Schutz vor Beanspruchung durch Methylmethacrylat (MMA)

Zum Schutz vor direktem Hautkontakt mit MMA werden häufig Latexhandschuhe verwendet [181]. In vielen Fällen ist dieser Schutz nur unzureichend, denn MMA vermag relativ schnell diese Handschuhe zu penetrieren [128, 179].

Viel besser geeignet in diesem Zusammenhang sind Schutzhandschuhe aus Polyethylen(PE)-Kopolymer. Allerdings haben diese Handschuhe den Nachteil, daß sie relativ unelastisch sind und deshalb zur Perforation neigen [132].

Eine Möglichkeit, die Luftkonzentration von MMA deutlich zu vermindern, ist die Verwendung von flexiblen Abzugshauben [24]. Auf diese Weise kann das in die Luft freigesetzte MMA direkt am Entstehungsort abgesaugt werden.

Neuerdings wurde ein Polyethylen-Umschlag entwickelt (geschlossenes System), in welchem das Monomethylmethacrylat mit dem Polymethylmethacrylat ohne Geruchsbelästigung bzw. Hautberührung gemischt werden kann [24]. Ob sich diese Methode im Alltag etablieren kann, bleibt vorerst abzuwarten.

Weitere Schutzmaßnahmen siehe auch *Tabelle 21*.

Schutz vor Beanspruchung der Haut und Schleimhaut

Handschuhe

Bereits seit langem wird das Tragen von Latexhandschuhen in der Zahnheilkunde zum Schutz vor Infektionserregern, wie der Hepatitis B und AIDS/HIV, propagiert [20]. Das Tragen von Latexhandschuhen reduziert deutlich das Risiko einer Kontamination bei Mitarbeitern in der Zahnheilkunde und wird heute auch in allen europäischen Ländern, einschließlich Deutschland, empfohlen [41] und von den Mitarbeitern auch weitgehend akzeptiert [21]. Allerdings wird zunehmend über Fälle von Kontaktdermatitiden oder Kontakt-Urtikaria bei zahnmedizinischem Personal berichtet, die eindeutig im Zusammenhang mit dem Tragen von Latexhandschuhen stehen [41]. Daher sollten nur noch *ungepuderte* Handschuhe verwendet werden. Bei manifesten Latexallergien können alternativ Kunstgummihandschuhe (z.B. aus Styrol-Ethylen-Butylen-Styrol [Tactylon®], Styrol-Butadien-Kautschuk, Polychloropren [Neoprene®] oder Nitril-Kautschuk) oder Kunststoffhandschuhe (z.B. aus Polyethylen [PE] oder Polyvinylchlorid [Vinyl, PVC]) zum Einsatz kommen. Alle medizinischen Einmalhandschuhe müssen die Anforderungen der Europäischen Norm (DIN EN 455) mit der geforderten Dichtigkeit (Accepted quality level [AGL] $\leq$ 1,5) erfüllen, um einen ausreichenden Infektionsschutz zu gewährleisten.

Mundschutz

In der heutigen Zeit ist der Gebrauch von Gesichtsmasken (Mundschutz) in der Zahnheilkunde weit verbreitet. Gesichtsmasken schützen vor infektiösen Aerosolen und Spritzern.

Eine ideale Gesichtsmaske sollte folgende Kriterien erfüllen [112]:

- Sie sollte beim Tragen nicht in direkten Kontakt mit der Nase oder den Lippen des Trägers kommen,
- sie sollte eine hohe „bacterial filtration efficiency (BFE) rate“ haben,
- sie sollte bündig passen,
- sie sollte zu keinem Beschlagen von Brillen führen,
- sie sollte einfach an- und auszuziehen sein,
- sie sollte von der Materialbeschaffenheit her zu keiner Allergie oder Hautreizung führen,
- sie sollte nicht „kollabieren“, wenn sie feucht wird.

Grundsätzlich sollten Gesichtsmasken für 96–99 % aller Partikel, die kleiner als 2–3 µm im Durchmesser sind, undurchlässig sein. Es gibt heute schon Schutzmasken, die sogar für 1 µm große Partikel (z.B. Tuberkelbakterien) undurchdringbar sind.

Feucht gewordene Masken sollten nach 20 min ausgetauscht werden. Ansonsten sollte man routinemäßig alle 60 min die Maske wechseln.

Schutz vor psychischer Beanspruchung

Zum Schutz vor psychischer Überbeanspruchung sollte zunächst ein „Streßkataster“ erstellt werden. Anschließend müssen eigene Wünsche und Forderungen des Personals klar formuliert werden. Schließlich sollte man versuchen, die belastenden Streßfaktoren abzustellen oder zumindest zu verringern. Selbstverständlich ist dies viel leichter gesagt als getan. In vielen Fällen brauchen die Betroffenen daher professionelle Hilfe von außen, z.B. vom Psychiater oder Psychologen.

Es gibt kein Patentrezept, um die in der Zahnheilkunde auftretenden berufsbedingten psychischen Belastungen auszuschalten. Einen groben Überblick über Lösungsvorschläge zur Streßvermeidung in der Zahnheilkunde soll nachfolgende Tabelle *(Tab. 24)* vermitteln. Zu unterscheiden sind personenbezogene und situationsbezogene Strategien.

Bereits schon während der Ausbildung zum Zahnarzt, Zahntechniker oder Zahnarzthelferin sollten streßbewältigende Strategien vermittelt werden.

Tabelle 24: Bewältigungsstrategien zum berufsbedingten Streßabbau (verändert nach [46])

Personenbezogene Strategien	Situationsbezogene Strategien
• Einsatz von neuen streßreduzierenden Techniken für Zahnarzt/Personal und Patient (z.B. lärmgedämpfte Bohrer)	• Schaffung einer freundlichen Arbeitsatmosphäre (Praxiseinrichtung, beruhigende Farben)
• Effektive Zeitplanung (Vermeidung von Zeitdruck, rechtzeitige Terminplanung)	• Alle Beschäftigten der Zahnarztpraxis bei organisatorischen Entscheidungen mit einbeziehen
• Sich Zeit nehmen für Patienten (Erklärung der Behandlungsart, Beantwortung von Fragen seitens der Patienten)	• Anschaffung von benutzerfreundlicheren und effektiveren Gerätschaften und Materialien.
• Sich Zeit nehmen für seine Mitarbeiter (regelmäßige Teambesprechungen durchführen)	• Arbeitsschutzmaßnahmen anbieten (Absauganlagen, Schutzimpfungen, Persönliche Schutzausrüstung)
• Sich ausreichend Zeit lassen für Diagnostik und Behandlung (Freiräume schaffen, Pufferzeiten einrichten)	• Aufgaben, wann immer möglich delegieren, regelmäßige Pausen machen (Teamarbeit)
• Verwaltungs- und finanztechnische Belange (z.B. Steuern, Abrechnungen) an Dritte delegieren.	• Regelmäßig an Fortbildungsprogrammen teilnehmen, neue Techniken erlernen, neue Ziele setzen

Verhütung von Unfällen

Zur Vermeidung von Stich- oder Schnittverletzungen empfiehlt sich die sachgerechte Entsorgung aller scharfkantigen Materialien (z.B. Kanülen, Skalpelle) in durchstichfeste, sicher verschließbare „Kanülenabwurfbehälter“. Selbstverständlich sollte das sog. „Recapping“ von Kanülen strengstens unterbleiben. Fingerverletzungen sollten (wegen des Infektionsrisikos) immer behandelt werden (VBG 109 § 3 [173]). Auf mögliche Infektionskonstellationen sollte geachtet werden (z.B. HBV, HCV oder HIV).

Was Stürze und Kollisionen anbelangt, so sollten rutschhemmende Fußböden bzw. Antirutschmatten an besonders rutschgefährdeten Bereichen verlegt werden. Von allen Mitarbeitern sollte festes Schuhwerk mit entsprechender rutschhemmender Sohle getragen werden. Reinigungspersonal sollte unterwiesen werden, wachsfreie Seifenreiniger oder Wischpflegemittel mit rutschhemmenden Komponenten zu verwenden. Auch die richtige Beleuchtung mit einem ausgewogenen Verhältnis von Licht, Kontrast, Farbe und Reflexion trägt dazu bei, Sturz- und Stolperunfälle zu vermeiden. Bei Fehlsichtigen sollte der Sehfehler durch Brillen oder Kontaktlinsen korrigiert werden.

Verbrennungen und Verbrühungen lassen sich vermeiden, wenn man Tätigkeiten mit heißen Medien nicht unter Zeitdruck verrichtet und bei besonders verbrennungsgefährdeten Tätigkeiten hitzeresistente Handschuhe verwendet.

Augenverletzungen, verursacht durch Chemikalien oder Festkörper, können durch Anlegen entsprechender Schutzbrillen (Korbbrillen) wirksam verhindert werden und sollten daher routinemäßig bei sämtlichen Schleif-, Polier- oder Fräßarbeiten getragen werden.
Hautschäden, gleich welcher Art, lassen sich durch Tragen entsprechender Schutzhandschuhe vermeiden.

Literatur

[1] ALTUNA, G., LEWIS, D.W., CHAO, I., ROUKE, M.A.: A statistical assessment of orthodontic practises, product usage and the development of skin lesions. Am. J. Orthod. Dentofa. Orthop. 100, 242–250 (1991).

[2] American Conference of Governmental Industrial Hygienists, Documentation of the Threshold Limit Values and Biological Exposure indices. 5th edition, ACGIH, Cincinatti, Ohio, p 406 (1986).

[3] BARBANEL, C.S., DUCATMAN, A.M., GARSTON, M.J., FULLER, T.: Laser hazards in research laboratories. JOM 35, 369–374 (1993).

[4] BARDIS, R.S.: Hazards of organic materials. JADA 106, 444 (1983).

[5] BECK, B., IRMSCHER, G.: Silikosen durch weniger bekannte Expositionsarten. Z. Erkr. Atm. 140, 282–293 (1974).

[6] BEHRENS, V., SELIGMAN, P., CAMERON, L., MATHIAS, C.G., FINE, L.: The prevalence of back pain, hand discomfort, and dermatitis in the US working population. Am. J. Public Health 84 (11), 1780–1785 (1994).

[7] BELL, D.M., SHAPIRO, C.N., CIESIELSKI, C.A., CHAMBERLAND, M.E.: Preventing Bloodborne Pathogen Transmission from Health-Care Workers to Patients – The CDC Perspective. Surg. Clin. North Am. 75, 1189–1203 (1995).

[8] Berufsgenossenschaftliche Grundsätze für arbeitsmedizinische Vorsorgeuntersuchungen, G42. Hrsg. Hauptverband der gewerblichen Berufsgenossenschaften e.V., Gentner Verlag, Stuttgart (1998).

[9] BGW-Mitteilungen 4/93, Gefahrstoffe im zahnärztlichen Labor, BGW-Bestell-Nr. E-1a (1993).

[10] BGW, Grundlagen der Prävention, Quecksilber in Zahnarztpraxen (GP4), Pappelallee 35/37, 22089 Hamburg (1997).

[11] BIRKE, R, HORLBECK, E., SZADKOWSKI, D.: Prävalenz Hepatitis-B-positiver Serumbefunde bei Zahntechnikern. Verh. Dtsch. Ges. Arb. med. 26, 93–96 (1986).

[12] Blätter zur Berufskunde: Zahnarzt/Zahnärztin, Bundesanstalt für Arbeit, Nürnberg, 8. Auflage, W. Bertelsmann Verlag, Bielefeld (1997).

[13] Blätter zur Berufskunde: Zahnarzthelfer/Zahnarzthelferin, Bundesanstalt für Arbeit, Nürnberg, 3. Auflage, W. Bertelsmann Verlag, Bielefeld (1990).

[14] Blätter zur Berufskunde: Zahntechniker/Zahntechnikerin, Bundesanstalt für Arbeit, Nürnberg, 3. Auflage, W. Bertelsmann Verlag, Bielefeld (1994).

[15] BOCK, K.H.: Studien- und Berufswahl 1997/98. Verlag Karl Heinrich Bock, Bad Honnef, 169–170 (1997).

[16] BOCK, T.C.: Arbeitsmedizinische Probleme bei Zahnmedizinstudenten unter besonderer Berücksichtigung von orthopädischen und toxikologischen Belastungen. Inauguraldissertation, Universität Freiburg (1993).

[17] BRUNE, D., BELTSEBREKKE, H.: Levels of methylmethacrylate, formaldehyde and asbestos in dental work air. Scand.J.Dent.Res. 89, 113–117 (1981).

[18] Bundesanstalt für Arbeit, Unterabteilung IIIa, 90327 Nürnberg: Sozialversicherungspflichtig Beschäftigte nach Berufsordnungen im Bundesgebiet West und Ost. In: Arbeitsmarkt in Zahlen. S. 15–59 März (1997).

[19] Bundeszahnärztekammer (BZÄK), Verbandsgeschäftsstelle, Universitätsstraße 71–73, 50931 Köln: Zahnärzte in den einzelnen Kammerbereichen nach Art der Tätigkeit und Geschlecht (1996).

[20] BURKE, F.J.T., WILSON, N.H.F.: Non-sterile glove use: a review. Am. J. Dent. 2:255–261 (1989).

[21] BURKE, F.J.T., WILSON, N.H.F., CHEUG, S.W.: Glove use by dentists in England and Wales: results of a two-year follow-up survey. Br. Dent. J. 176, 337–341 (1994).

[22] Centers for Disease Control: Guidelines for preventing the transmission of tuberculosis in health-care settings, with special focus on HIV-related issues. MMWR, 39, 1–29 (1990).

[23] CHOPP, G.F., KAUFMANN, E.G.: Mercury vapor related to manipulation of amalgam and to floor surface. Operative Dentistry 8, 23–27 (1983).

[24] CLARK, B.R., BROWN, J.R., MATRANGA, L.F.: Methylmethacrylate: managing the toxicity. J. N. J. Dent. Assoc. 64 (3), 25–29 (1993).

[25] COLES, R.R.A., HOARE, N.W.: Noise-induced hearing loss and the dentist, Br. Dent. J. 159, 209 (1985).

[26] COOLEY, R.L., BARKMEIER, W.W.: Prevention of eye injuries in the dental office. Quintessence Int. 9, 953 (1981).

[27] COOPER, C.L., COOPER, R.D., EAKER, L.H.: Living with stress. Penguin Books, London (1988).

[28] Counsel on Dental Materials, Instruments and Equipment. J. Am. Dent. Assoc. 112, 533–536 (1986).

[29] DESAI, S.: Pathways to psychology for dentist. Journal of Indiana Dental Association 57 (2), 15–21 (1978).

[30] DIN 5035 Teil 3: „Innenraumbeleuchtung mit künstlichem Licht; Beleuchtung in Krankenhäusern". Beuth Verlag, Berlin, September (1988).

[31] DIN 67505: „Beleuchtung zahnärztlicher Behandlungsräume und zahntechnischer Laboratorien". Beuth Verlag, Berlin, September (1986).

[32] DIN EN ISO 9680: „Zahnärztliche Behandlungsleuchte". Beuth Verlag, Berlin, Mai (1996).

[33] DONCHIN, M., SHOUVAL, D.: Occupational and non-occupational hepatitis B virus infection among hospital employees in Jerusalem: a basis for immunisation strategy. Brit. J. Ind. Med. 49, 620–625 (1992).

[34] DUPUIS, H.: Erkrankungen durch Hand-Arm-Schwingungen. In: KONIETZKO, J., DUPUIS, H. (Hrsg.): Handbuch der Arbeitsmedizin, ecomed-Verlag, Landsberg, IV – 3.4, 1–11 (1989).

[35] Eichner, K.: Investigation on cutting and grinding procedures on the hard tooth structure and ivory. Austr. Dent. J. 10, 214–216 (1965).

[36] Eisenburg, J., Holl, J., Kruis, W., Weinzierl, M., Grunst, J., Puttkammer, D., Wendl, N.: Hepatitis-Risiko bei Zahnärzten – Untersuchungen zur Hepatitis-Häufigkeit bei Zahnärzten im Raum München und im Regierungsbezirk Oberbayern. Fortschr. Med. 95, 1249–1257 (1977).

[37] Ekenvall, L., Ancker, K., Gustavsson, P., Göthe, C.J.: Aspects of occupational medicine on work with room temperature cured methylmethacrylate (MMA) in dental care. Tandteniken 50, 444 (1981).

[38] Engelhardt, K.: Hepatitis-B-Vaccinationen in einem deutschen Klinikum. Ärztebl. Rheinl. Pfalz 11/1985, 600–606 (1989).

[39] Faecher, R.S., Thomas, J.E., Bender, B.S.: Tuberculosis – A Growing Concern for Dentistry? J. Am. Dental. Ass. 124, 94–104 (1993).

[40] Ferlinz, R.: Tuberkulindiagnostik. Dtsch. Ärztebl. 93, A 1199–1201 (1996).

[41] Field, E.A., King, C.K.: Skin problems associated with routine wearing of protective gloves in dental practice. Br. J. Dent. 168, 281–285 (1990).

[42] Fisher, A.A.: Allergic sensitization of the skin and oral mucosa to acrylic denture materials. JAMA. 156, 238 (1954).

[43] Fitch, K.M., Perez Alvarez, L., De Andres Medina, R., Najera Morrondo, R.: Occupational transmission of HIV in health care workers – A review. Eur. J. Pub. Health 5, 175–186 (1995).

[44] Forman, Franco, B., Abramson, A.L., Stein, T.: High-speed drill noise and hearing: audiometric survey of 70 dentists. J. Am. Dental Assoc. 97, 479–482 (1978).

[45] Freeman, R., Main, J.R.R., Burke, F.J.T.: Occupational stress and dentistry: theory and practice Part I Recognition. Br. Dent. J. 178, 214–217 (1995a).

[46] Freeman, R., Main, J.R.R., Burke, F.J.T.: Occupational stress and dentistry: theory and practice Part II Assessment and control. Br. Dent. J. 178, 218–222 (1995b).

[47] Fries, I.B., Fischer, A.A., Salvati, E.A.: Contact dermatitis in surgeons from methylmethacrylate bone cement. J. Bone Foint Surg. 57, 547 (1975).

[48] Gärtner, B.C., Müller-Lantzsch, N.: Dreitagefieber/Humanes Herpesvirus 6 und 7. In: Hofmann, F. (Hrsg.): Infektiologie, ecomed-Verlag, Landsberg, 16. Ergänzungslieferung (1996a).

[49] Gärtner, B.C., Müller-Lantzsch, N.: Herpes simplex Virus Typ 1 (HSV-1). In: Hofmann, F. (Hrsg.): Infektiologie, ecomed-Verlag, Landsberg, 17. Ergänzungslieferung (1996b).

[50] Gärtner, B.C., Müller-Lantzsch, N.: Herpes simplex Virus Typ 2 (HSV-2). In: Hofmann, F. (Hrsg.): Infektiologie, ecomed-Verlag, Landsberg, 17. Ergänzungslieferung (1996c).

[51] Gärtner, B.C., Müller-Lantzsch, N.: Herpesvirus-Infektionen. In: Hofmann, F. (Hrsg.): Infektiologie, ecomed-Verlag, Landsberg, 17. Ergänzungslieferung (1996d).

[52] Gärtner, B.C., Müller-Lantzsch, N.: Humanes Herpesvirus 8 (HHV-8), Kaposi Sarkom assoziiertes Herpesvirus (KSHV). In: Hofmann, F. (Hrsg.): Infektiologie, ecomed-Verlag, Landsberg, 19. Ergänzungslieferung (1996e).

[53] Garber, D.A.: Dentist-monitored bleaching: a discussion of combination and laser bleaching. JADA 128 Suppl., 26S – 30S (1997).

[54] Gebhardt, M., Geier, J., Welker, D.: Kontaktallergie auf Prothesenkunststoffe und Differentialdiagnostik der Prothesenintoleranz. Dtsch. Zahnärztl. Z. 51, 395–398 (1996).

[55] Gefahrstoffverordnung (GefStoffV) vom 26. Oktober 1993 in der Fassung vom 12. Juni (1996).

[56] Gerberding, J.L.: Incidence and prevalence of human immunodeficiency virus, hepatitis B virus, hepatitis C virus and cytomegalovirus among health care personnel at risk for blood exposure: final report from a longitudinal study. J. Infect. Dis. 170, 1410–1417 (1994).

[57] GISBAU Information, Methylmethacrylat, AMD V1.80, 03.07.97 (1997).

[58] Grimm, H.-G.: Planung der Schutzimpfung gegen Hepatitis im Klinikbereich einer Universität, Zbl. Arbeitsmed. 33, 346–350 (1983).

[59] Gronka, P.A., Boboskie, R.L., Tomchick, G.J. et al.: Mercury vapor exposures in dental offices. J. Am. Dent. Assoc. 81, 923–925 (1970).

[60] Hagberg, M., Wegman, D.H.: Prevalence rates and odds ratios of shoulder neck diseases in different occupational groups. Br. J. Ind. Med. 44:602 (1987).

[61] Hagberg, M., Hagberg, L.C.: Risks and Prevention of Musculoskeletal Disorders among Dentists. In: Brune, D., Edling, C. (eds.): Occupational Risks in the Health Care Professions. CRC Press, Boca Raton, Florida, 323–332 (1989).

[62] Hardman, P.K., Ronald, Gier, R.K., Tegtmeier, G.: The incidence and prevalence of hepatitis B surface antibody in a dental school population. Oral Surg. Oral Med. Pathol. 69, 399–402 (1990).

[63] Ham, W.T.: Ocular hazards of light sources, J. Occup. Med. 25 (1983).

[64] Harley, J.L.: Eye and facial injuries resulting from dental procedures. Dent. Clin. North Am. 22, 505–515 (1978).

[65] Harlow, R.F., Rutkauskas, J.S.: Tuberculosis Risk in the Hospital Dental Practice. Special Care in Dentistry 15, 50–55 (1995).

[66] HASSELHORN, H.-M.: Antiretrovirale Prophylaxe nach Kontakt mit HIV-kontaminierten Flüssigkeiten. In: HOFMANN, F. (Hrsg.): Infektiologie, II-12.8, ecomed-Verlag, Landsberg (1997a).

[67] HASSELHORN, H.-M., KRALJ, N., HOFMANN, F., NÜBLING, M., BERTHOLD, H.: Zur Effizienz der Hepatitis-B-Schutzimpfung. Gesundheitswesen 59, 321–328 (1997b).

[68] HASSELHORN, H.-M., NÜBLING, M., TILLER, F.-W., HOFMANN, F.: Factors influencing Immunity against Diphtheria in Adults. Vaccine 16, 70–75 (1998).

[69] HENDLER, S.G., MILLER, M.H.: „It Hertz:"audiologic concerns for the dentist. NY J. Dent. 54, 211–214 (1984).

[70] HERBERT, A.M., BAGG, J., WALKER, D.M., DAVIES, K.J., WESTMORELAND, D.: Seroepidemiology of Herpes Virus Infections among Dental Personnel, J. Dentistry 23, 339–342 (1995).

[71] HERGT, R., GÖTZKE, H., ZOLAKIDIS, P., FRANZ, B.-D., SOBKOWIAK, E.-M.: Zur Lärmbelästigung von Patienten, Zahnärzten und Stomatologischen Schwestern durch Geräusche von Dentalturbinen. Stomatol. DDR 31, 453–455 (1981).

[72] HOFMANN, F., KLEIMEIER, B., WANNER, CH., BERTHOLD, H.: Zur Hepatitis-B-Gefährdung der Beschäftigten im Gesundheitswesen. Arbeitsmed. Sozialmed. Präventivmed. 22, 49–52 (1987).

[73] HOFMANN, F., GRUNDMANN, H.J., WALCHER, J.: Zur Aussagefähigkeit von Tuberkulin-Stempeltests. Öff. Gesundh. Wes. 51, 359–361 (1989).

[74] HOFMANN, F.: Diphtherie. In: HOFMANN, F. (Hrsg.): Infektiologie, ecomed-Verlag, Landsberg, 6. Ergänzungslieferung (1993).

[75] HOFMANN, F., HASSELHORN, H.M.: Zur Frage der Bedeutung von Nebenwirkungen bei der Hepatitis-B-Schutzimpfung. In: MAAS, G. (Hrsg.): Impfreaktionen, Impfkomplikationen 40 Jahre DVV, Kilian-Verlag, Marburg, S. 159–175 (1995).

[76] HOFMANN, F.: Infektiologie, ecomed-Verlag, Landsberg, 1991 (und folgende Ergänzungslieferungen), 19. Ergänzungslieferung (1996).

[77] HOFMANN, F., MICHAELIS, M., RIEGER, M.A., HASSELHORN, H.M., BERTHOLD, H.: Zur arbeitsmedizinischen Bedeutung der Hepatitis C bei Beschäftigten im Gesundheitsdienst. Gesundheitswesen 59, 452–460 (1997).

[78] HONEBERG, B., BERTNES, E., HAUKENES, G.: Antibody to CMV among Personnel at a Children's Hospital. Acta Paediatr. Scand. 69, 407–409 (1980).

[79] HUMPHRIS, G., LILLEY, J., KANEY, S., BROOMFIELD, D.: Burnout and stress-related factors among junior staff of three dental hospital specialities. Br. Dent. J. 183, 15–21 (1997).

[80] Informationsschrift des Bundesgesundheitsamtes (BGA): Amalgame in der zahnärztlichen Therapie (1992).

[81] ISO 5349: „Mechanische Schwingungen – Richtlinie für die Messung und Bewertung der Einwirkung auf den menschlichen Körper", Beuth-Verlag, Berlin (1986).

[82] JACOBSEN, N., HENSTEN-PETTERSEN, A.: Occupational health problems and adverse patient reactions in periodontics. Periodontol. 16, 428–433 (1989).

[83] JACOBSEN, N., PETTERSEN A.H.: Self-reported occupation-related complaints among dental laboratory technicians. Quintessenz International 24, 409–415 (1993).

[84] JANSEN, G.: Grenz- und Richtwerte in der Lärmbekämpfung und ihr psychophysiologischer Aussagewert. Kampf dem Lärm 20, 71–78 (1973).

[85] JÄRVHOLM, U., PALMERUD, G., STYF, J., HERBERTS, P., KADEFORS, R.: Intramuscular Pressure in the Supraspinatus Muscle. J. Orthop. Res. 6, 230–233 (1988).

[86] JARKE, J.: Berufskrankheit HIV/AIDS aus juristischer und medizinisch-gutachterlicher Sicht. MedR 11, 501–508 (1996).

[87] KANERVA, L., ESTLANDER, T., JOLANKI, R., TARVAINEN, K.: Occupational allergic contact dermatitis caused by exposure to acrylates during work with dental prothesis. Contact Dermatitis 28, 268–275 (1993).

[88] KATEVUO, K., AITASALO, K., LEHTINEN, R., PIETILA, J.: Skeletal changes in dentists and farmers in Finland. Community Dent. Oral Epidemiol. 13, 23 (1985).

[89] KESSEL, R., BENCZE, K., HAMM, M., SONNABEND, E.: Untersuchungen über die Quecksilber-Konzentrationen in der Raumluft, im Blut und im Urin bei zahnärztlicher Tätigkeit in Klinik u. freier Praxis. Dtsch. Zahnärztl. Z. 35, 457–461 (1980).

[90] KIEC-SWIERCZYNSKA, M.: Occupational allergic contact dermatitis due to acrylates in Lodz. Contact Dermatitis 34, 419–422 (1996).

[91] KLEIN, R.R.: Occupational transmission of HIV. In: ROBERTSEN P.B., GREENSPAN J.S. (eds.): Perspectives on oral Manifestations of AIDS, Littleton, Massachussetts, PSG, pp 12–27 (1988).

[92] KLEIN, R., FREEMANN, P., TAYLOR, C., STEVENS, C.: Occupational risk for hepatitis C virus infection among New York City dentists. Lancet 338, 1539–1542 (1991).

[93] KLIPATRICK, H.C.: Work simplification in dental practice. Philadelphia, W.B. Saunders Co. (1974).

[94] KRALJ, N.: Zur epidemiologischen Bedeutung der Hepatitis B und der Tuberkulose beim Personal des Gesundheitswesens am Beispiel des Universitätsklinikums Freiburg, Inauguraldissertation, Universität Freiburg (1996).

[95] KRALJ, N., HOFMANN, F., MICHAELIS, M.: Zur Bedeutung der Tuberkulose und der Tuberkulinkonversion bei Beschäftigten im Gesundheitsdienst. Immun. Infekt 2/97, 60–64 (1997).

[96] KRONENBERGER, H., MORGENROTH, K., BÖNNING, J., HAGENAUER, R., MEIER-SYDOW, J.: Staubbelastung und Arbeitsplatzhygiene im Dentallabor. Arbeitsmed. Sozialmed. Präventivmed. 11, 278–281 (1982).

[97] KUO, M.Y., HAHN, L.J., HONG, C.Y., KAO, J.H., CHEN, D.S.: Low prevalence of hepatitis C virus infection among dentists in Taiwan, J. Med. Virol. 40, 10–13 (1993).

[98] LERVIK, A.: Hazards in the dental environment – curing lights and high-speed handpieces in the Health Care Professions. In: BRUNE, D., EDLING, C. (eds.): Occupational risks in the Health Care Professions, CRC Press, Boca Raton, Florida, 291–197 (1989).

[99] LOGAN, H.L.: Relationship of light to health. Illum, England. 62: 159–167 (1967).

[100] LUNDSTRÖM, R., LISZKA, L.: High frequency vibrations – ultrasound in hand-held tools. Invest. Rep. No. 8, The Swedisch National Board of Occupational Safety and Health (1979).

[101] LUNDSTRÖM, R.: Effects of vibration in the hands in the Health Care Professions, CRC Press, Boca Raton, Florida, 299–305 (1989).

[102] MAGDORF, K., KHOUW, I., ERTEL, M., WAHN, U.: Positiver Tuberkulintest bei nicht BCG-geimpften Kindern – immer ein Hinweis auf eine spezifische Infektion? Monatsschr. Kinderheilkd 144, 1105–1109 (1996).

[103] MANDEL, I.D.: Occupational risks in dentistry: comforts and concerns. JADA, 124, 41–49 (1993).

[104] MARUNA, H., WINKER, N.: Zur Hepatitis-B-Durchseuchung in den Berufen des Gesundheits- und Fürsorgewesens der Republik Österreich. Z. Unfallchir. Vers. med. Berufskr. 79, 217–225 (1986).

[105] MARUNA, H., WINKER, N.: 10 Jahre Hepatitis-B-Impfaktion der sozialen Unfallversicherung der Republik Österreich. In: HOFMANN, F., RESCHAUER, G., STÖßEL, U. (Hrsg.): Arbeitsmedizin im Gesundheitsdienst, Band 8, edition ffas, S. 94–102 (1995).

[106] MASLACH, C., JACKSON, S.E.: Maslach burnout inventory. Palo Alto, CA: Consulting Psychologists Press (1986).

[107] MAYER, R., MAIER, M.: Lärm als Gefahrenquelle (auch) im zahnärztlichen Arbeitsbereich? I. Schallpegelmessungen am zahnärztlichen Arbeitsplatz. Dtsch. Zahnärztl. Zschr. 36, 156–160 (1981a). II. Schallpegelmessungen in zahnärztlichen Arbeits- und Ausbildungsbereichen. Dtsch. Zahnärztl. Zschr.: 36, 291–298 (1981b).

[108] MCDONALD, M.N., VIRE, E.: Chloroform in the endodontic operatory. J. of Endodontics 18, 301–303 (1992).

[109] MCGLOTHLIN, J.D., JENSEN, P.A., FISCHBACH, T.J., HUGHES, R.T., JONES, J.H.: Control of anesthetic gases in dental operatories. Scand. J. Work Environ. Health 18, Suppl. 2, 103–105 (1992).

[110] MICHEELIS, W.: Einführung in die Compliance-Problematik. Dtsch. Zahnärztl. Z. 44, 217–220 (1989) 4.

[111] MILLER, C.H., COTTONE, J.A.: The Basic Principles of Infectious Diseases as Related to Dental Practice, Dental Clinics of North America 37, 1–20 (1993).

[112] Molinari, J.A.: Face masks: effective personal protection. Compendium 9, 818–821 (1996).

[113] MONSOUR, P.A., KRUGER, B.J., BARRES, A., SAINSBURY, A.: Measures Taken to Reduce X-ray Exposure of the Patient, Operator, and Staff. Austr. Dent. J. 33, 181–192 (1988) 3.

[114] MOSLEY, H., STRANG, I., MACDONALD, I.: Evaluation of risk associated with the use of blue light polymerizing sources. J. Dent. 15, 12–15 (1987).

[115] MÜLLER-LANTZSCH, N.: Cytomegalie. In: HOFMANN, F. (Hrsg.): Infektiologie, ecomed-Verlag, Landsberg (1991a).

[116] MÜLLER-LANTZSCH, N.: Epstein-Barr-Virus-Infektionen. In: HOFMANN, F. (Hrsg.): Infektiologie, ecomed-Verlag, Landsberg (1991b).

[117] MÜLLER-LANTZSCH, N.: Windpocken und Herpes Zoster (VZV). In: HOFMANN, F. (Hrsg.): Infektiologie, ecomed-Verlag, Landsberg (1991c).

[118] NÄBE, V.: Die Zahnarzthelferin als Vermittlerin zwischen Zahnarzt und Zahntechniker. Quintessenz-J. 21, 29–37 (1991c).

[119] NAKLÁDALOVA, M., FIALOVÁ, J., KORYÈANOVÁ, H., NAKLÁDAL, Z.: State of health in dental technicians with regard to vibration exposure and overload of upper extremities. Centr. Eur. J. publ. Hlth. 3, 129–131 (1995).

[120] NEIBURGER, E.J., MISERENDINO, L.: Laser reflectance: hazard in the dental operatory. Oral Surg. Oral Med. Oral Pathol. 66, 659–661 (1988).

[121] NILSSON, B., NILSSON, B.: Mercury in dental practice. 1. The working environment of dental personnel and their exposure to mercury vapor. Swed. Dent. J. 10, S. 1–14 (1986).

[122] N.N.: Hepatitis B among Dental Patients – Indiana. MMWR 34, 73–75 (1985).

[123] N.N.: Jahresbericht 1996 über meldepflichtige Infektionskrankheiten in Deutschland. Teil 2: Virushepatitiden. Epidemiologisches Bulletin 9/97, 57–59 (1997).

[124] OSBORN, J.B., NEWELL, K.J., RUDNEY, J.D., STOLTENBERG, J.L.: Muskuloskeletal pain among Minnesota dental hygienists. J. Dent. Hyg. 64 (3), 132–138 (1990).

[125] OSBORNE, D., CROUCHER, R.: Levels of burnout in general dental practitioners in the south-east of England. Br. Dent. J. 177, 372–377 (1994).

[126] OSHIMA, H., KAWAHARA, D., KOSUGI, H., NAKAMURA, M., SUGAI, T., TOMAKI, T.: Epidemiologic study on occupational allergy in the dental clinic. Contact Dermatitis 24, 138–139 (1991).

[127] PATTI, A.M., BELUCI, C., BAGNOD, S., GIUSTINI, I., MASTROENI, M., FARA, M.: Prevalence of Hepatitis C antibodies in health care workers. Abstract No B213. In: Abstract Volume of 9. Triennal Internat. Symposium on Viral Hepatitis and Liver disease, April 21–25, in Rome, Italy (1996).

[128] PEGUM, J.S., MEDHURST, F.A.: Contact dermatitis from penetration of rubber gloves by acrylic monomer. Br. Med. J. 1, 141–143 (1971).

[129] PERSSON, B.R.R.: Radiation hazards. In: BRUNE, D., EDLING, D. (eds.): Occupational risks in the Health Care Professions, CRC Press, Boca Raton, Florida, 163–263 (1989a).

[130] Persson, B., Brune, D.: Dental laboratories in the Health Care Professions. In: Brune, D., Edling, C. (eds.): Occupational risks in the Health Care Professions, CRC Press, Boca Raton, Florida, 333–346 (1989b).
[131] Pick, R.M., Powell, G.L.: Lasers in dentistry. Dent. Clinics of N. Am. 2, 281–296 (1993).
[132] Pickering, C.A.C., Bainbridge, D., Birtwistle, I.H., Griffith, D.L.: Occupational asthma due to methylmethacrylate in an orthopaedic theatre sister. Br. Med. J. 292, 1362–1363 (1984).
[133] Pöllmann, L.: Die zahnärztliche Tätigkeit im Blickfeld der Arbeitsmedizin. Arbeitsmed. Sozialmed. Präventivmed. 19, 138–142 (1984).
[134] Pöllmann, L.: Berufsstigma des Zahnarztes: Herpes simplex der Finger, Verh. Dtsch. Ges. Arb. Med. 25, 335–338 (1985).
[135] Porter, K., Scully, C., Porter, S.R.: Needlestick injuries to dental staff. Br. Dent. J. 167, 265–266 (1989).
[136] Porter, K., Scully, C., Theyer, Y., Porter, S.: Occupational injuries to dental personal. J. Dent. 18, 258–262 (1990).
[137] Praml, G.J., Sonnabend, E.: Lärmschwerhörigkeit durch Dentalturbinen? Dtsch. Zahnärztl. Zschr. 35, 400–406 (1980).
[138] Preston, J.D., Ward, L.C., Bobrick, M.: Light and lighting in the dental office. Dental Clinics of N. Am. 22 (3), 431–451 (1978).
[139] Price, D.L., Shaw, W.A.: Illumination on the dental operatory. JADA 98, 925–928 (1979).
[140] Pschyrembel: Klinisches Wörterbuch. Verlag Walter de Gruyter, Berlin, 257. Auflage, S. 48 (1994).
[141] Raithel, H.J.: Berufsbedingte Lungenfibrose bei einem Zahnarzt. Arbeitsmed. Sozialmed. Präventivmed. 19, 60–61 (1984).
[142] Rajaniemi, R., Sakori, T.: Subjective symptoms among dental technicians exposed to the monomer methylmethacrylate. Scand. J. Work Environ. Health 11, 281–286 (1985).
[143] Reitemeier, B., Crasselt, C.: Occupational medical and orthopedic aspects of the dental workplace. ZWR 100 (8), 507–511 (1991).
[144] Reitemeier, B., Kirchberg, S.: Teilkörpervibration als Belastungsfaktor bei zahnärztlicher Tätigkeit. Zbl. Arbeitsmed. 43, 187–193 (1993).
[145] Reitemeier, B., Kirchberg, S.: Beanspruchung durch Hand-Arm-Schwingungen während zahntechnischer Tätigkeit. Zbl. Areitsmed. 46, 21–27 (1996).
[146] Rimland, D., Parkin, W.E., Grayson, P.H., Miller, B., Schrack, W.D.: Hepatitis B Outbreak traced to an Oral Surgeon, New. Engl. J. Med. 296, 951–958 (1977).
[147] Ring, A.: Berufsbedingte Haltungsschäden bei Zahnarzt und Zahnarzthelferin. Zahnärztl. Praxis 5, 178–181 (1988).
[148] Schiele, R.: Die Amalgamfüllung – Verträglichkeit. Dtsch. Zahnärztl. Z. 46, 515–518 (1991).
[149] Scheiermann, N., Kuwert, E., Remy, J.: Hepatitis-B-Virus-Durchseuchung des medizinischen Personals in Arztpraxen. DMW 110, 180–182 (1985).
[150] Schweisfurth, H., Link, K.: Klinische Untersuchungen über die Häufigkeit der pulmonalen und extrapulmonalen Tuberkulose. Versicherungsmed. 47, 207–212 (1996).
[151] Schweizerische Blätter für Arbeitssicherheit: Quecksilber und seine Gefahren. Schweizerische Unfallversicherungsanstalt, Abteilung Arbeitsmedizin, 6002 Luzern.
[152] Seldén, A.I., Persson, B., Bornberger, Dankvardt, S.I., Winström, L.E., Bodin, L.S.: Exposure to cobalt chromium dust and lung disorders in dental technicians. Thorax 50, 769–772 (1995).
[153] Seppäläinen, A.M., Rajaniemi, R.: Local neurotoxicity of methyl methacrylate among dental technicians. Am. J. of Industr. Med. 5, 471–477 (1984).
[154] Sherson, D., Maltbaek, N., Olsen, O.: Small opacities among dental laboratory technicians in Copenhagen. Br. J. Ind. Med. 45, 320–324 (1988).
[155] Shortall, A., Harrington, E.: Guidelines for the selection, use, and maintenance of visible light activation units. Br. Dental J. 10, 383–387 (1996).
[156] Skare, I., Engl, L., Bergträm, T. et al.: Mercury exposure of different origins among dentists and dental nurses. Scand. J. Work Environ. Health, 16, 340–347 (1990).
[157] Slozewic, S., Davison, A.G., Hopkirk, A., Burge, P.S., Boldy, D., Riordan, J.F., McGivern, D.V., Platts, B.W., Davies, D., Newman Taylor, A.J.: Occupational asthma due to methyl methacrylate and cyanoacrylates. Thorax 40, 836–839 (1985).
[158] Smetana, R., Meisinger, V., Sperr, W., Jahn, O.: Quecksilberkonzentrationen im Blut bei Zahnärzten, zahnärztlichem Hilfspersonal und Probanden mit Amalgamfüllungen. Zbl. Arbeitsmed. 35, 232 (1985).
[159] Smyth Chamosa, E., Taracido Trunk, M.: Riesgos en el consultorio odontológica. In: Gestal Otero, J.J. (ed.): Riesgos del Trabajo del Personal Sanitario, 2ª. edición, McGraw-Hill – interamericania de españa (1993).
[160] Statistisches Jahrbuch 1997 für die Bundesrepublik Deutschland (Wiesbaden), Metzler-Poeschel-Verlag, Stuttgart, Kap. 18.9, S. 444 (1997).
[161] Stiltzbach, L.E.: The silicosis hazard in mechanical dentistry. JAMA 113, 116–119 (1939).
[162] Strahlenschutzverordnung vom 30. Juni 1989 (BGBl. I S. 114), zuletzt geändert am 25. Juli 1996 (BGBl. I S. 1172).
[163] Tansy, M.F., Benhyem, S., Probst, S., Jordan, J.S.: The effects of methyl methacrylate vapor on gastric motor funktion. J. Am. Dent. Assoc. 89, 372 (1974).

[164] TAYLER, W.: The vibration syndrom. Acad. Press, London (1974).
[165] THOMAS, D.L., GRUNINGER, S.E., SIEW, C., JOY, E.D., YUINN, T.C.: Occupational risk of hepatitis C infections among general dentists and oral surgeons in North America. Am. J. Medicine 100, 41–45 (1996).
[166] TRGS 402 „Ermittlung und Beurteilung der Konzentration gefährlicher Stoffe in der Luft in Arbeitsbereichen", BArb. Bl. Nr. 9/1993, S. 77 zuletzt geändert BArb Bl. 3/1997, S. 76–78 (1997).
[167] TRGS 900 „Grenzwerte in der Luft am Arbeitsplatz – Luftgrenzwerte", BArb Bl. Nr. 10/1996, S. 88 (1996).
[168] TRGS 903 „Biologische Arbeitsplatztoleranzwerte – BAT-Werte", BArb Bl. Nr. 7–8/1995, S. 53 (1995).
[169] U.N. Scientific Commitee on the Effects of Atomic Radiation, Ionizing Radiation: Sources and Biological Effects, Report to the General Assembly. U.N. Sales Publ. No. E.82.IX.8, United Nations, New York (1982).
[170] VBG 1 „Allgemeine Vorschriften" (UVV), BGW, Oktober (1996).
[171] VBG 93 „Laserstrahlung" (UVV), BGW, (1997).
[172] VBG 103 „Gesundheitsdienst" (UVV), BGW, April (1996).
[173] VBG 109 „Erste Hilfe" (UVV), BGW, (1997).
[174] VBG 119 „Gesundheitsgefährlicher mineralischer Staub" (UVV), BGW, (1988).
[175] VBG 121 „Lärm" (UVV), BGW, (1994).
[176] Verband Deutscher Zahntechniker-Innungen: Berufsbild Zahntechniker. Verlag Wirtschaftsgesellschaft des VDZI mbH, Dreieich (1997).
[177] Verordnung über den Schutz vor Schäden durch Röntgenstrahlen (Röntgenschutzverordnung-RöV) vom 8. Januar 1987 (BGBl. I S. 114), zuletzt geändert am 25. Juli 1996 (BGBl. Teil I, S. 1172) (1996).
[178] VON KRAMMER, R.: The dentist's health: high-speed rotary equipment as a risk factor. Quintessence International 5, 367–370 (1985).
[179] WAEGMAEKERS, T.H., SEUTTER, E., DEN AREND, J.A., MALTEN, K.E.: Permeability of surgeons' gloves to methyl methacrylate. Acta Orthop. Scand. 54, 790 (1983).
[180] WELLER, G.B., KOCHANOWSKI, B., HOTTENTRÄGER, LUKAS, A., JILG, W.: Infektionsrisiko durch Hepatitis C-Virus (HCV) im zahnärztlichen Bereich. Beitrag zur Frühjahrstagung der Gesellschaft für Virologie, 15. – 18.3., Gießen (1995).
[181] WIDSTRÖM, J.: Methyl methacrylate In: BRUNE, D., EDLING, C. (eds.): Occupational risks in the Health Care Professions, CRC Press, Boca Raton, Florida, 141–145 (1989).
[182] WINDORFER, A., SEIKER, W., STROSCHER, J.: Hepatitiserkrankungen bei Gesundheitsberufen (Beispiel Bundesland Niedersachsen) Öff. Gesundh.-Wes. 51, 118–121 (1989).
[183] WIRZ, J., VOLENT, I.: Quecksilberdämpfe in der Zahnarztpraxis. Schweiz. Mschr. Zahnmed. 95 (4), 261–280 (1985).
[184] WÖRNER, H.: Röntgen beim Zahnarzt, 4. erw. Auflage, Deutscher Ärzte-Verlag Köln, S. 47 (1997).
[185] YEAGER, A.S.: Longitudinal Serological Study of Cytomegalovirus Infections in Nurses and in Personnel without Patient Contact. J. Clin. Microbiol 2, 448–452 (1975).
[186] YODER, K.M.: Tuberculosis: a reemerging hazard for Oral Healthcare Workers. Journal of Dental Hygiene 67, 206–213 (1993).
[187] YOUNAI, F.S., MURPHY, D.C.: TB and Dentistry. New York State Dentical Journal, 49–56 (1997).
[188] ZH1/708: Regeln für den Einsatz von Hautschutz, Hauptverband der Berufsgenossenschaften (HVBG), Carl Heymanns Verlag KG, Köln, S. 6 (1994)

Stichwortverzeichnis